新编公共管理类专业实践教材
（顾问 夏书章／主编 王枫云）

城市治理概论

王枫云 韦 梅 编著

中山大学出版社
SUN YAT-SEN UNIVERSITY PRESS
·广州·

版权所有　翻印必究

图书在版编目（CIP）数据

城市治理概论/王枫云，韦梅编著. —广州：中山大学出版社，2021.7
（新编公共管理类专业实践教材）
ISBN 978-7-306-07022-7

Ⅰ. ①城… Ⅱ. ①王… ②韦… Ⅲ. ①城市管理—概论—高等学校—教材 Ⅳ. ①F293

中国版本图书馆 CIP 数据核字（2020）第 215633 号

出 版 人：	王天琪
策划编辑：	徐诗荣
责任编辑：	周　玢
封面设计：	曾　斌
责任校对：	王　璞
责任技编：	何雅涛
出版发行：	中山大学出版社
电　　话：	编辑部 020-84110283，84111996，84111997，84113349
	发行部 020-84111998，84111981，84111160
地　　址：	广州市新港西路 135 号
邮　　编：	510275　　传　真：020-84036565
网　　址：	http://www.zsup.com.cn
	E-mail: zdcbs@mail.sysu.edu.cn
印 刷 者：	佛山家联印刷有限公司
规　　格：	787mm×1092mm　1/16　12.75 印张　300 千字
版次印次：	2021 年 7 月第 1 版　2021 年 7 月第 1 次印刷
定　　价：	45.00 元

如发现本书因印装质量影响阅读，请与出版社发行部联系调换

本书系下列教学改革与科研项目的部分研究成果：

（1）2018年度广东省教育厅创新强校工程科研项目（广东省普通高校创新团队项目）："中国超大城市治理模式创新研究团队"（2018WCXTD007）。

（2）2020年广东省研究教育创新计划项目（研究生示范课程建设项目）："城市治理理论与实践"（2020SFKC055）。

（3）2020年广州大学第一批校内科研项目（研究类重大项目）："中国超大城市治安防控体系的完善路径研究"（YM2020013）。

（4）2020年度广东省课程思政建设改革示范项目："城市发展战略与规划"示范课程（粤教高函〔2021〕4号）。

（5）2020年度广东省哲学社会科学规划党史研究特别委托项目"改革开放以来广东流动人口管理历史研究"（GD20TW05-10）。

目　　录

第一章　城市治理的基本问题 …………………………………………… 1
第一节　城市治理的兴起 ………………………………………………… 1
一、经济全球化和信息化的影响 ………………………………………… 1
二、西方国家公众对政府信任率的降低 ………………………………… 1
三、财政压力巨大 ………………………………………………………… 2
四、地方政治日益重要 …………………………………………………… 2
第二节　城市治理的内涵与理论范式演进 ……………………………… 3
一、城市治理的内涵 ……………………………………………………… 3
二、城市治理的理论范式演进 …………………………………………… 3
第三节　城市治理的分析框架 …………………………………………… 10
一、多层次治理与城市政府自主空间 …………………………………… 10
二、跨域治理与城市空间改造 …………………………………………… 10
三、治理能力与城市政府功能重组 ……………………………………… 11
四、伙伴关系与多元利益主体 …………………………………………… 11
第四节　城市治理的价值理念 …………………………………………… 12
一、城市治理的民主理念 ………………………………………………… 12
二、城市治理的法治理念 ………………………………………………… 13
三、城市治理的科学理念 ………………………………………………… 14
四、城市治理的善治理念 ………………………………………………… 15

第二章　城市治理领域 …………………………………………………… 18
第一节　城市经济领域的治理 …………………………………………… 18
一、城市经济治理的内涵 ………………………………………………… 18
二、城市经济治理的理论逻辑 …………………………………………… 19
三、城市经济治理中的政府职能 ………………………………………… 21
四、城市经济治理的思路与对策 ………………………………………… 23
第二节　城市文化领域的治理 …………………………………………… 26
一、城市文化治理的内涵、特点与原则 ………………………………… 26
二、城市文化治理的主要内容 …………………………………………… 28
三、城市文化治理的经验 ………………………………………………… 29

四、城市文化治理的实现路径 ……………………………………………… 32
　第三节　城市社会领域的治理 ……………………………………………………… 37
　　　一、城市社会治理的内涵及属性 …………………………………………… 37
　　　二、城市社会治理的主要内容 ……………………………………………… 39
　　　三、城市社会治理的主要类型 ……………………………………………… 42
　　　四、城市社会治理的实现路径 ……………………………………………… 44
　第四节　城市生态领域的治理 ……………………………………………………… 45
　　　一、城市生态环境治理的内涵、特点与原则 ……………………………… 45
　　　二、城市生态环境治理的主体构成及治理结构 …………………………… 49
　　　三、城市生态环境治理的工具和机制 ……………………………………… 49
　　　四、城市生态环境治理的实现路径 ………………………………………… 50

第三章　城市治理体系 ……………………………………………………………… 55
　第一节　城市治理目标体系 ………………………………………………………… 55
　　　一、城市治理目标体系的概念和特征 ……………………………………… 55
　　　二、城市治理目标体系构建的原则 ………………………………………… 55
　　　三、城市治理目标体系构建的基本框架 …………………………………… 56
　第二节　城市治理组织体系 ………………………………………………………… 57
　　　一、城市治理组织体系的概念和特征 ……………………………………… 57
　　　二、城市治理组织体系的主体及职责 ……………………………………… 57
　　　三、城市治理组织体系构建的原则及思路 ………………………………… 58
　第三节　城市治理政策体系 ………………………………………………………… 60
　　　一、城市治理政策体系的概念和特征 ……………………………………… 60
　　　二、城市治理政策体系的基本特征 ………………………………………… 61
　　　三、城市治理政策体系的主要方面 ………………………………………… 62
　第四节　城市治理绩效体系 ………………………………………………………… 63
　　　一、城市治理绩效体系的概念 ……………………………………………… 63
　　　二、城市治理绩效体系构建的基本原则 …………………………………… 64
　　　三、城市治理绩效体系的重点内容和体系框架 …………………………… 65

第四章　城市治理模式 ……………………………………………………………… 71
　第一节　公私合作伙伴模式 ………………………………………………………… 71
　　　一、公私合作伙伴模式的背景 ……………………………………………… 71
　　　二、公私合作伙伴模式的内涵与特征 ……………………………………… 72
　　　三、公私合作伙伴模式的功能与优势 ……………………………………… 73
　　　四、公私合作伙伴模式的典型案例 ………………………………………… 76

第二节 多中心治理模式 …… 77
一、多中心治理模式的理论基础 …… 77
二、多中心治理模式的内涵及特征 …… 78
三、多中心治理模式的基本框架 …… 79
四、多中心治理模式的主要内容及现实应用 …… 80

第三节 网格化管理模式 …… 83
一、网格化管理模式的提出 …… 83
二、网格化管理模式的内涵与功能 …… 84
三、网格化管理模式的基本内容 …… 85
四、网格化管理模式的应用领域 …… 88

第四节 网络化治理模式 …… 90
一、网络化治理模式的兴起 …… 90
二、网络化治理模式的内涵、特质和价值 …… 92
三、网络化治理模式的构成要素 …… 94
四、网络化治理模式的实践应用 …… 97

第五章 城市治理参与 …… 102

第一节 城市治理参与主体 …… 102
一、城市治理参与主体类型 …… 102
二、城市治理参与主体定位 …… 103
三、城市治理参与主体职责 …… 105

第二节 城市治理参与方式 …… 107
一、决策性参与 …… 107
二、听证性参与 …… 107
三、咨询性参与 …… 107
四、协商性参与 …… 108

第三节 城市治理参与机制 …… 108
一、动力机制 …… 108
二、实现机制 …… 112
三、保障机制 …… 114

第六章 城市治理结构 …… 120

第一节 城市治理结构本质 …… 120

第二节 城市治理结构框架 …… 120
一、三种角色的互动关系 …… 120
二、三种角色关系的良性互动 …… 122
三、提供者与生产者分离的革命性意义 …… 123

第三节　城市治理结构要素 …………………………………………… 124
　　　一、多样化的行为者 …………………………………………………… 124
　　　二、基于契约的制度安排 ……………………………………………… 125
　　　三、冲突解决机制 ……………………………………………………… 126

第七章　城市治理工具 ……………………………………………………… 128
　　第一节　城市治理工具的内涵与特点 …………………………………… 128
　　　一、城市治理工具的内涵 ……………………………………………… 128
　　　二、城市治理工具的特点 ……………………………………………… 128
　　第二节　城市治理工具的类型与标准 …………………………………… 129
　　　一、城市治理工具的类型 ……………………………………………… 129
　　　二、城市治理工具的标准 ……………………………………………… 129
　　第三节　城市治理工具的选择 …………………………………………… 131
　　　一、城市治理工具选择的制约因素 …………………………………… 132
　　　二、城市治理工具选择的主要维度 …………………………………… 133
　　　三、治理工具评估与选择标准 ………………………………………… 135

第八章　城市治理评价 ……………………………………………………… 139
　　第一节　城市治理评价的意义 …………………………………………… 139
　　　一、城市治理评价内涵 ………………………………………………… 139
　　　二、城市治理评价目的 ………………………………………………… 139
　　　三、城市治理评价功能 ………………………………………………… 140
　　第二节　城市治理评价的基本内容 ……………………………………… 141
　　　一、城市治理评价主体 ………………………………………………… 141
　　　二、城市治理评价要求 ………………………………………………… 141
　　　三、城市治理评价方法 ………………………………………………… 142
　　第三节　城市治理评价的程序 …………………………………………… 142
　　　一、城市治理评价指标选取 …………………………………………… 142
　　　二、城市治理评价数据收集与整理 …………………………………… 144
　　　三、城市治理评价数据分析与结论 …………………………………… 145
　　　四、城市治理评价成果报告 …………………………………………… 145

第九章　中国城市治理的现实图景与国外城市治理的经验借鉴 ………… 148
　　第一节　中国城市治理的现实图景 ……………………………………… 148
　　　一、治理难题日趋多样化 ……………………………………………… 148
　　　二、治理重心向基层下移 ……………………………………………… 150
　　　三、社会协同治理逐步形成 …………………………………………… 153

四、技术治理变革方兴未艾 ……………………………………………… 155
　第二节　国外城市治理的经典案例 …………………………………………… 157
　　一、美国纽约的城市治理 ………………………………………………… 157
　　二、英国伦敦的城市治理 ………………………………………………… 159
　　三、日本东京的城市治理 ………………………………………………… 163
　　四、新加坡的城市治理 …………………………………………………… 166
　　五、奥地利维也纳的城市治理 …………………………………………… 168
　第三节　国外城市治理的经验借鉴 …………………………………………… 170
　　一、增强治理意识，提高城市治理效率 ………………………………… 170
　　二、运用企业理念、方法，注重公众参与、监督 ……………………… 171
　　三、治理手段创新，运用现代治理技术 ………………………………… 172
　　四、完善城市治理组织机构建设 ………………………………………… 172
　　五、健全法律体系，依法治市 …………………………………………… 172
　　六、明晰功能定位，提升城市文化创意产业发展 ……………………… 173

第十章　中国城市治理的未来走向 ………………………………………… 176
　第一节　城市治理法治化 ……………………………………………………… 176
　第二节　城市治理专业化 ……………………………………………………… 177
　第三节　城市治理协同化 ……………………………………………………… 178
　第四节　城市治理智慧化 ……………………………………………………… 179
　第五节　城市治理国际化 ……………………………………………………… 181

参考文献 ……………………………………………………………………… 185

第一章　城市治理的基本问题

在当今全球化的时代，城市之间的竞争日益加剧，直接推动了城市治理研究的兴起。研究城市治理兴起的背景和范式演变，对于正确认识城市治理发展规律、掌握城市治理的内涵和理念，以及做好城市治理工作具有重要意义。

第一节　城市治理的兴起

治理是一个多向度的概念，涉及政府通过正式或非正式的制度行使权力的方方面面。治理理论最突出的特点就是要求人们重新理解政府，因此，政府再造与治理就成了一个问题的两个方面。在"治理"的背景下理解政府，就意味着承认政府所采取的诸多手段属于某一特殊治理模式，承认存在调控和管理社会的其他方式，而这些方式在达成政府的各种目标上的效果可能会更胜一筹。

一、经济全球化和信息化的影响

20世纪80年代以来，经济全球化与信息化的浪潮以前所未有的气势席卷全球，影响和改变着人类的生产、生活和"游戏"规则，成为国家和社会发展的最重要的推动力量。全球化中跨国公司的地位和作用日益凸显，主宰着世界经济的发展。以吸引跨国公司的投资来促进本国经济增长，已成为发展的必需。全球化使得高质量生产要素可以更自由地流动，生产要素更容易通过"用脚投票"[①]的方式去选择适宜自己发展之地，以寻求效用的最大化。这迫使政府以更高效率、更高质量的服务来吸引高质量的生产要素，从而提高国家或地区的竞争力。全球化强化了各国间密切的关系，便利了各国政府彼此借鉴管理的成功经验。以计算机和互联网技术为代表的信息技术，使人类正从工业时代向信息时代转变。如何在信息时代利用先进的信息技术提高为公民服务的水平并建立公众信任，成了各国政府面临着的重要问题。

二、西方国家公众对政府信任率的降低

取得人民对政府的信任是政府合法性的重要根据和公众参与政府管理的必要前提。民怨沸腾的环境必然会动摇政府的治理和进行公共管理的根基。第二次世界大战（以下简称"二战"）后西方国家公众对政府的信任率急剧下降，如素有民主自由之誉的美国，其公众对政府的信任率从20世纪60年代的77%下降到90年代初的17%。因此，重建公众信任、增加公民的参与成了政府民主化的要求。

---

① "用脚投票"是指资本、人才、技术流向能够提供更加优越的公共服务的行政区域。

三、财政压力巨大

财政压力是世界各国政府所面临的共同课题。财政压力加大的主要原因在于政府规模的过度膨胀。1980年，澳大利亚政府的财政支出规模达到GDP（国内生产总值）的31.4%，加拿大为39.6%，新西兰为47.9%，英国为43.0%，美国为31.4%，瑞典更高达60.1%；以政府雇员计量，美国和澳大利亚占总就业量的16%，英国达21%，瑞典达30%。在美国，国家财政连续30年出现赤字。政府财政支出太大，会导致纳税人负担过重；政府人数规模太大，则会导致官僚机构更趋复杂，政府效率反而降低，使政府及其官僚机构成了低效率的代名词。政府规模的扩大、人员的急剧膨胀和政府效率的日益降低，使公共财政成了"吃饭财政"，使政府为公民服务的宗旨成了一句空话。为克服这些问题，西方国家政府也断断续续采取了一些补救的措施，但往往徒劳无益，政府效率仍旧低下，官僚弊病依然如故。

四、地方政治日益重要

资本的转移和流动使中央政府越来越不可能组织和协调特定的生产和再生产，只能由城市政府指挥和协调。城市政府与跨国资本的谈判技巧，以及其创造条件以适应经济全球化的能力，已成为塑造城市形象和在国际城市体系中定位的关键因素。应当指出，城市政府地位的改变，往往不是直接来自中央与地方关系的变动，而是城市政府在应付不断增加的政治压力时，改变了它们的对策和扩大了积极参与的范围，更拓展了直接以世界市场为导向的运营理念。当今的城市政治反映出，人们为争取更好的生活和工作条件而做出的努力，的确在深层结构上发生了变化。

在上述背景和压力下，为应对经济衰退、财政危机及公民对政府服务的普遍不满，20世纪后20年，西方发达国家兴起了以"政府再造"为主要内容的行政改革浪潮，通过政府职能的市场化、政府行为的法治化、政府决策的民主化以及政府权力的多元化来提升政府治理能力。治理与政府再造是一个问题的两个方面，这是对政府行为的提炼与升华，强调个人与机构、政府与社会参与其共同事务的管理。把治理当作一个重要的课题来研究，根源在于对社会科学流行的一些过于简单化的非此即彼的两分法的否定，如市场与政府的对立。城市治理研究的升温得益于治理的"大行其道"，只不过其更强调经济全球化与地方化的影响。面对城市发展的压力和相互间的竞争，以及城市经济、社会结构和空间结构的复杂化，城市的管理进入了一个新的转型期，单纯的服务和管理已经远远不能适应需要，于是出现了各种各样新的城市治理模式。①

---

① 参见王志锋、蔡方《现代城市管理概论》，清华大学出版社2008年版，第240～242页。

第二节 城市治理的内涵与理论范式演进

一、城市治理的内涵

要更好地理解城市治理的概念，应该突破把城市治理当作治理概念的一种应用和自然延伸的观点，深入研讨治理概念在城市环境中的特性和运行方式。治理是指在一个既定的范围内运用权威维持秩序，满足公众的需要。① 相较于治理，城市治理所表现出的新的特点是：①探究在全球经济背景下城市政府恰当的角色定位，以争取发展策略的主动权；②探究如何适应经济、社会发展的新特征，以更好地促进私营部门、非政府组织在公共服务中担任更重要的角色；③重新界定城市中有关利益主体之间的关系以及相应产生的许多新权力中心。

从广义的角度来看，城市治理是指一种城市地域空间治理的概念，是指相关主体为了谋求城市在经济、社会、生态等方面的可持续发展，对城市中的资本、土地、劳动力、技术、信息、知识等生产要素进行整合，以实现整体地域的协调发展。狭义的城市治理是指城市范围内政府、私营部门、非营利组织作为三种主要的组织形态组成相互依赖的多主体治理网络，在平等的基础上按照参与、沟通、协商、合作的治理机制，在解决城市公共问题、提供城市公共服务、增进城市公共利益的过程中相互合作的利益整合过程。广义上的城市治理主要涉及城市定位、城市规划、城市可持续发展等问题，主要是处理城市发展的各种要素；狭义上的城市治理主要涉及治理主体的组织形式、利益冲突、利益整合，着眼于城市公共服务的提供。

值得注意的是，城市治理并不等同于政府治理。城市治理首先是多主体参与的过程，除了政府以外，私营部门、非营利组织都会按照其自身的利益机制参与到这个过程中。当然从理论上看，城市治理是基于对城市政府作用的重新认识，城市治理中关于城市政府作用最基本的特征在于：城市政府作为国家权力在城市中的具体而简化的代表，具有有限的权力并有其独立性；同时，城市政府在个人与公共社会关系方面是一个必需的、合法的和自治的单位。对于后者的强调使城市政府与其他行为主体结成伙伴关系具有了可能性，城市政府的国家职能和城市政府的自主性得以成立，因此，城市政府在城市中的作用就获得了更多的自主性和创新空间。城市政府成了治理体系形成的引导者和维护者，具有其他行为主体难以替代的核心作用。②

二、城市治理的理论范式演进

（一）传统区域主义（19世纪末至20世纪60年代）

19世纪末，随着社会经济的迅猛发展，西方的城市化进程明显加快，城市在形态

---

① 参见俞可平《治理与善治：一种新的政治分析框架》，载《南京社会科学》2001年第9期，第40～44页。
② 参见王佃利《城市管理转型与城市治理分析框架》，载《中国行政管理》2006年第12期，第97～101页。

上不断向外扩张,这要求城市职能和范围进行重构。由于西方国家存在着高度的自治传统,城市一般是由地方行政机构独立管理。社会经济日新月异使城市的范围不再仅仅局限于某个镇、县和市,而是逐渐发展成为具有政治、经济、文化等复合社会因素特征的大都市或区域。这样的大都市或区域本来俨然是一个具有完备功能的独立统一整体,但由于历史传统的缘故被划分为由若干个城市政府行政单位管辖的主体。在大都市的范围内,每一个城市政府行政单位都对自己的辖区具有独立的治理权,而像教育、医疗、卫生和环保等具有区域性跨域特征的公共服务职能则在若干个地方行政主体间进行分割。这些数量和种类繁杂的城市政府和公共服务职能分割造成了"政治碎片化",直接影响了大都市全区域内公共服务的供给,造成资源浪费和效率低下,导致大都市没有一个统一的政治领导与一致的行动来共同解决区域内的重大社会问题。面对着城市治理中的"政治碎片化"现象,19世纪末期,美国学术界在理论与实践上掀起了一股研究与建立大都市政府的热潮,其观点被称为"传统区域主义"。

传统区域主义又称"大都会主义""统一政府学派""巨人政府论""单一政府论",主要关注社会公共服务传递的"效率"和"公平",秉承的理念是"一个区域,一个政府"。因此,传统区域主义为"政治碎片化"问题开出的"药方"是建立一个大都市政府,也就是"巨人政府"。根据政府的层级和权力在不同层级之间的分配情况,大都市政府结构可以分为三种:单层大都市政府结构、联邦式双层大都市政府结构和其他适当的统一政府结构。单层大都市政府结构的建立方式主要有两种:一是通过中心城市兼并郊区,二是通过市县合并。建立联邦式双层大都市政府结构是在传统区域主义大都市改革方案中最受欢迎的改革方案,它主张保留现有的机构,但让渡部分权力以组建大都市政府,一般双子城就是这种模式的产物。还有一种解决方案是建立其他适当的统一政府结构,这可以解决城市区域承担税收和享受公共服务不一致所带来的集体行动的困境。

作为一个统一的学派,传统区域主义对于是否建立大都市政府这一问题不存在任何异议,但是,在如何具体构建大都市政府结构上就存在较大的分歧,而且,不同学者认为,不同层级的政府在解决大都市治理问题的重要性上存在差别。从政治学和行政学的角度来看,传统区域主义的提出是基于马克斯·韦伯(Marx Weber)的理性官僚制模型。出于对公共管理官僚机构的理想规划能力的信赖,传统区域主义倡导建立统一集权的大都市政府,形成一个由上及下的集权化科层制模式,命令由上往下层层遵守进而覆盖整个城市区域,从而在宏观上解决整个大都市面临的主要问题。

传统区域主义经历了"兴起—高潮—衰落—复兴"四个阶段。19世纪末20世纪初,美国的伍德罗·威尔逊(Woodrow Wilson)、弗兰克·古德诺(Frank Goodnow)和弗雷德里克·泰勒(Frederick Taylor)等学者就已经形成了建立大都市政府的理念,芝加哥大学的欧内斯特·伯恩斯(Ernest Burns)教授则最早提出大都市定义问题。在经历了30年之后(合并成立大纽约市的倡议最早发起于1867年),1897年,纽约市完成了布鲁克林(Brooklyn)、昆斯(Queens)、斯塔滕岛(Staten Island)、布朗克斯(Bronx)、曼哈顿(Manhattan)5县区的合并,成为现在的"大纽约市"。这个在当时影响最大的县区合并，标志着北美历史上第一波"区域政府合并"行动达到了高潮。①在此基础上，切斯特·马克赛（Chester Maxey）、保尔·斯杜邓斯基（Paul Studenski）、维克多·琼斯（Victor Jones）以及卢瑟·古利克（Luther Gulick）等众多学者继承和发展了关于建立大都市政府的观点和理论。

但是，在往后的50年时间里，传统区域主义却受到了持续的批评。从思想层面上看，受"管得最少的政府才是最好的政府"的自由主义思想影响，建立"巨人政府"的实践与古典自由主义"小政府"这一传统思想背道而驰；在实践层面上，拉法雷（Lefèvre）指出，没有具体的实践证明传统区域主义的这些改革方案是成功的，而且，大多数改革被证明是失败的，同时，联邦式双层大都市政府的治理结果也是令人失望的。② 历史资料显示，在1907—1947年的40年间，美国没有一例成功的合并案例。但是，从20世纪80年代开始，大都市政府的实践在全球范围内得到复兴，特别是在欧洲和加拿大等地区得到了广泛传播。20世纪60—80年代，在传统区域主义遭受严重挑战的同时，社区权力或称邻里政府运动和公共选择理论学派应声而起。前者提出用建立邻里政府的办法强化服务提供体系和政策决定程序的分散化，后者则提倡通过建立一套具有完善的多中心特征的多元治理和民主行政的市场机制来管理城市。经过这场理论交锋，公共选择理论学派逐渐占了上风，并且主导了接下来美国大都市治理的变革潮流。

（二）公共选择理论（20世纪60年代至90年代）

公共选择理论学派批判传统区域主义，实际上是从"政治碎片化"的角度出发的。公共选择理论学派认为，"政治碎片化"确实会带来很多问题，但是，传统区域主义开出的"药方"带来的问题更甚，关键的一点是无助于解决"政治碎片化"问题；相反，"政治碎片化"并非一无是处。在大都市"政治碎片化"的状态下，公共产品与服务的提供就存在规模经济和外部性等问题，因此，由城市政府来提供这些产品和服务就显得非常不经济和没有效率，而且，"巨人政府""一刀切"的政策忽视了公民需求的多样性。公共选择理论学派认为，多元的政府结构比单一集权式的政府结构更能符合城市治理的需求，"碎片化"的政府结构给人们提供了"用脚投票"的机会，反而刺激了城市政府之间的竞争，从而使人们获得更有效率的服务。按照公共选择理论学派的观点，公共产品的生产和提供是两个不同的概念和环节。虽然说地方行政机构的主要职能是负责提供公共产品和服务，但是，它不一定要承担其生产职能。为了提高公共产品的生产效率和服务质量，公共选择理论学派要求将一部分公共产品和服务的生产职能转交给私人部门（市场），即通过与私人部门签订协议，建立起公私伙伴关系；对于某一城市的政府而言，除了与私人部门进行合作以外，还可以通过与其他城市政府进行合作，即通过跨地区的协议，来共同承担或转移公共产品和服务的生产职能。除此之外，还可以建立区域性的负责某项具体事务的专区。

---

① 参见叶林《新区域主义的兴起与发展：一个综述》，载《公共行政评论》2010年第3期，第175～189页。
② C. Lefèvre. Metropolitan Government and Governance in Western Countries: A Critical Review. *International Journal of Urban and Regional Research*, 1998 (1).

实际上,公共选择理论学派提出以市场为导向的分权模式,与传统区域主义的统一集权模式是完全对立的。在该模式中,权力并不是集中固定在科层组织当中,而是分散在包括政府、企业和社会组织,甚至是公民个人等在内的更宽泛的参与主体之间的;"无形的手"将协调特定商品供给者和消费者的行为,并且有效率地生产和使用资源,以满足各方的需求。

在城市治理中,该模式是以公共管理而不是以官僚制和权力为特征的,而且,其把所有参与主体视为一个一旦受到外部刺激就会做出正确反应的理性经济人。因此,公共选择理论学派主张保留分散的城市政府行政单位,通过这些行政单位之间的竞争来提高区域内现有资源的使用效率和增强管理的合理性。

公共选择理论学派经历了"兴起—高潮—融合"三个阶段。1956 年,查尔斯·M.蒂伯特(Charles M. Tiebout)提出了"用脚投票"的思想来为大都市政府的多中心结构特征辩护,批判了传统区域主义。紧随其后,文森特·奥斯特罗姆和埃莉诺·奥斯特罗姆夫妇(Vincent Ostrom & Elinor Ostrom)、罗伯特·沃伦(Robert Warren)和罗伯特·比什(Robert Bish)等学者从公共选择理论的视角出发,为理解大都市治理和研究城市政府行为提供了一些新的思路和视角,迎来了公共选择理论学派的繁荣阶段,主要有以下表现:①有助于理解结构对个人需求的满足和偏好的关系;②不同规模的政府单位对提供不同公共产品和服务具有不同的效率;③把公共产品和服务的生产职能与供给职能分开,有助于深化对城市政府职能的理解。

20 世纪 90 年代前后,公共选择理论学派遭到了批评。首先,"理性经济人"的假设过分强调参与主体的理性和自利性。在现实中,理性和自利性会受到很多因素的干扰,难以做到完全的理性和利益最大化;而且,公共选择理论学派刻意回避了政府作为公共部门追求公共利益的特性。[①] 其次,"碎片化"的城市政府很难被认为是有效率的。尽管公共选择理论在治理"政治碎片化"的初期颇有成效,但到了后期反而加剧了"政治碎片化",造成了同一个区域内不同政府单位职责不清、政府效率低下,弱化了区域政府的政治领导权,无法为居民提供有质量的服务。[②] 最后,研究者发现,参与主体之间的公平竞争只是理论条件,缺乏实质性的事实支持;[③] 公共选择理论的理论性太强,缺乏支撑其假设的经验证据。[④]

面对严厉的批评,公共选择理论学派并没有像传统区域主义那样在某段时期内销声匿迹,而是逐渐融合到一股新的城市治理潮流中去了,这股潮流就是城市治理的第三阶段——新区域主义阶段。

---

① Stephens G. Ross, Nelson Wikstrom. *Metropolitan Government and Governance*:*Theoretical Perspectives*,*Empirical Analysis*,*and the Future*. Oxford University Press,2000:120.

② R. B. Parks, R. J. Oakerson. Metropolitan Organization and Governance:A Local Public Economy Approach. *Urban Affairs Quarterly*,2000(1).

③ B. S. Frey, R. Eichenberger. Metropolitan Governance for the Future:Functional Overlapping Competing Jurisdictions(FOCJ). *Swiss Political Science Review*,2001(2).

④ Michael Keating. Size, Efficiency, and Democracy:Consolidation, Fragmentation, and Public Choice. in David Judge, Gerry Stoker, Harold Wolman ed. *Theories of Urban Politics*. Sage Publications,1995:124 – 125.

(三) 新区域主义（20世纪90年代至今）

1. 新区域主义的崛起

传统区域主义和公共选择理论学派分别以国家和市场两个对立的角度作为逻辑起点，传统区域主义以国家/政府作为绝对主体的力量统治城市，从宏观结构途径试图解决城市问题；公共选择理论学派则把市场作为基本动力机制，从经济理性途径寻求解决方案。但是，这两种方案在实践面前都遭遇到了挫折。20世纪70年代中期，大西洋福特主义危机爆发时，国家/政府在协调公共事务面前表现得软弱无力；20世纪80年代以后，以里根（Reagan）和撒切尔（Thatcher）夫人为代表推行的新自由主义政策由于市场失灵的出现，导致单纯的市场机制在管理城市时束手无策。因此，学界开始重新思考国家、市场和社会三者之间的关系。究其原委，资本主义经济全球化的发展趋势正影响着城市化/区域化的进程。新区域主义兴起有两个背景：一个是全球化；另外一个是新自由主义的反思导致了分权化，使权力由联邦（国家）向区域层面下移。自20世纪90年代以来，伴随着经济全球化进程的深入展开，区域竞争力逐渐成了各国城市区域关注的焦点。在实践的推动和对传统改革派（即"传统区域主义"）及公共选择理论学派融合发展的基础上，城市治理领域内兴起了一股"新区域主义"思潮，认为在解决城市问题方面应综合考虑竞争与合作、分权与集权的因素，才能有效实现治理大城市的目的。

区域主义在20世纪90年代的复兴主要是由于以下三个方面：①政府以财政援助为主要方式进行的城市全面规划无疾而终，中心城市的社会经济问题日益恶化；②发展区域经济是复苏国内经济、应对全球竞争的需要；③90年代的区域主义改革理论受到了同一时期政府改革理论的影响，关于城市治理的思路与政策主张，体现了80年代中期以后兴起的新公共管理理论的核心思想。

2. 新区域主义范式关注的焦点

目前，新区域主义还不是一个统一的学派，但大致来说，赞同新区域主义的学者具有相当一致的目标：①大都市主要通过自愿的方式促进地方政府的合作；②新区域主义旨在解决"碎片化"的政府结构所带来的外部性问题；③提供财政和减税的其他方法来繁荣中心城市，使它们能更有效地促进它们所属的区域内的经济。[1]

诺里斯（Norris）主张，新区域主义之所以有别于其他的范式，是因为：①新区域主义者将区域治理的主要理论基础，从效率和均衡的议题转移到区域竞争力的议题上；②新区域主义对处理问题的方针不同于传统区域主义的政府改革。[2]

倡导新区域主义的代表性学者萨维奇（Savitch）和福格尔（Vogel）认为，在新区域主义的范畴下有两方面的任务：①以地方自治公民为首的社区应该面对社会关注更大的城市区域，并且考虑它们共同的未来；②联合政府必须与其他不同层级的政府建立它

---

[1] F. Frisken, D. F. Norris. Regionalism Reconsidered. *Journal of Urban Affairs*, 2001 (5).

[2] D. F. Norris. Whither Metropolitan Governance? *Urban Affairs Review*, 2001 (4).

们的合作网络关系,这是必要的手段。①

而汉密尔顿(Hamilton)指出,新区域主义关心的话题涉及三个方面:①在区域议题上决策的过程;②在区域间安排合作的协议;③必要时,借由国家的力量来处理区域的问题。②

3. 新区域主义的基本特征

新区域主义主要有以下八个基本特征:

(1) 强调治理而非统治。虽然在近二十几年的时间里,治理已经成为社会科学领域里一个被广泛使用的概念,但是,不同学科对它的理解各有侧重。新区域主义处理城市间问题的方式是建立在"治理"的基础之上的,根据萨维奇、福格尔、斯托克(Stoker)、诺里斯和道奇(Dodge)的相关研究,新区域主义的治理概念具有以下四个构成要素:①参与主体的多样性,其中涉及政府、企业和社会组织,甚至是公民个人;②参与机制的综合性,新区域主义涵盖了政府管理、市场调节以及复杂的网络化结构;③参与规范的灵活性,新区域主义的治理既可以是制度化的约束框架,也可以是非制度化的协议;④参与方式的自愿性,新区域主义强调治理参与是自愿而非被迫的,自愿的参与能最大限度地调动参与者的积极性和创造性,使其实现资源的最佳配置。库布勒(Kübler)和海纳特(Heinelt)发现,从大多数治理的城市实体来看,城市的问题是借由各种不同层级的政府和私人部门所构成的合作和协调网络来解决的。新区域主义吸收了公共选择理论学派的观点,拒斥传统区域主义的"统治"理论,把关注点从正式的制度安排转移到了议程设置和资源动员的非正式结构和过程中。因此,新区域主义强调的"治理"意在加强主体之间的联系和强化地方分权。③

(2) 强调跨部门而非单一部门。从"统治"到"治理"的转变,就意味着政府和非政府组织、营利部门与非营利部门、公共组织与私人组织,甚至是公民个人都可以参与到城市治理的过程中去。权力结构不再是固定统一的,而是灵活分散的。跨部门治理使得城市治理的实践更加具有可行性和实践性。

(3) 强调协作而非协调。协同/协作和协调分别是测量善治和统治的一个主要的标准。在过去,传统区域主义的一个主要目标是改善公共部门在规划和行动方面的协调能力。如今,新区域主义跨部门治理强调的是协作。大都市治理的目标不仅仅是让公共部门知道该做什么,而且是对每一部门的独特职责和权限范围做出安排,进而实现大都市范围的特殊任务。瓦利斯·阿兰(Wallis Alain)仅仅指出了城市治理"黑和白"的两个方面,但事实上也存在灰色地带——合作。这里首先要厘清协调、协作和合作这三个词的含义。协调强调的是参与主体之间是一种上下等级性关系,协作强调的是参与主体间存在强势主体主导的合作关系,合作强调的是参与主体之间的平等关系。概言之,传统区域主义是一种可以被描述为一个等级结构的系统,而新区域主义是一个基于网络的

---

① H. V. Savitch, R. K. Vogel. Paths to New Regionalism. *State and Local Government Review*, 2000 (3).

② D. K. Hamilton. Developing Regional Regimes: A Comparison of Two Metropolitan Areas. *Journal of Urban Affairs*, 2004 (4).

③ H. V. Savitch, R. K. Vogel. Paths to New Regionalism. *State and Local Government Review*, 2000 (3).

系统。

（4）强调过程而非结构。传统区域主义以市县合并或形成某些特定目的的机构作为建立大都市政府的结构性方案；比较而言，虽然有时会使用结构性方案作为实现目标的策略，但新区域主义专注于政府治理过程，例如，远景、战略规划、达成共识或解决冲突。

（5）强调网络而非制度。对协作和过程重视程度的提高，也说明了新区域主义对网络状组织而不是正式制度的依赖。这样的网络一般拥有一个稳定的利益相关者核心，它们在特殊的战略领域具有重要的共同利益。

（6）强调开放而非封闭。在传统区域主义范式下，区域被视为一个封闭的实体，边界和管辖范围都有明确规定。传统区域主义试图根据增长的边界、公共服务的供给和就业市场等来清楚地划定边界。相反，新区域主义接受开放的、灵活的和有弹性的边界，区域的界限是随着问题的解决而相应变化的。

（7）强调信任而非问责。问责是传统区域主义集权式官僚制的主要特征，而信任是新区域主义的核心特征，涉及区域社会资本和市政基础设施的落实。许多学者假定，拥有高度信任关系的网络将有助于降低成员间的沟通与监督成本，也不必再依赖高层级的权力结构介入或透过正式制度来化解集体行动的困境。

（8）强调赋权而非权力。传统区域主义认为，权力是源于政府的权威，由此，传统区域主义下的大都市统治通常也被看作一场零和博弈。新区域主义的权力源于赋权，赋权是针对社区和邻里的利益相关者参与区域决策而言的。赋权实际上借助于城市政体的理论，主张广泛吸纳各层级政府（中央政府和地方政府等公共权力部门）、私人部门、非营利组织以及公民个人等角色，使得"治理"的参与和形式变得多样且复杂。

4. 新区域主义的治理模式

由于新区域主义所强调的"治理"是建立在跨部门之间协作的水平关系之中的，因此，与着眼于中心政治结构（政府或市场）或地方竞争力的模式不同，新区域主义的治理模式主要有"联结性功能"和"复合性网络"两种方法和策略。

新区域主义的"治理"概念涵盖了介于单一城市和其郡县之间的"连结性功能"，即功能性整合，或者是跨地区服务协议。通常，这个联结是在结盟的选择性成员（不一定包括区域内的所有成员）彼此之间提供公共服务的，例如，经济发展或者固体废弃物处理。一些地方政府会根据税基分享来进一步提供一系列的公共服务和安排。与兼并（合并）和多层级政府结构不一样，"联结性功能"是相当灵活的，而且不需要任何新层级的政府。在过去的一段时期内，功能在政府间可以增加、减少和转移。重要的是，"联结性功能"保护了地方自治实体，同时可以取代较大城市的规模经济功能，进而发挥相当于中型中心城市的效率。此外，"联结性功能"的灵活性可以弥补不稳定的组织成员关系。然而，地方精英特别是公共事业和企业的推动者把"联结性功能"看作不完整的一步和某些较少政治整合的考量。

新区域主义的另一个策略就是"复合性网络"。这个策略相当于"没有政府的治理"的理念。它的倡导者设想众多的独立政府通过多个重叠的跨地区协议网络自愿地进行合作，强调的是地区之间的横向联系。拥有交叉服务的众多管理区域意味着公民可以为每一个特定的情况在发展复杂网络的过程中寻求最优化的安排。总之，拥有交叉服务的管理区不一定是重复的，却是具有目的导向性的。作为地方偏好的结果，大区域"治理"可以自生自发。除了一般的服务网络，这个策略还允许利用税基分享来解决区域间的公平和自愿的土地管理和收购问题。

新区域主义在具体的运作方式上有政府联席会、区域联盟、大都市规划、城市区域、精明增长和税基分享等方式。[①]

第三节 城市治理的分析框架

一、多层次治理与城市政府自主空间

城市治理首先源于中央政府与城市政府二者双向关系上的改变，这得益于多层次治理所提供的思路。在全球化的推动下，城市日益处于多层次的组织体系中，从国际组织、国家政府到地方层级政府等各组织之间已环环相扣。全球竞争体系中的城市可能会结成地方或区域性的联盟，可能会在一定程度上忽略民族国家，转而追求跨国合作。城市作为一个竞争主体，其政府的权力自主性受限于其治理的城市的行政范围，还受限于在政府层级中的地位和权力。地方政府的权力自主必须展现在与中央政府关系的调节中，获得来自中央的授权和资源；同时，城市政府的施政能力又必须展现在城市空间的规划、地方财政的平衡、公共服务的供应等方面。

在城市治理的关系网络中，城市政府是地方治理的主体，但相对于整个政府系统来说，起决定性作用的管理者还是中央政府，尤其是在中央集权性质的国家里。因此，对于城市治理的变革来讲，城市政府自主性空间的获得，主要体现在中央政府对中央与地方之间关系的调整，进而影响到地方政府之间的关系。在城市的发展历史中，对自主性的强调一直是城市政府的一个特色，因此，在中央与地方关系的调整过程中，城市政府并不是消极的、被动的，而是具有很强的主动性的，其能够积极主动地去影响中央政府和地方政府之间的关系。

二、跨域治理与城市空间改造

在一些发达国家的大城市中，城市的迅速增长带来了许多新的形态，如城市区域的蔓延和人口的集中、相互作用网络的拥挤、社会差异日渐突出等；发展中国家的快速城市化也使城市形态面临着新的问题，如环境恶化、贫困人口增加、社会分化严重等。这些新增长带来的一些新的形态使得城市管理和政府职责更加复杂化，对城市政府造成了严重的挑战。

由于扩展的城市都倾向于向更大的地理范围扩散，城市功能和形态的扩展都面临着行政区划的限制，一般来说，如果城市发展和服务需求扩展到行政区以外就需要进行调

---

① 参见曹海军、霍伟桦《城市治理理论的范式转换及其对中国的启示》，载《中国行政管理》2013年第7期，第94～99页。

整，如兼并、合并、重组等。如我国在城市化过程中所采取的设立特区、市管县、重新划分行政区划等都是这方面的例子。

这种新的城市形态所引发的是两种截然不同的反应。一种反应是主张扩大行政区域，通过兼并、合并等手段，促使城市与郊区、城市与城市之间合并以扩大行政区域，这样可以把一些问题内部化，尤其是一些区域性的问题可以得到更好的解决，但这样容易导致行政区域越来越大。与之相反的另一种反应是主张多中心，通过成立新的小的政府单位来分别承担不同的公共服务，这些政府单位的管辖区域可以是重叠的。

三、治理能力与城市政府功能重组

就城市发展来说，城市空间是城市发展的前提和基本条件。城市空间的拓展也意味着城市经济规模的扩大、城市人口的增加，这些都会提高公民对城市公共服务的需求。在这个过程中，城市政府就应该担负起整理地方资源、促进公民参与、建立合作机制的作用。这些更新、更高的要求都是和城市政府职能的特点相互联系的。

在城市中，对城市政府作用的认识有不同的观点。一种观点是城市政府不但是地方公共产品和服务的"提供者"，而且还在城市经济发展方面起着决定性的作用，这些地方政府还能在寻求地方收益、拉动城市发展方面起到积极的推动作用。另一种观点是城市政府的作用仅仅局限于对城市事务的管理、仲裁和调停，难以对收入重新分配活动起到真正的作用。从城市理论上看，市场经济条件下的城市政府更应该定位于城市公共服务的提供者角色，但在实际发展中，没有一个城市敢于忽略城市政府对经济发展的推动作用。这二者产生分歧的原因是多方面的，其中比较核心的就是由城市竞争的压力和公民社会不足而形成的局面。从城市治理的观点来看，分权化和多主体参与并不意味着城市政府责任和作用的降低，而是表明新形势下政府功能重组的重要性。城市政府不仅要继续承担城市公共服务的功能，还要在城市治理中承担一些新的职能，如战略规划与管理、促进区域经济发展、强化社会冲突管理等。

四、伙伴关系与多元利益主体

在城市治理的过程中，无论哪个组织都不可能拥有知识和资源等各方面的足够的能力来独自解决一切问题，它们必须通过与其他组织交换知识和资源来达到目的，从而实现自身利益的满足。交换过程的成功与否，既取决于各自的利益需求，也受到互动过程中的关系的影响。一般来说，互动过程中的治理涉及多种形式的伙伴关系。这些关系有三种：第一种是主导者与职能单位的关系，如一方（主导者）雇佣另一方（职能单位）或以承包方式使其承担某一项目；第二种是组织之间的协商谈判关系，指多个组织利用各自的资源，通过协商谈判达成合作来进行某一项目，以求更好地达到各自的目的；第三种是系统的协作关系，这是伙伴关系的进一步延伸，使各个组织相互了解、结合为一，确立共同的目标，通力合作，从而建立起一种自我管理的网络。系统的协作关系与前两者的区别在于，它涉及的是"关于规则的游戏"而不是"遵守规则的游戏"。这是由于系统协作必须通过设计、选择和采用某些治理的规则和结构来实现。

城市治理的行动主体决定了政府、私营部门和非政府组织是城市治理中最重要的行为主体。政府通过强大的组织体系、政治规则来调整冲突、分配资源、协调行动和团体，其中权威是行动的准则；私营部门通过价格组织供求来调节冲突、分配资源、协调行动和团体；非营利组织则通过价值、标准、信念和信任来调解冲突、分配资源、协调行动和团体。具有不同行为准则的行动团体在城市治理中形成了不同的利益主体。

由于资源的短缺，各个利益集团之间必然存在着各种利益冲突，这就涉及各个利益主体之间的利益协调和整合。城市治理中所涉及的多元利益主体，在共同的集体行动和政策过程中，如何扮演角色，如何进行权力的划分和利益的调整，都需要建立良好的治理机制。

城市治理归根到底是价值和利益的体现，它代表了地方经济、社会、政治和历史的禀赋在城市治理过程中的分配和整合。各个主体之间的互动过程实质上就是这些资源的分配、再分配和调整的过程。反过来，这些资源，如权力斗争和利益分配中的社会凝聚力、文化、历史和财政压力都影响着各个行为主体并决定着他们的互动过程。①

第四节　城市治理的价值理念

一、城市治理的民主理念

民主与公共空间的产生和拓展有关。作为公共领域，现代城市为民主治理提供了社会基础和条件。分散的自然经济往往伴随着封建专制，统治者要做的是"往敬用治"（《尚书·周书·君奭》），"奄甸万姓"（《尚书·周书·立政》），"柔远能迩，惠康小民"（《尚书·周书·文侯之命》），这与人民当家做主的治理理念相去甚远。

在城市空间中，许多人聚集在一起工作，这为公共领域的孕育创造了条件；而平等地进行等价交换，也为公共生活的平等交往提供了可能。后工业社会或知识经济所创造的超权威的差异和自由的文化，使公共交往和话语交流的空间进一步拓展，从而推进了公共领域的扩大。这就为人们之间平等、自由的讨论创造了条件。

公共领域是具有平等权利的公民自由行使话语权的地方，并在这个领域形成了公共舆论和文化认同。城市的公共领域最初只能表现在沙龙、会议室、广场等地方，在那里，人们可以面对面地交流。如今，现代通信手段及新媒体，成了公共领域交流的重要载体，尤其是现今的网络进一步开拓了人们之间自由互动的空间。例如，杭州市的《我们圆桌会》电视节目和线上的"杭网议事厅"，让政府官员、企业家、市民、专家和媒体人能够以平等的身份讨论城市治理方面的公共话题，以寻求共识。

新的城市公共领域有自己的功能：一是形成舆论，监督公共权力，实现善治；二是达成共识，强化城市认同，强化群体认同；三是话语交流，拓展交往广度和深度，促进文化创新。例如，北京市在推进民主治理方面的亮点为"构建以社区居民参与为特征的

---

① 参见王佃利《城市管理转型与城市治理分析框架》，载《中国行政管理》2006年第12期，第97～101页。

社区公共决策机制"①，目的不仅是达成共识，也是激活城市创造力。城市的公共领域是一个富有创造力的空间，这个空间培养了从"官治"到"民治"的意识、思维和意愿。总之，城市公共空间的发展为人民的民主治理提供了条件。②

二、城市治理的法治理念

城市治理应该厘清服务型政府、创新型政府和法治型政府三者的关系，法治型政府要建立在服务型政府和创新型政府的基础之上，是政府创新服务流程、机制的规范化和制度化。在法治建设过程中，我们要把政府创新和服务放到重要位置，始终保持政府的创新活力，并及时将实践证明行之有效的创新成果制度化，从而保证创新的可持续和开放发展。

法律规定的范围是政府行为的边界，依法行政是建设有效政府的本质体现。一方面，依法行政是指各级国家行政机关及其工作人员必须依据宪法和法律所赋予的职责权限，在法律许可的职权范围内，对国家和社会公共事务依法进行有效管理；另一方面，依法行政还意味着通过法定制度和程序对行政行为的合法性进行有效的控制和监督，并采取行政措施预防和防止违法行为的发生，以及及时矫正违法的行政行为，即政府必须通过执法行为向权力机关进而向公民负责，通过公共管理和服务满足公民或社会的行政需要。正如古德诺所言："政府负有责任这个特点，使得整个政治体制成了责任体制。"法治的内容是一切行政行为都必须合法，对不合法的行为必须通过司法程序予以处理。

贯彻城市治理法治理念，政府和国家在城市管理过程中必须严格依法办事，做到法有规定必须行，法无授权不能行，行政行为程序化，违法行政必追究；并做到将除了国家机密和个人隐私以外的所有政务进行公开，并时刻接受民众的监督。社会化原则是城市治理法治理念不可缺少的原则。城市治理法治理念的社会化原则是，在城市治理中，社会组织、市民能解决的事情，由社会组织、市民依照法律规定加以解决，尽量减少国家机关和政府的介入和参与。

社会治理法治理念需要社会高度自治，并逐步依法培植大量的非政府性社会组织，如社区自治组织、行业自治组织、职业自治组织等。发达的社会自治能最充分地体现市民的意志和利益；并以最低成本最有效地满足城市民众的大多数公共产品需求，同时也为政府权力划定一个界限，限制政府权力的滥用。城市治理法治理念的社会化原则，还需要改变政府职能，使政府成为服务政府。政府通过为城市提供良好的生态环境、良好的生产力发展环境、良好的社会保障环境来履行城市治理的职能。政府的城市治理也必须实行社会化，由社会大众和社会专门评估机构对政府绩效做出科学、公正的评估，以不断改进政府的工作，提高政府的效率。科学化原则是城市管理法治理念应当遵循的原则。③

---

① 北京市哲学社会科学规划办公室：《北京市哲学社会科学规划项目优秀成果选编》（第二辑），首都师范大学出版社2013年版，第53页。
② 参见韩震《现代城市治理应有的价值取向》，载《中国高校社会科学》2015年第2期，第4～8页。
③ 参见蒋晓伟、饶龙飞《城市治理法治化：原则与路径》，载《甘肃社会科学》2014年第4期，第5～9页。

三、城市治理的科学理念

所谓科学理念，是指政府要充分认识城市经济、社会发展演变的内在规律和特点，科学决策，适时调整政府与市场、政府与社会的关系，重构与城市经济发展阶段、市民要求相适应的社会治理模式，特别是要转变"经济发展必然会解决一系列社会和政治问题"的不当观念，树立全面、协调、可持续的发展观。①

1. 创新思维，重塑城市与政府、社会、市场之间的关系

在国家发展处于重要的战略机遇期时，城市发展同样处于决定前途命运的"十字路口"。城市治理需要解放思想，加强顶层设计，选择合适的治理工具，注重统筹、服务、参与。解放思想，是一个民族保持其理论思维的先进性和激发其精神活力的生生不息的源泉。② 城市治理只有不守旧，敢于创新，才能增加城市活力，增进人民福祉。

顶层设计，是从战略高度谋划城市发展，是对城市治理的"治理"。由于城市禀赋、历史、文化各不相同，简单的借鉴难以获得较大发展，必须"摸着石头过河"。但是，实践探索不能作为顶层设计缺位的借口，相反，在实践中必须注重宏观指导，只有对城市发展的方向具有清晰的思路，才能在总体规划下有目的、有步骤地创新、发展。

治理工具，是城市治理的手段，城市发展必须借助外力，科学地发展。政府需要做的主要工作是统筹、协调各方力量，形成合力。服务型政府的建设，要求城市治理从政府本位、官本位、计划本位向社会本位、民本位、市场本位转变。

公众参与则是城市治理的新取向，也即调动公众参与城市治理的积极性，鼓励公众参与政治，参政议政；促进公众与城市的合作，激发城市活力；培育公众的社会责任感，为城市发展增添力量。

2. 合理借鉴，让先进的城市治理经验为我所用

欧美等发达国家城市化进程起步早，城镇化率高，在城市治理方面有着丰富的经验教训，若借鉴西方发达国家和国内发达城市的做法，在城市治理过程中可以少走弯路。

英国伦敦曾经是有名的"雾都"，城市秩序也乏善可陈。在不断探索的过程中，伦敦采取政府与社会共同治理的模式，政府、私营部门和志愿部门合作，政府购买公共服务，公众良性参与。美国城市化进程快，其治理讲究市场化、民主化、扁平化、信息化。③ 市场化指政府部门主要精力集中在政策制定和城市服务、协调、监督等方面，利用市场机制，调动城市发展资源；民主化主要是强调公众参与的重要性、合法性；扁平化强调横向管理，用一些服务职能机构直接为居民提供服务；信息化是利用先进的互联网技术，为公众提供及时、准确的信息。

发达国家重视治理主体的多元，强调民主、开放、包容、互动，注重公共服务和产品的供给，强调市场在城市发展中的作用，运行机制上重视公私合作，这些都为我们提供了较好的思路。但是，我们也要清醒地认识到，西方发达国家的城市治理是和资本主

---

① 参见陶希东《中国特大城市社会治理模式及机制重建策略》，载《社会科学》2010年第11期，第78~86页。
② 参见俞可平《推进国家治理体系和治理能力现代化》，载《前线》2014年第1期，第5~8页。
③ 参见耿静《我国城市治理能力现代化的问题和走向》，载《天水行政学院学报》2014年第4期，第47~50页。

义制度以及资本主义社会现实相联系的,如果借鉴,必须考虑我国城市治理的实际,注意为谁服务的问题。此外,国内一些发达城市的治理也为其他城市的治理提供了可资借鉴的样板,我们可以吸收借鉴这些城市的治理经验,降低城市发展过程中的风险因素。

3. 科学评价,让城市发展更有目的性、客观性、可持续性

确立一套科学的评估体系,是认识城市发展现状,促进城市科学发展的必要前提。目前来看,城市治理体系与治理能力现代化的问题,还处于起始与探索阶段,论及评价体系的内容非常少。关于城市发展的评价主要有两个倾向,一种是学术性的,一种是实践性的。学术性的城市评价科学、严谨,但是可操作性弱;实践性的城市评价接地气、可操作性强,但是不够严谨。当前在城市治理理论研究与实践过程中,需要一种既有科学性又有可操作性的评价体系。

首先,城市治理现代化的评价要立足实际。城市治理牵涉政治、经济、文化、社会、环境、形象、能力、方法、手段、效果等多个方面,既要评价材料的科学性、可获得性,又要注意能为现实服务。其次,城市治理现代化的评价要顾及几个方面:城市治理、治理能力、治理体系、现代化,这几个因素缺一不可。最后,城市治理现代化的评价要注重治理评估框架的建构。从目前来看,城市治理的参与、法治、民主、稳定、公开、政府责任等都需要被纳入其中,这需要多方研究、实践、再研究、再实践,最终才能提出科学合理的方案。①

四、城市治理的善治理念

"善治",即"良好的治理"。治理原指"控制、引导和操纵"②,是与统治、管理等政府活动联系在一起的,主要用于与国家的公共事务相关的政治活动和管理活动。在当代西方公共管理改革运动导致的"治理"复兴中,"治理"被赋予了新的含义,是指"在一个既定的范围内运用权威维持秩序,满足公众的需要。治理的目的是在各种不同的制度关系中运用权力去引导、控制和规范公民的各种活动,以最大限度地增进公共利益"③。这就意味着:①治理或者说公共治理与政府管理不同,其主体并不是唯一的,而是包括政府在内的各种公共的和私人的机构;②治理权威的运用并不像政府管理那样,采用单一的自上而下的强制性行政命令,而是采用上下互动、相互协商、彼此合作的方式;③治理是对公共事务的网络状的合作管理,是"多中心"的,目标也是多元的,但最终的目标是以最小的成本来最大程度地满足公众需求,最大化地实现公共利益。简而言之,治理是包括政府和各种非政府组织乃至私人机构在内的多个主体,协同处理公共事务,以满足公众需求,实现公共利益最大化的过程。治理虽与政府管理不同,但也可能失效。为了克服治理的失效,当代西方治理理论在"治理"概念的基础上,提出了"良好的治理"即"善治"的概念。善治的基本要素是:合法性、透明性、

---

① 参见计永超、焦德武《城市治理现代化:理念、价值与路径构想》,载《江淮论坛》2015年第6期,第11~15页。
② 俞可平:《治理与善治》,社会科学文献出版社2000年版,第1页。
③ 俞可平:《治理与善治》,社会科学文献出版社2000年版,第5页。

责任性、法治、回应、有效。①

由于治理是通过政府与社会、公共部门与私人部门间的合作、协商、伙伴关系实施对公共事务的管理，"市民社会和政府的互相补充是良好治理的核心"②，因此，善治的城市治理结构是一个以政府为主导的多元的治理结构。在善治的城市治理结构中，政府是治理的主体，但已不是治理的唯一主体。政府治理城市所具有的局限性需要由独立于政府之外的非政府组织来弥补。在今天，承担越来越多城市公共事务治理功能的各种非政府组织已经能够较为独立地进行着原先由政府机构进行的部分治理活动，进而发展为城市治理的重要主体。非政府组织在城市治理中的主要职能在于弥补市场和政府部门的不足，完成市场、企业和政府部门不能或不能有效地完成的社会职能。但是，非政府组织本身也具有内在的局限性，即所谓的"志愿失灵"。因此，善治的城市应当建立政府与非政府组织之间的良好合作关系，使双方都能发挥出自己的比较优势。

善治的基本要素即合法性、透明性、责任性、法治、回应、有效等，也是城市善治所具有的基本要素，是测量城市善治程度的基本指标。由善治理论而引出的城市善治研究还强调，参与性、公平性、安全性、社会合作与沟通的能力、公民社会发育状况、社会共识等也是城市善治的目标和测量指标。③

思 考 题

1. 简述城市治理理论的背景及演进历程。
2. 什么是城市治理？城市治理的理念有哪些？
3. 中国城市治理的现状如何？请谈谈你对中国城市治理的看法。

案例分析

"感谢市民"折射城市治理理念进步

"荣耀属于全市人民，我们为可亲可敬的西安人点赞。"春节后上班第一天，一封来自西安市委、市政府的感谢信在当地迅速得到广泛关注。"春节假日，西安空气清新、环境整洁、城市安宁、氛围祥和。取得这样的成效，凝聚着全市人民的汗水与智慧、奉献与包容、热情和微笑……"感谢信字里行间透露出的"温馨感"让刚刚度过新春佳节的西安市民倍感惊喜与欣慰。笔者大概梳理了一下几大城市微信公众号的转发情况，90%以上的跟帖选择以自豪感、归属感、亲切感等关键词回应上述来自官方的"致意"。

其实，城市决策管理者感谢各界市民的支持参与，并非西安首创，比如各地例行的春节团拜会等也有此意。但选择在公共媒体上如此真诚地"温馨表达"且赢得普遍热烈回应的却并不多见。西安市委、市政府的这封感谢信之所以会赢得"点赞"，笔者认

---

① 参见俞可平《治理与善治》，社会科学文献出版社2000年版，第9～11页。
② 联合国人居署：《全球化世界中的城市——全球人类住区报告2001》，中国建筑工业出版社2004年版，第284页。
③ 参见王颖《城市社会学》，上海三联书店2005年版，第272～275页。

为，最大的原因在于"温馨表达"传递出的从城市管理走向城市治理、从关注城市发展走向重视市民获得感进而凝聚市民归属感的理念之变。

有一个现象，可能大家都不陌生，就是每逢重要节假日结束，很多城市尤其是一些旅游名城都会盘点"收获"，一时间"盆满钵满""旅游揽金再创新高"等"喜庆"数据屡屡见诸当地媒体。

但热衷此事的往往都是政府部门和媒体，当地百姓却淡然处之。何以如此？因为似乎"与我无关"。西安的这封感谢信之所以打动人心，恰恰就在于其以"荣耀归于市民"及三个要感谢的方面巧妙地提示出城市形象、城市发展等宏大叙事与市民的参与、包容、维护、贡献等细微言行之间的必然联系，消弭了城市发展与市民体验的"疏离"感，激发了城市形象来自市民贡献的"自豪感"。

"自豪感"必然带来"归属感"，而市民的归属感正是实现城市现代化、多元化治理的关键所在。笔者曾听过一位市长的感慨：打造城市形象，市民的自身评价和文明言行远比广告宣传更有效。有专家表示，市民对居住城市产生的归属感与其对城市的责任感呈正相关关系。责任感必然催生自觉维护、自觉参与、自觉贡献、自觉包容等正向融入城市治理的行为。因此，相对于传统的、单一的政府管理，这种旨在"唤醒"全体市民"城市是我家"的意识的"温馨表达"，不仅有利于降低城市治理成本，而且会显著提高城市治理效率，进而真正实现城市治理的良性互动与现代化升级。

社会学上有一个善意交换原则，该理论主张人类的一切行为都受到某种能够带来奖励和报酬的交换活动的支配。具体到城市治理，城市决策者主动释放真诚的善意治理信号，必将获得市民的善意回应。城市，因人的生产、生活需要而诞生。市民的幸福感、获得感和认同感，才是城市发展的终极目标。但愿这种"感谢市民"的城市治理理念和行动能成为一种习惯。

——节选自张毅《"感谢市民"折射城市治理理念进步》，载《经济日报》2018年2月27日。

案例思考题

1. 上述内容反映了城市治理的什么理念？谈谈你对城市治理理念的看法。
2. 为何"市民的归属感正是实现城市现代化、多元化治理的关键所在"？

第二章 城市治理领域

广义角度上的城市治理是一种城市地域空间治理的概念。治理领域囊括城市经济、文化、社会和生态四方面的内容。研究城市治理各领域的内涵、特点、原则、功能和实现路径,有助于对城市治理这一复杂系统运行规律形成理性认识,从而为以后各章的阐述提供分析基础。

第一节 城市经济领域的治理

一、城市经济治理的内涵

总体上看,经济治理的理论框架尚未完全建立,对治理什么、谁来治理、为谁治理、怎么治理,以及治理标准等基本问题还没有形成共识。学者们主要在"全球治理"和"国家治理"两种语义环境下使用经济治理概念,不同语境下的经济治理定义和内涵也有所不同。

(一)"全球治理"下的经济治理

全球经济治理主要被视为世界贸易组织、国际货币基金组织和世界银行等国际机构的责任,当前世界经济正变得越来越不稳定、不平等以及缺少治理,相关国际组织应该在贸易、货币和发展援助领域发挥更大的作用,这样才能适应全球经济的新变化,应对全球经济的新挑战。[①] 自从国际金融危机爆发以来,全球经济治理正经历着历史性变化。治理是一个过程,话语权是其中重要一环,其他主要环节还包括制度的功能设定、治理规范的内容以及国际组织的内部治理改革等,这些方面都会影响国家在全球治理过程中作用的发挥。[②] 全球经济治理是一种广义的、综合意义上的概念,它是指在一部分或全体主权国家之间进行的、超越国家主权的经济合作和共治,它既包括合作行为和行动,创立和运行合作机制,也包括相关的各种理念和构想。[③] 全球经济治理在概念上有以下三个特点:

第一,借助于外部性和公共物品这两个概念,将经济学理论运用于全球治理领域。由于在全球范围内,市场被分割成各个子市场,因此,市场机制无法充分发挥作用,需要具有一定权威的全球性组织出面协调。因为全球治理的效果具有非排他性和非竞争

[①] 参见[英]奈瑞·伍茨《全球经济治理:强化多边制度》,曲博译,载《外交评论(外交学院学报)》2008年第6期,第82~95页。

[②] 参见曲博《金融危机背景下的中国与全球经济治理》,载《外交评论(外交学院学报)》2010年第6期,第57~65页。

[③] 参见周宇《全球经济治理与中国的参与战略》,载《世界经济研究》2011年第11期,第26~32页。

性,所以每个国家都试图搭别国的"便车",这便构成了全球治理中公共产品提供的不足。

第二,全球经济治理更加强调国际组织在治理途径中的作用,这并非否定国家层面的全球经济合作,因为所有合作都融入了国际组织的管理协调之中。

第三,金融危机的爆发使国际社会意识到,传统全球经济治理体系存在"全球规则体系的缺失和全球经济发展的不平衡"等缺陷,应当将防控全球金融系统性风险、改革全球经济治理体系、重新规划全球经济合作纳入全球经济治理范畴。[1]

(二)"国家治理"下的经济治理

经济是人类生活的根本,是国家存在的基础,国家治理首先是经济治理,只有治理好了经济,才能治理好国家。考量一个国家治理水平的首要标准,就是其国家经济治理的体系和能力。[2] 经济治理是政府通过制定规则、做出制度安排来规范各利益主体(如企业、居民等)的经济行为。历史上经济治理有两种不同方式:一种是基于经济行为参与方私人协议关系的治理方式,多为东方亚洲国家所采用;另一种是基于立法、司法部门参与正式合约的治理方式,多为西方欧美国家所采用。前一种方式向后一种方式转变,是经济治理的发展趋势。[3] 政府在经济治理中扮演着用政策、法律、规章、制度来规范各利益主体经济行为的重要角色。[4]

国家经济治理的两个特征:一是较强的连续性,即重要的经济政策和发展战略不会因为政府的更迭而中断;二是自我调整和改革能力较强,围绕增加市场灵活性、减少保护主义倾向、增强企业竞争力等目标,不断调整完善法律制度,确保政府真正能够在法律框架内有所作为。[5]

综上所述,经济治理大致有如下内涵:①治理应是多个主体的共同行动,包括沟通、协调、决策、执行、反馈等;②治理活动必须在一定的规则下开展,规则应当为所有治理主体所遵循;③治理需要一定的平台,这在沟通协调中发挥着至关重要的作用;④治理的目标和内容会随着经济社会发展而动态变化。

二、城市经济治理的理论逻辑

城市经济治理是一个谱系概念。我们可以从以下三个角度加以理解:①静态地看,城市经济治理往往表现为一种组织和制度安排,体现为"秩序"。也就是说,它是政府部门、私营部门、第三部门和市民等众多主体,在共同处理公共经济事务中,呈现出来的一种"规则"和"规矩",它具有参与、平等、互动、民主的特点,并被所有社会主

---

[1] 参见裴长洪《全球经济治理、公共品与中国扩大开放》,载《经济研究》2014年第3期,第4~19页。
[2] 参见刘春山、江之源《论经济法与国家经济治理》,载《社会科学战线》2019年第6期,第204~211页。
[3] 参见广东国际战略研究院课题组《中国参与全球经济治理的战略:未来10~15年》,载《改革》2014年第5期,第51~67页。
[4] 参见乌家培《发展网络经济,改进经济治理》,载《经济学动态》2001年第7期,第45~48页。
[5] 参见薛彦平《德国经济治理的回顾与前瞻——社会市场经济模式的影响》,载《当代世界》2014年第10期,第54~57页。

体所接受。②动态地看,城市经济治理是一系列的过程和行动,在社会主体间权力、责任、义务交互存在的前提下,城市经济治理常常表现为多元主体联合的沟通、交流、协调、执行、监督等活动。其通过一系列具体的治理活动,体现出参与、平等、互动、民主的价值取向。③从效果看,城市经济治理是妥善处理公共经济事务、有效化解公共经济风险的状态。完成治理活动,意味着多元主体在稳定的法律制度规则框架下,通过采取有效行动,确保了经济持续稳定健康地发展。

(一) 公共经济风险是城市经济治理的逻辑起点

城市经济治理源于公共经济风险。我们必须看到如下客观事实:经济活动最初是个人之事,它是人类个体满足自身效用的手段,也是个体的一项基本权利。作为经济活动起点的个体经济行为,可能面临三大风险:一是自然风险,指由自然因素,如灾害、疾病等引起的风险;二是社会风险,指由个人或团体在社会上的行为,如偷盗、战争、动乱等引起的风险;三是经营风险,指个体在经济活动中,由经营管理不善或市场供求等因素引起的风险。如果个体经济风险普遍累积或连锁反应到一定程度,造成如下三方面的负面影响时,个体经济风险就会转化为公共经济风险:其一,经济均衡遭到破坏,如社会生产总量下降或结构性矛盾导致供给与需求、生产与消费失衡,给上下游关联产业或企业带来不利影响,造成宏观经济失速。其二,经济不稳定。经济结构的均衡性遭到破坏之后,宏观经济运行可能会出现局部甚至整体的剧烈波动,影响人们正常生产生活。其三,经济可持续性变差,即经济供给体系受到影响,如资本和劳动力减少、全要素生产率降低等,从而影响经济中长期可持续发展。如果公共经济风险进一步蔓延到社会领域,还可能损害公平正义,如经济弱势群体会因公共经济风险的发生而陷入更加被动的境地,在应对经济风险时市场资源"重新洗牌",弱势群体可能因缺少"代言人"和"话语权"而遭受更为严重的经济剥削,由相对弱势转为绝对弱势等。

公共经济风险无法由单个经济主体独立进行防范与化解,有时是由于单个经济主体没有足够的能力化解,有时是由于其缺乏足够的动力去化解,因此,必须由联合主体共同协商解决,这就是城市经济治理的雏形。从机制上看,城市经济治理是应对公共经济风险的有效制度安排:其一,城市经济治理本身以防范和化解公共经济风险为目标。社会主体通过联合行动治理经济的根本目标,就是促进经济健康发展、实现社会公平正义,城市经济治理具有应对公共经济风险的先天属性。其二,城市经济治理行为的联合性提高了风险应对水平。集体决策和联合执行汇聚了更多的社会智力和力量,较之以往的政府单独决策和单独执行,决策更科学、执行更有力。正是因为"众人之事众人治",所以也在最大程度上调动了社会主体的积极性,提高了风险应对水平。其三,风险应对效果在治理框架下由集体认定。对公共经济风险程度的感知,很大程度上来自社会成员的集体意识,由于城市经济治理吸收了社会各方的参与,因此,治理成效自然也会被大多数社会主体认可,有利于保持社会稳定。

(二) 城市经济治理具有经济和社会双重属性

从功能上看,城市经济治理既有利于维护经济稳定,又有利于促进社会公平,具有经济和社会双重属性。

在经济方面,一是城市经济治理讲求法治,法治的市场经济能够依法保护各种所有制经济的产权和合法权益,依法维护市场竞争秩序,惩处市场失信行为,为经济发展提供坚实的法治保障。二是城市经济治理要求市场在资源配置中起决定性作用和更好地发挥政府作用,如果市场这只"看不见的手"放得更开,政府这只"看得见的手"用得更好,政府为公共服务建立规范透明的程序、提供高效优质的服务,其他事项由市场和社会主体依法自主决策,经济将在更为规范有序的轨道上运行。三是城市经济治理实行由市场决定价格的机制,在统一开放、竞争有序的现代市场体系下,公平、开放、透明的市场价格将为所有市场主体创造权利平等、机会平等、规则平等的基础条件,公平竞争的市场环境将在最大程度上激发企业、市场和社会活力。四是城市经济治理要求全方位对外开放,为外商营造公平、稳定、透明、可预期的投资环境,积极促进贸易投资自由化、便利化,扩大沿海沿边内陆开放,加快与周边国家和区域基础设施互联互通建设,这有利于促进国际国内要素有序自由流动、资源高效配置、市场深度融合。

在社会方面,城市经济治理内含着社会公平正义。平等和人权是公平正义的两个内核,实现社会公平正义首先需要满足人的基本生存条件和基本能力,而这必须通过一系列经济活动来实现,这是由经济基础和上层建筑的相互关系决定的。良好的城市经济治理保障了人的基本生存条件和基本能力养成,如政府提供基本营养、医疗、教育、住房、就业、文化、体育、低保等公共服务,深化收入分配制度改革、形成合理有序的收入分配格局,推动户籍制度改革、有序实现农业转移人口市民化等,能够让发展成果更多更公平地惠及城乡居民,这些都需要通过城市经济治理机制做出安排。可以说,凡是关乎人的基本生存条件和基本能力方面的经济活动,都归于城市经济治理的范畴。[①]

三、城市经济治理中的政府职能

(一)通过经济调节促进经济治理健康发展

经济调节是政府管理经济的首要职能。其基本理论依据是凯恩斯主义,该理论认为西方社会的市场经济机制存在失灵的问题,不能有效配置资源和促进经济增长,因此需要政府干预。政府干预经济的最重要途径就是经济调节,主要手段有国家计划和规划、经济手段、法律手段和行政手段,目的是实现国民经济平稳较快发展。

经济治理是一种全新的经济形态,在演化动力、实现条件、产业集群、组织生态、成果转化和人才培养等方面都和传统经济有着极大的区别,因此需要政府发挥经济调节职能,更好地促进经济治理发展。政府通过制定经济治理发展战略与规划,明确在一定时期内经济治理发展的重点,为经济治理发展提供战略保障和制度支持;通过实施积极的财政政策和货币政策,为经济治理发展提供资金、信贷、税收等方面的优惠;通过制定有利于经济治理发展的法律、法规,为经济治理发展提供良好的法律环境和制度保

[①] 参见朱尔茜《经济治理的理论内涵及实施路径》,载《海南大学学报(人文社会科学版)》2016年第2期,第68~73页。

障；通过适当的行政手段，矫正经济治理发展中不利和不当的经济行为。

(二) 通过市场监管应对经济治理发展中的市场失灵

由于市场存在外部性、信息不对称和不完全性、垄断等问题，市场机制配置资源在某些领域达不到帕累托最优状态，导致资源浪费和配置效率低，从而带来市场失灵。因此，我们有必要加强政府干预和对经济进行调节。在我国社会主义的市场经济条件下，既要发挥市场这一"无形手"在资源配置中的基础性作用，更要发挥政府这一"有形手"调控经济的积极作用。经济治理最重要的内容是技术创新，尤其是高新科技创新和产业发展。技术在某种程度上具有半公共物品的性质，即一人的使用有可能并不排除他人的使用。具体来说，就是在技术扩散过程中会通过组织和学习产生溢出，使得技术专有者不能获得技术研发的全部收益和好处，这样就会大大降低技术专有者的创新动力。另外，科技成果转化单纯依靠市场来实现也很难奏效，主要是因为研发活动主体，如科研机构、大学、企业等缺乏与市场有效衔接的机制，假如其研发活动找不到向实际应用转化的途径和市场需求，就很难实现其价值。[①] 因此，政府就成为科研成果转化和市场需求对接的桥梁，可以通过完善信息、创新制度和提供政策倾斜来支持科研成果转化。

(三) 加强社会管理营造经济治理发展氛围

社会管理就是通过制定社会政策和法规，依法管理和规范社会组织、社会事务，化解社会矛盾，调节收入分配，维护社会公正、社会秩序和社会稳定。这既是弥补市场失灵的必然要求，也是协调各种矛盾与冲突的必要前提。社会管理主要以行政强制为基础，以法律为保障，对社会关系进行调整和约束，政府在其中发挥着主导作用。[②]

经济治理的本质是一场社会性革命，它既对政府经济管理职能提出了转型要求，又对社会全员参与创新发出了呼声。经济治理带来的组织扁平化和网络化趋势使得政府管理经济的着眼点不再是管理，而是转移到了治理方面，这必然要求政府适度分权与放权，培育和重视社会力量。同时，经济治理是一个全员参与的过程，政府有责任、有义务营造全社会创新的文化氛围和社会环境，通过立法保障创新主体的经济权利，以有效的体制机制化解创新过程中产生的各种矛盾和冲突。

(四) 提供公共服务确保经济治理发展动力

政府提供公共服务是由公共物品的性质决定的。公共物品由于具有非排他性和非竞争性，在使用过程中容易导致"公地悲剧"的发生，使对公共物品的利用无效率或低效率。因此，由政府提供公共物品是防止"公地悲剧"发生的最重要途径之一。在经济治理发展的过程中，政府要加强城乡公共基础设施建设，发展社会就业和社会保障服务，着力促进教育、科技、文化和卫生等社会事业健康发展，为经济治理提供良好的社

---

① 参见李志军《技术转移中的政府作用》，载《中国科技财富》2011年第17期，第27～29页。
② 参见蒋乐仪《美国社会管理的"三只手"及对我国的启示》，载《学术研究》2009年第1期，第39～44页。

会氛围。①

（五）促进政府经济治理行为优化

政府治理行为的转型离不开政府治理理念的更新与政府治理目标的明确，更离不开政府治理行为的优化，政府治理行为的优化是政府治理行为转型的重要体现。然而，当前政府治理行为尚不够优化，这影响了城市经济发展的推进，对此，应当采取以下措施：

第一，要创新政府治理模式。我们要改变过去政府单一式的管理模式，转向多主体参与合作的多中心治理模式。从政府治理的概念中可以看出，多主体参与合作是其中的一个重要因素。包括政府、市场、社会组织和公民个体在内的多元主体合作共治，既是政府治理行为转型的内在要求和重要体现，又是不断满足城市经济发展需要的必然选择。在城市经济发展背景下促进多元主体合作共治，既要坚持政府的主导地位，又要充分发挥企业、公民和社会组织的积极作用。不管治理主体是否多元，我们始终要坚持政府的主导地位，更不能放弃政府在城市经济发展过程中应承担的责任。同时，我们要增强企业、公民和社会组织的参与能力，充分发挥企业在技术创新、技术升级方面的优势，以及公民和社会组织在低碳理念宣传与践行方面的作用，通过多主体间的努力与合作，共同推进城市经济的发展和低碳理念的落实。

第二，要促进政府治理行为转型由被动转型向主动转型转变。政府治理行为转型滞后于城市经济发展的需要，不仅会影响城市经济发展的进程，也会影响政府治理行为效用的发挥，这就需要政府治理行为转型由被动转型向主动转型转变。要达到这种目的，政府治理行为的转型就应当建立在主动分析城市经济发展内涵、特征和要求的基础之上。这种主动转型由于结合了城市经济发展的现实需要和内在要求，因而能够通过政府治理行为的转型引导和促进城市经济发展。②

四、城市经济治理的思路与对策

现阶段，在我国城市经济治理网络体系中，政府依然是城市经济治理系统的中枢，也是引导、监管、治理市场和各种企业组织展开合作共治的引擎。在经济新常态的条件下，我国政府的城市经济治理应该从以下五个方面进行规划和设计。

（一）建立一个以市场信号治理机制为主，并与政府指令治理机制平行、动态、均衡、互补的城市经济治理策略

我们要树立整体性思维，强调治理的"综合"效率，建立统一的城市经济治理体系。我们也要合理地调整和处理好政府和市场治理机制的动态边界，而非秉持着政府和

---

① 参见韩学广《从创新经济治理看政府职能转变与创新》，载《科技进步与对策》2013年第22期，第27～30页。

② 参见黄要知《低碳经济发展背景下政府治理行为转型研究》，载《湖南科技大学学报（社会科学版）》2016年第4期，第57～62页。

市场之间非此即彼的垂直替代思维。即政府只强调指令性治理，结果"看得见的手"变成了"闲不住的手"；市场只强调竞争性治理，"看不见的手"结果变成了"脱离身体的手"。合理划分政府和市场的动态边界，需要摒弃一元、单向的治理效率观，树立整体、综合的治理效率观。这要求在对我国城市经济治理体系的绩效评价中考虑到两方面：一方面，要考虑到在经济领域内部，使政府治理机制和市场治理机制的组合效率达到有效均衡。也就是要在价格机制、供求机制、竞争机制能够发挥有效作用的资源配置领域，尽量扩大市场信号治理机制的决定性作用，而在其他个别领域做到收放自如。另一方面，要考虑到经济部门和其他社会部门的组合治理效率。树立综合的绩效评估观，尤其对于那些社会效益十分明显的经济领域的治理，要充分发挥政府指令性治理的行业规划和分配调整的优势，在保证公平优先的前提下，灵活运用合营合作、外包、独资经营等市场化的行政工具，通过多部门协作、公私部门联合以及利益相关者广泛参与的方式，提供精准、有效的服务。①

（二）坚持"底线管理"与"相机抉择"相结合的经济风险治理策略

目前，整个国际经济大环境正处于危机时刺激政策退出的消化期，全球产业结构调整与再平衡的震荡期，经济增长的低迷期，三期叠加使得国际经济环境更加复杂，增长反复，市场异常，前景难以预测。世界经济的复杂状况，必然会给我国经济发展带来不稳定的因素，虽然我国经济发展基本面良好，但个别领域流动性泛滥、泡沫化、产能过剩、债务包袱沉重等结构性失衡问题严重，而结构性失衡是导致产生系统性经济风险的重要因素。面对诸多挑战，政府在微观城市经济治理过程中，要坚持底线管理，守住就业、通货膨胀和经济增长的底线。其要利用各种技术手段制定能尽量反映真实经济情况的发展"底线"，保持一定的经济增长率，也要容忍经济一定程度的下滑，甚至短期内的明显下滑，但要全力保障就业水平不滑出"下限"，物价涨幅等不超出"上限"。政府要加强预期管理，采取稳健的财政政策和适度的货币政策，稳定增长，避免重走政府投资和货币投放的传统老路；在宏观调控上需要相机抉择，综合运用多种手段，平衡需求、投资和出口三者之间的关系；根据不同的经济情况，应对措施可以有所侧重，但不能片面依赖一头，而忽略其他；加强投资管理，充分发挥劳动、资本、技术和经济效率组合治理的优势，提升本国产业、行业在全球价值链中的战略地位。

（三）分散化、网络化的政府治理机制创新策略

结合我国目前大改革和大调整的经济改革时代特点，政府在管理机制上必然要主动有为，在组织职能结构上加大改革的力度。现阶段，国内外经济环境的不确定性和复杂性程度都在增长，要消除不确定性带来的负面风险，政府需要探求适应这种高度不确定和复杂环境的管理方式，进行组织管理创新。近些年理论界提出的矩阵式组织结构方式，在打通政府上下部门、横向部门之间的互通联动方面，较之传统的官僚制结构具有

---

① 参见庞晓波、刘延昌、黄卫挺《经济治理理论与中国经济发展》，载《经济纵横》2010年第5期，第34～36页。

更加灵活和柔和的特点。在我国探索政府大部制改革的过程中，富阳的矩阵改革实践取得了良好的效果，为推进政府结构改革提供了良好的样本。此外，在常规组织之外，政府可设立任务型组织，即根据特定任务设立临时性的组织，该组织在资源获取，人、财、物的安排使用、管理方式上具有更加灵活的特点。任务完成后，组织便解散或被吸纳进常规组织，这在很大程度上弥补了常规组织灵活性不足的缺陷，可适应现代风险社会的不确定性、复杂性和突发性特点。①

（四）建立有效的城市经济治理绩效评价机制

政府要实现经济增长方式的转变，实现社会和谐发展，必须要走出维持和支撑从前那种经济增长方式的制度性藩篱，建立一种能有效激励产业与社会组织健康与蓬勃发展的制度基础，从而替代从前那种拼资源式的激励机制。新的经济发展条件下，政府在评价经济增长的绩效标准上要进行制度性的调整，至少应包括以下三个方面：①维持经济增长投入要素的结构和数量，即资源投入与消耗的比率；②经济发展导致的环境受损程度及其修复成本，即发展多元产业，以实现更有效率的资源有效替代目标；③经济发展对技术进步的贡献率及其自主知识产权积累率，即有利于经济稳定、健康、可持续运行的新兴产业、高新技术产业的发展情况。

（五）建立鼓励经济主体创新的微观服务政策和制度环境

服务和治理是建立市场导向城市经济治理体系的两个重要支撑。创新驱动首先要求政府扫除企业创新的后顾之忧，为企业发展指明方向和提供制度供给，建立创新的风险分担机制，使各市场主体有稳定的预期。从本质上讲，国家创新体系建设是一个资源和利益在社会重新配置的过程，必然会受到既得利益团体，甚至相关职能部门的阻碍。因此，创新驱动发展战略更需要顶层设计，建立以政府为引导、市场为平台、企业为主力、中介服务为支撑的体系，制定中远期创新战略和规划。政府要大力保护产权的流动性，减少甚至消除在不同所有制之间，以及不同地区、行业、企业之间产权流动上所设置的行政的、人为的阻碍。政府应建立健全企业产业进入与退出机制，依据税收优惠政策设置产业导向，引导资金和生产要素资源合理流动，建立技术服务体系，打造资源共享的产业信息平台。②

---

① 参见袁忠海《新常态下我国政府经济治理的方向和策略分析》，载《改革与战略》2015年第4期，第62~65页。
② 参见韩学广《从创新经济治理看政府职能转变与创新》，载《科技进步与对策》2013年第22期，第27~30页。

第二节 城市文化领域的治理

一、城市文化治理的内涵、特点与原则

(一) 城市文化治理的内涵

城市文化治理的根本内涵在于提高公共文化服务的社会化程度，形成民主、平等、互动的交流空间，使市民能够充分表达自身意愿，在自我表现、自我服务中实现自我满足、自我提高、自我发展。这种公共空间的建成基础首先是形成广泛且牢固的社会共识网络，培育健康健全的公民精神，从而最终形成以政府、市场、社会组织、公众为治理主体的城市文化治理局面。[①]

(二) 城市文化治理的特点

1. 治理主体的多元化

治理主体多元化是城市文化治理最核心的特征要求。[②] 随着现代社会经济、技术的迅速发展变化，传统的行政管理模式越来越难以起到良善的管理效果，其中最主要的特征表现就是政府作为唯一的公共事务管理者越发力不从心。治理理论直指当代政府管理瓶颈，提出治理主体多元化的理论方法，从方法论上为改善公共管理现状提供了理论依据。治理理论指导下的城市文化治理主体既包括起主导作用的城市政府，也包括城市中的各类经济组织、社会组织，还包括城市的主要组成部分——市民。这里所讲的多元化包括两方面的含义：一是治理主体的去中心化，也即传统的处于绝对主导地位的政府的中心地位被动摇，在整个城市文化治理过程中，政府不一定再需要对所有事务亲力亲为，而是变"划桨"为"掌舵"。二是治理主体增加了新的元素，包括市场、社会组织、公众。但新增治理主体的权力赋予方仍应该是政府，并且政府有责任和义务协调好各方的权力分配和相互关系。

2. 治理方式的多样性

在传统的行政管理模式下，政府与市场、社会组织以及公民之间是管理与被管理、控制与被控制的关系。这种高度集中的管理模式要求政府必须处于绝对核心地位，是公共权力的唯一掌控者，治理方式也相对简单——政府依靠行政命令处理各类公共事务。新型的城市文化治理模式提倡治理方式的多样化，政府不再是文化治理的唯一主体，治理方式也随之变得多样化。网络化治理模式、公民自组织治理模式、数字化管理方式等治理手段得到广泛应用。

网络化治理模式是指城市文化治理中的各个治理主体在彼此信任、相互交往的基础

[①] 参见张扬《公共管理视域下城市文化治理问题研究》（硕士学位论文），河北师范大学2016年，第14页。
[②] 参见赵涟漪、宋振玲《现代社会治理的特点及我国社会治理中存在的问题》，载《沈阳干部学刊》2014年第4期，第38页。

上合作共治,这种模式下的政府与市场、社会组织以及公民之间的关系是平等的、合作的。①

公民自组织治理模式是指通过政府授权以及政府主动地公开政府信息、决策信息等措施,吸引市民参政议政,培养市民的公民精神,最终形成公民自组织系统,实现对城市文化的公民治理。

数字化管理方式是指运用现代技术的优势,通过计算机、互联网等先进技术优化城市文化治理的手段,提高城市文化治理的效率,达成城市文化良善治理的目标。

3. 治理内容的特殊性

顾名思义,城市文化治理的治理内容是城市文化。广义上的文化是指人类在其实践过程中创造的物质财富和精神财富的总和,具有民族性、地域性、时代性等特征。由于文化所涉及的内涵以及外延都是无法量化的,所以很难给文化下一个具体统一的定义,这也正是文化特殊性的表现。城市文化作为城市治理的重要治理对象,其特殊性同样不言而喻。首先,城市文化涉及的内容广泛,既包括城市中的各类有形的城市文化载体,也包括各类无形的城市文化内容。其中有形的文化载体包括各类公共文化设施、文化场所、文化产品等内容,无形的文化内容包括城市文化传统、风俗习惯、市民文化素养、地方规章制度等内容。其次,城市文化具有抽象性。这里主要探讨无形的城市文化的抽象性。例如,知识、道德、信仰、风俗等精神形态的城市文化都是形而上的意识存在,管理者无法直接触碰到这些存在,而相应的道德教化也必须有被治理对象的能动性配合才可能实现,因此治理难度较大。最后,城市文化影响深远。城市文化是一座城市的灵魂,城市文化的发展程度不仅会直接影响城市自身的建设和发展,也会对市民对城市的归属感和满意度产生极其深远的影响。

4. 治理系统的完整性

城市文化治理一项系统工程,正如前文所述,对城市文化进行分类,并不是将城市文化割裂为几个分散的组成部分,分类只是为了在掌握各类城市文化自身特点的基础上,对各类城市文化进行有针对性的治理。但我们必须认识到,城市文化治理系统具有完整性。文化自身的特殊性以及治理的公共性要求我们在城市文化治理的过程中必须科学规划、统一部署,各文化管理部门之间应该是一种协调互动的关系,而非各自为政、政出多门。②

(三) 城市文化治理的原则

1. 以人为本,城市文化建设与思想政治教育相结合

城市文化建设要坚持文化建设与思想政治教育相结合的原则,做到以人为本。以人为本是科学发展观的核心,也是现代社会最基本的发展理念之一,是以公民权利为本位的社会伦理。恩格斯曾指出"文化上的每一个进步,都是迈向自由的一步"。这就充分

---

① 参见陈剩勇、于兰兰《网络化治理:一种新的公共治理模式》,载《政治学研究》2012年第2期,第111页。
② 参见张扬《公共管理视域下城市文化治理问题研究》(硕士学位论文),河北师范大学2016年,第14～16页。

表明，人的全面而自由的发展是文化建设的最终目标，代表着先进文化的前进方向。因此，在城市文化建设中要始终坚持从市民的文化需求出发，利用宣传和教育的方式加强城市文化建设。同时，城市文化建设中也要用城市文化的内涵来提高广大市民的政治素质和道德修养，发挥城市文化建设的思想政治教育功能和作用。

2. 形神兼备，特色内涵与和谐城市建设相结合

城市文化建设要坚持特色内涵与和谐城市建设相结合的原则，做到形神兼备。任何城市都有自己形成和发展的过程，也就因此形成了独特的文化，具有了特殊的城市文化内涵。城市文化形态包括城市建筑、基础设施等外在形态；而城市文化神态则表现为城市文化的内核与底蕴，即城市精神。只有将城市多年沉淀下来的文化底蕴与当前和谐城市文化建设相结合，才能使城市文化建设形神兼备，同时具有形态上的美感和神态上的韵味，并将两者很好地融合在一起。可以说，形神兼备是城市文化建设的基本原则和发展准则，只有做到将城市文化的特色内涵与和谐城市文化建设紧密结合，才能充分发挥本城市的文化优势和特色，实现城市文化的健康发展。

3. 兼容并蓄，地域特点与各国优秀文化相结合

城市存在于一定的地域内，必然具有较强的地域特点。当前，加强城市文化建设要坚持将城市的地域特色与中国传统文化及国外先进文化相结合。每一个城市的地域文化特点都是传统文化在一定区域中的反映和表现形式，都在一定程度上体现了这个地区传统文化的内容。外国先进文化也是当前城市文化建设所应该学习和借鉴的，当前也得到了我们的重视。因此，只有将地域特点与各国文化的优秀成分相结合，在本地文化与外来文化的互动、冲突、融合、共生中做到兼容并蓄，才能真正地促进和谐城市文化建设。

4. 与时俱进，历史文脉与现代化的建设相结合

城市文化建设要坚持历史文脉与现代化的建设相结合的原则，做到与时俱进。与时俱进是马克思主义的世界观和方法论，是我们党始终坚持的基本指导思想，任何工作和实践都必须坚持与时俱进。马克思曾指出，"人们自己创造自己的历史，但他们并不是随心所欲地创造，并不是在他们自己选定的条件下创造，而是在直接碰到的、既定的、从过去继承下来的条件下创造"。任何城市都有自己的文化历史和文化传统，在实践中，现代文化建设必然是历史与现实相互融合、相互渗透、相互结合的产物，它能够保留城市的文脉、记忆和传统，使城市与众不同、富有个性，是在城市文化建设中所必须关注的。因此，当前城市文化建设要坚持将城市的历史文化传统与现代化的建设紧密联系在一起，在与时俱进的状态中，始终不渝地推动城市文化建设水平的提升。[①]

二、城市文化治理的主要内容

（一）城市物质文化治理

物质文化是一种显性文化，其特征是闻之有声、见之有形、触之有觉。一般认为，

---

① 参见董濮《和谐社会构建中城市文化建设研究》（博士学位论文），东北林业大学2010年，第61~63页。

城市物质文化包括城市所特有的市容、市貌、市旗、市歌、市花、特殊标识、景观等，能够塑造城市的外在直观形象。这些城市物质文化虽然是物质形态的，但是却反映着城市的历史、风俗、观念、精神等。在和谐社会构建中，城市物质文化建设包括城市产业文化建设、城市消费文化建设、城市建筑文化建设。

（二）城市规范文化治理

规范文化一般包括民俗文化、道德文化、制度文化、法律文化和行政文化等。这些文化都是在历史进程中形成的，对人的素质有一种定型塑造作用。而人也通过对规范文化的改革和超越，实现自身素质的升华。城市规范文化中包含着调节市民行为的准则、规范系统，即规范层面。和谐社会构建中城市规范文化建设包括城市民俗文化建设、城市道德文化建设、城市法律文化建设、城市行政文化建设。

（三）城市精神文化治理

城市精神文化是指城市文化的文化心理、观念层面或精神价值层面，涉及市民的群体性格、心理态度、观念模式、价值观念等深层次文化结构，更能体现文化的本质。城市精神文化的积淀对和谐城市文化的建设和居民素质的提高具有重要影响，而居民素质的提高与和谐城市文化建设也对城市精神文化的提升有着促进作用。在和谐社会构建中，城市精神文化建设包括城市历史文化建设、城市大众文化建设、城市休闲文化建设、城市网络文化建设、城市生态文化建设、城市旅游文化建设。[①]

三、城市文化治理的经验

（一）北京：打造政治中心城市

北京，中华人民共和国首都，全国政治中心、文化中心、国际交流中心、科技创新中心，是中国共产党中央委员会、全国人民代表大会和中华人民共和国中央人民政府的所在地。

北京话成为全国普通话的模板，京剧被认为是国家形式的剧种，天安门广场是神圣的政治中心以及升国旗仪式的举行场所。这些可能在更多的层面上是国家意志的体现，而非城市文化治理者的能力所及。但是，作为国家政治中心的北京，在政治类城市文化治理上的确走在全国前列，无论是城市的管理者还是其他治理主体，都对北京的政治地位有着强烈的认同感，并且愿意为捍卫和维护其政治中心的城市名片做出努力。

当代北京期望通过去政治化的方式实现北京政治城市文化的治理。比如，北京市曾成功申办 2008 年夏季奥运会。奥运会当然具有政治功能，只不过这种政治功能是通过非政治化的方式实现的。从城市文化治理的角度来看，北京奥运会提高了北京在国际社会中的地位，增强了中华民族的自信心和民族凝聚力，有利于提升北京市民素质，促进北京市社会的稳定和谐。北京市（更大意义上可能是中国政府）通过承办体育赛事达

---

① 参见董濮《和谐社会构建中城市文化建设研究》（博士学位论文），东北林业大学 2010 年，第 42～45 页。

成其政治文化治理的目的体现了城市治理者的管理智慧,在治理思路上值得其他城市借鉴。

(二) 毕尔巴鄂:呈现传统工业城市的文化色彩

提起西班牙北部名城毕尔巴鄂,人们首先想到的可能是西甲联赛劲旅毕尔巴鄂竞技队以及闪烁着金属光泽的古根海姆博物馆。然而,谁又能想到这座以足球和艺术著称的城市在30多年前还仅仅是一座传统的工业城市,灰色是这座城市的主色调。得天独厚的矿产资源优势使这座城市早在18世纪就形成了以钢铁产业、造船产业为主的重工业基地发展路线。发达的工业在为毕尔巴鄂带来了财富和繁荣的同时,也给其造成了严重的工业污染——灰蒙蒙的天空,臭烘烘的河水……一时间,毕尔巴鄂沦为欧洲最不适宜居住的城市之一。

随着城市矿产资源开始枯竭,加之经济危机的沉重打击,毕尔巴鄂逐渐衰落。1987年,毕尔巴鄂市政府制定了新时期的城市规划总体方案,确定了以人为本的发展理念。相比于19世纪的"工业革命",这次城市转型被称为"城市革命",市政府决定在保护城市历史遗产的基础上,践行可持续发展的规划理念,将毕尔巴鄂建设成一座以文化、旅游、环保、服务为支柱的欧洲魅力之城。发展方案包括对老城区的保护性维修,对废弃工业用地的改造和开发以及对河道的整治、对环境的绿化等。

"城市革命"的另一重要组成部分是修建古根海姆博物馆,这座建筑的问世使得当地增加了一个主要的旅游景点,博物馆每年的门票收入能够占全市年度财政总收入的4%,博物馆也因此成为带动当地经济的龙头产业。值得一提的是,毕尔巴鄂充分认识到改革不是一个市政府就可以办到的,因此,为每一个改革计划项目都单独组建一个公司,公司主要由市政府、区政府、以及国有企业、私营企业,特别是与市政、交通相关的大型企业最高决策人共同组建,这一点充分体现了城市文化治理主体多元化的特点。

(三) 奥斯维辛:"二战"伤痛记忆的教育基地

奥斯维辛是波兰小波兰省的一座小镇,本身名不见经传,然而,由于奥斯维辛集中营的建造,它成了举世瞩目的"死亡工厂"。奥斯维辛集中营是纳粹德国在"二战"期间修建的上万座集中营中最大的一座,在这里,曾经有数百万人被法西斯分子残忍杀害。

然而,这座曾经满载罪恶和伤痛的"死亡工厂",已经被建成了一座博物馆,每年接待游客高达数百万人次,成了波兰一处著名的旅游景点。由于自然原因以及人为破坏,奥斯维辛集中营曾经几近坍毁。城市治理者眼看日渐残败的奥斯维辛集中营正在一步步退出历史记忆,决定设法修缮、维护,希望年轻一代能够通过历史遗迹来了解"二战"的历史。

1947年,奥斯维辛集中营作为博物馆重新向世人开放。营地内的建筑被工人重修,生锈的铁丝网被更换成新的,毒气室被重建墙壁、翻新……除此之外,管理者还有提防日渐猖獗的偷盗、毁坏文物行为的措施。奥斯维辛集中营博物馆每年的修缮费用高达600万~700万美元,运营费用更是高达1000万美元。城市管理者认识到单纯依赖政府财政拨款和门票收入远远不足以维持这座濒临坍塌的庞大建筑群,因此在 2009 年,波兰成立了奥斯维辛－比克瑙基金会,旨在为奥斯维辛集中营旧址的修缮和保护工作筹集资金。博物馆的成立吸引了全世界大量参观者,许多国家(以色列、英国等)的学校都会组织学生前去参观。多数游客在走完整个营区之后,都认为确实受到了震撼性的教育,表示对这段历史有了更深刻的了解。

(四)上海:城市让生活更美好

受计划经济体制和"文化大革命"(以下简称"文革")十年浩劫的影响,改革开放前上海的公共文化基础设施可谓千疮百孔、百废待兴。20 世纪 80 年代初,全市的体育场总数为 3989 个,人均文化体育设施占有量仅为 0.13 平方米,位列全国倒数第六,这显然与其中国最大城市的名号极不相称。

20 世纪最后的几年里,上海市政府在公共文化设施的建设上加大了投入力度,城市文化治理进入了一个新的历史阶段。目前,上海各街道、乡镇以社区文化活动中心为轴心,创建居委会文化活动室,形成了公共文化服务三级网络。自 2006 年起至 2016 年,市政府在原有的 4 个文化中心(文化广场)、200 个居委会文化活动中心的基础上,每年投入 1000 万元,建成了规模在 3000 平方米以上的 5 个分中心,构筑了"15 分钟都市公共文化圈"。在生活类城市文化治理方面,上海市政府坚持走社会化、专业化的治理路径,引导市民自我服务、自我管理,取得了骄人的成绩。现阶段,上海市举办的重要文化活动总体上呈现出层次高、影响大、数量多、范围广的特点,有效提升了市民对生活类城市文化需求(市民的文化发展需求)的满足感。

(五)苏州:延续千年古城的历史文脉

苏州,古称吴,又称姑苏、平江等,位于中国江苏省东南部,是中国首批 24 座国家历史文化名城之一,是吴文化的发祥地。苏州古城始建于公元前 514 年,距今已有 2500 多年的历史。2012 年,住房和城乡建设部批准苏州设立全国唯一的历史文化名城保护区。苏州不但有山水之胜、园林之美,而且名刹寺观遍布全城,苏州古城区的建筑、山水、花木、丝绸、书画无一不散发着古色古香的韵味,还有苏州昆曲、评弹等非物质文化遗产。

早在 1982 年国务院首批公布苏州市为全国历史文化名城之后,苏州古城的保护工作就得到了市政府和各界专家的高度关注。1986 年,国务院对苏州市的城市总体规划明确了"全面保护古城风貌,积极建设现代化新区"的指导思想。时至今日,古城保护历程艰难却始终在前进:保护技术日趋成熟,保护主体从单一政府走向多元治理主体,保护资金承担由完全依靠政府走向多元投入模式,运行方式由计划走向市场,政府从微观运作走向宏观调控。

2016 年 1 月 21 日,苏州市第十五届人民代表大会第五次会议通过了《关于加强苏州国家历史文化名城保护的决定》(以下简称《决定》)。根据《决定》,苏州将加快推进历史文化名城保护的立法工作,市人大常委会将《苏州国家历史文化名城保护条例》列入了 2016 年的市立法计划。苏州将着力理顺历史文化名城保护机制,理顺条块关系,强化政府责任；将严格组织实施历史文化名城保护规划，强化《苏州历史文化名城保护规划（2013—2030）》在历史文化名城保护中的引领作用；将广泛动员全社会力量支持和参与历史文化名城保护，努力提升市民对保护工作的认知度、参与度以及责任感，形成历史文化名城保护的全民互动。[①]

四、城市文化治理的实现路径

（一）物质层面的措施发展物质文化，为城市文化建设提供物质基础

归根结底，城市的物质水平和经济状况决定着城市发展的总体程度和前进方向，进而决定着文化的发展规模和程度。城市物质创造的各个环节中，都生产着城市文化，同时也在一定程度上推动着城市文化的发展。可以说，城市的经济发展模式规定并影响着城市的文化发展模式，城市经济发展程度决定着城市文化发展水平。例如，北京、上海、深圳等大城市具有完整的经济产业结构和市场体系，有助于形成丰富多彩的、多样性的文化形态，从而产生较强的文化吸引力。因此，经济和文化是城市发展的两个重要组成部分，没有经济基础的城市文化是"空中楼阁"，没有文化的城市经济则会缺少"灵魂"。应该特别指出的是，城市物质基础和经济条件的发展固然是城市文化建设的驱动力，但是城市经济的快速发展并不能够自动地形成健康的城市文化机制和体系，而需要城市文化建设主体根据城市的实际进行探索和创新。

推进城市物质文化建设，夯实城市文化发展的物质基础，可以通过以下三个途径来实现。

第一，要大力发展城市经济，以经济建设为中心，推动城市经济的跨越式发展。只有如此，才能为城市文化建设提供必要的经济条件，才能真正提高市民的素质。

第二，要加强城市生态环境建设。市民对环境的要求已经成为城市建设的标准和要素，包括树木、花草、公园、绿地等重要组成部分。当前，我们应该加大生态环境建设的力度，对城市绿化、环境污染的治理等做出统筹安排，使城市的生态环境成为城市文化建设的重要内容。

第三，要加强城市公益性文化设施建设。作为市民居住的中心，城市要满足市民文化生活需要，必须加强有基础性、指导性作用的公益性文化设施建设。图书馆、博物馆、艺术馆、影剧院、科技馆、体育场等是城市文化的重要载体，是城市公益性文化建设的重点部位。政府和城市规划部门必须充分考虑和提前规划，制定公益性文化设施建设标准，使公益性文化设施在城市发展中得到充分重视。

（二）制度层面的措施完善制度文化，为城市文化建设提供制度保障

任何制度，如经济制度、政治制度、宗教制度、文化制度等，都满足着市民的特定需求，都体现了社会的分工和限制，都促进了城市各领域的进步与发展。制度作为一种

[①] 参见张扬《公共管理视域下城市文化治理问题研究》（硕士学位论文），河北师范大学2016年，第29~32页。

文化,是人类创造的,是人类一切活动包括文化活动的保障,是为了满足人类生存需要而形成的规范系统。制度除了具有约束作用外,还能够充分地发挥市民的文化创造性和主动性。从内涵来看,任何制度都有其价值理念,都按照基本理念来进行制度设计,中国特色社会主义便是我国城市文化制度建设的基本理念;从外延来看,任何制度都是总体的社会系统安排,都必须反映城市发展的整体性、系统性和全面性。可见,城市文化的发展除了有赖于经济发展即物质生产的基础,还必须建立一整套与市场经济体制相适应的文化体制。

当前,城市制度文化的完善可以通过以下三个途径来实现:

第一,要健全和完善城市文化建设的现有制度。改革开放以来,我国城市文化制度建设取得了显著成绩,建立起了基本的制度体系和框架。目前的问题是,许多制度不完善、不健全,各制度之间的衔接和互动不够,导致制度在城市文化建设中的功能没有得到充分的发挥。因此,当前要着力健全和完善已经建立起来的城市文化制度,并加强制度之间的联系,以充分发挥制度在城市文化建设中应有的作用。

第二,要进行制度创新。推进城市文化创新的关键环节是体制机制创新,这也是解放和发展城市文化生产力的根本途径。城市文化制度创新要区分文化事业和文化产业的不同特点,要有针对性和有效性。比如,公益性文化事业要以增加投入、转换机制、增强活力、改善服务为重点,加强内部改革、增强活力和效率;经营性文化产业要以创新体制、转换机制、面向市场、增强活力为重点,符合经营性文化事业条件的则转为企业。同时,要将城市文化制度创新与改革的具体做法,及时地上升为制度和机制。

第三,要加强公民自觉遵守文化制度、规则、法规的意识,这也是公民文化意识成熟的标志。由于我国封建社会传统人治思想的影响,人民群众往往把制度、规则看作管理的工具和手段,并没有将其当作一种价值与理想来追求。因此,不按照规则办事、漠视规则已经成为相当一部分市民根深蒂固的潜在心理,这就导致许多制度形同虚设,难以发挥其价值和意义。因此,要通过体制改革、文化反思、制度创新,逐步改变这种状况,通过制度文化的完善和健全为城市文化建设提供制度保障与支持。

(三)精神层面的措施提升主体观念,为城市文化建设提供精神支撑

城市文化体现在城市物质产品、建筑、交通等物化层面与法规政策等制度层面,但文化的本质还在于精神心理层面,即城市的价值体系。因此,城市文化建设,无论是文化事业、文化产业、文化活动都要以打造城市精神与价值观念为核心价值和工作重点。城市精神与价值观念是一个城市的灵魂,城市精神是城市文化的集中体现,具有历史传承性、时代性、开放性和先导性。一是城市精神应继承与发扬该城市的文化传统,应该将城市历史上生发出来并传承下来的优秀价值观念、理想追求,加以升华提炼,使之成为城市市民共同追求的目标。二是城市精神应注入现代意识与现代精神。我国当代的发展主题是改革开放与现代化建设,目标是把我国建成富强、民主、文明、和谐的社会主义现代化国家,实现中华民族的伟大复兴。这就要求把发展社会主义市场经济过程中生发出来的进取精神、竞争意识与平等观念吸纳到城市精神中去,使其与城市传统精神相互融合、相互促进。三是城市精神要有未来意识,要体现本城市居民发展的目标和理

想,引导城市文化发展。同时,城市精神是城市文化的深层结构和升华,既反映了城市市民的希望与追求,也是城市发展的动力。

增强城市文化精神动力可以采取以下三个措施:

第一,要通过各种方式提高政府部门的文化使命感和责任感。政府是城市文化建设的主导者和设计者,政府部门对城市文化建设的态度,在一定程度上影响着城市精神动力的充足性。一般来说,具有较强文化责任感和使命感的城市政府,能够从长期计划出发,对城市文化进行整体规划,在微观和宏观领域为城市文化建设提供精神动力,以实现城市政治、经济、文化和社会的全面、均衡、和谐发展。

第二,要着力提高广大城市市民的城市文化发展的自觉意识,加强广大市民对城市文化的认同。广大市民是城市文化建设的实施者和受益者,城市文化建设的程度和水平在一定程度上取决于广大市民的文化自觉意识,也取决于市民能否为城市文化建设提供精神动力和支持。由此可见,城市市民的城市文化意识、城市文化责任感、城市文化使命感,直接影响着城市文化发展的方向。

第三,要创新提高政府和市民文化意识的方式,营造良好的文化氛围。目前,我国城市文化建设领域存在一些问题,都要求拓展政府与公民文化意识提升的途径和渠道。比如,若城市市民中出现对城市文化建设的对立情绪,会导致其对城市文化认同产生障碍。传统的解决方式是通过思想政治教育提高政府公职人员和市民的文化意识。当前,我们要加大思想政治教育的力度,将科学的城市文化建设理念和观念融入思想政治教育中去,提高思想政治教育的效果和效率。此外,我们还要通过举办各种活动来提高政府和公民的城市文化意识,加大城市文化的宣传力度,通过市民喜闻乐见的形式,有针对性地提高政府和公民的文化意识,以培育城市的人文环境,增强城市文化建设的文化动力。

(四)人才层面的措施提高人文素质,为城市文化建设提供人力支持

文化产业的基本特点就是对人力资源的极强依赖性和依靠性。人才是我国城市文化建设的基础动力,没有文化人才的支持,我国城市文化建设就无法得到长足的发展。人才是中国特色社会主义各项事业发展的重要推动力,没有人才的支持,我们的事业就会受到阻碍,发展困难。因此,城市文化建设的相关人才也是城市文化发展的前提条件,是推动城市文化发展的重要动力。

当前,加强城市文化人才建设可以采取以下五个措施:

第一,要在城市倡导学习的理念,创设城市学习的良好气氛,建设学习型城市。当前,我们党提出建设学习型政党的主张,标志着中国社会已进入学习型社会,学习已经成为社会发展和人的发展的重要组成部分。城市文化人才建设也要充分地利用好学习型社会建设的契机,全面提升市民的文化素质,培养文化人才。

第二,要制定长期的城市文化人才政策细则和发展策略。就人才政策方针来说,应稳定现有人才,培养本地人才,广泛吸引人才。应该说,稳定文化人才需要有宽松的环境,让文化人才具有发挥作用的平台;培养文化人才需要有面向未来的胸怀和长远的眼光;吸引文化人才需要有较优越的条件和待遇。这些都需要我们认真研究和换位思考,

下决心、出政策、定目标，并在工作中真正地贯彻和落实。

第三，要创造重视人才、尊重人才的气氛和氛围，使文化人才不仅能被吸引过来，同时还能够为城市文化建设真正地贡献自己的文化智慧和文化才华。当前，我们要充分地利用人才，发挥人才对城市文化建设的积极作用，要在全社会形成尊重人才的良好社会氛围，积极肯定人才的作用和成绩，鼓励文化人才勇于创新、勇于思考、勇于探索，为城市文化发展做好服务。

第四，健全和完善人才激励机制。我们应该给文化人才一定的物质鼓励和经济支持，不但要吸引人才，更要通过激励机制留住人才。

第五，要培育成熟的文化人才市场。我们要尊重城市文化建设规律，改革原有的人才管理模式，充分发挥市场在人才资源配置方面的基础性作用，实现城市文化人才流动的社会化和市场化运作。

（五）产业层面的措施建立服务体系，为城市文化建设提供产业基础

文化产业是国际社会公认的朝阳产业，是 21 世纪最具发展潜力和前景的产业。随着信息时代的到来和传播媒介的发展，文化产业已经日益成为当代经济领域的一个重要组成部分，在国民经济发展中的地位越来越重要。在许多发达国家和地区，文化产业已成为重要的经济增长点和国民经济支柱产业之一，同时成为国家和城市经济发展水平和综合国力的重要标志。可见，城市文化产业发展，一方面能够促进城市及周边地区经济社会的发展，另一方面也能够提高城市的文化品质。文化产业以文化为发展内容，包括城市娱乐业、新闻出版业和旅游业等，以及与这些产业相关的各种产业。目前，世界上有许多国家的城市文化产业发展良好，已经成为城市发展的重要支柱，也成了城市发展的名片，这既提升了城市的经济和社会效益，也提升了城市的影响力和知名度。

作为城市文化建设的重要环节，城市文化产业的发展必然会促进城市文化水平和市民素质的提高，从而加快和谐城市文化建设的步伐。当前，加强城市文化产业建设可以采取以下两个途径：

第一，要更新城市文化产业发展的观念。传统城市文化产业发展观念滞后，已无法适应当前城市文化产业的发展要求，必须加以更新。城市文化产业观念在一定程度上影响着城市文化产业发展的规模和速度，是城市文化产业发展的重要前提。合理的城市文化产业发展观念能够促进城市文化产业发展，而陈旧的观念则恰恰相反。当前，我们要杜绝城市文化产业自然发展和演进的片面观点，将文化产业和文化事业相结合，改变过去过分强调文化单位的公益性而忽视其产业性的错误思维。

第二，要积极扶持，加大政府政策扶持力度和资金投入力度。政策是文化产业发展的重要推动力，政策是否符合实践发展要求，是否有效，在一定程度上决定着城市文化产业发展的水平。目前，我国各城市除了国家出台的支持文化产业发展的政策外，还制定了符合本城市发展实际的一系列政策，形成了城市文化产业政策体系，推动了城市文化产业的发展。

（六）资源层面的措施开发文化资源，为树立和打造城市特色文化品牌提供资源保证

任何城市都有自己的文化资源，有些城市的文化资源非常丰富，并具有本城市独特的优势。城市文化是城市的灵魂，当城市文化出现"千城一面"的时候，唯有文化的保存和彰显才能给城市带来特色和个性。城市文化资源能否得到充分的开发和利用，对城市文化的发展至关重要，是促进城市文化发展的重要环节。若文化资源挖掘到位，则城市文化建设会获得资源保证；若文化资源没有得到很好的利用，则城市文化建设会受到限制。可以说，城市文化建设的重要环节就是如何有效地利用和开发已有的城市文化资源，并在此基础上将这些文化资源进行充分的、合理的整合，使这些城市文化资源能够真正地成为具有本地区城市特色的文化发展的基本条件。

要实现城市文化资源的有效开发和利用，使城市文化建设各具特色，使每个城市都与众不同、具有独特的个性，应该做到以下三点：

第一，要按照城市文化建设的要求，坚持对城市文化资源进行统筹开发，挖掘城市文化资源的丰富内涵，充分对本城市的文化资源进行开发和利用。

第二，有选择地吸收国内其他城市、国外城市文化资源的优秀元素，使其为我国城市文化发展所用。西方国家城市文化发展中有许多我们可以借鉴的做法，我国在城市文化建设中要注意学习和吸收。当然，这种学习是批判性地、有选择地学习，并不是要全盘照搬照抄。

第三，利用现代科学技术加强信息化基础设施建设，促进城市文化资源的有效利用，提高城市特色文化的知名度、美誉度、信誉度。

（七）管理层面的措施创新管理模式，健全政府与公民共同参与模式

管理是城市文化建设的重要方式，加强管理创新，提高政府与市民参与城市文化建设的管理水平，是加强城市文化建设的重要手段。邓小平指出，"农村这一套不能全搬到城市，因为城市比农村复杂得多"。因此，城市建设要不断地创新，以创新的管理模式来推动城市文化建设。当前，在我国许多城市特别是中等城市，计划经济时代的文化管理体制和运行机制的消极影响依然存在，城市文化发展在一定程度上受到一些旧观念、旧体制的束缚。在党委、政府对文化事业工作双重领导的体制下，政府职能的某些越位和缺位也导致了政事不分、事企不分、管办不分，这也造成了政府负担的加重。同时，一些人对文化产品的特殊性认识不清，往往把文化事业所涉猎的意识形态属性与文化产品的经济属性对立起来，片面强调文化事业的社会性，强调文化产品的社会属性，而忽视了文化产业的经济属性，致使文化市场开发力度受限，文化产品利用效益不高，文化资源浪费较大。这些现象都暴露出当前我国城市文化管理的某些不科学、不到位的问题，我们应该在城市文化产业发展过程中注意加以改善。

推进城市文化建设的管理创新，可以通过以下四个途径来实现：

第一，要创新管理模式，加强社会组织和广大市民对城市管理的参与，将民主管理纳入城市文化管理中。广大市民是城市发展的主要参与者，也是城市发展的目标，没有

市民的参与，城市管理文化就不会得到良好的发展。由不同的利益群体组成的社会组织代表城市市民参与城市管理文化建设，能够降低市民参与城市管理的成本，增强市民参与城市管理的效果和力度。因此，创新城市管理文化模式要以人为本，即以市民为本，充分发挥市民的作用。

第二，要健全和完善已有的城市管理制度，并创新管理制度，形成城市管理的顺畅机制，包括决策机制、监督机制和反馈机制，以加强广大市民对公共决策和公共管理的参与度。城市管理文化建设需要制度和法律的支持，以保证城市管理的有效化和实效化。只有加强城市管理文化的制度设计，才能真正提高城市管理文化的水平，增强城市管理文化的竞争力。

第三，要建立政府关于城市管理的宏观机制和体系，提高城市政府对城市管理的微观和宏观方面的把握和掌控。城市管理分为宏观和微观两个领域，微观领域的城市管理体现在日常的城市文化建设中，而宏观领域的城市管理则需要政府进行有效的规划和计划。只有政府始终掌握着城市管理的宏观和微观领域，才能始终坚持城市管理文化建设的方向。

第四，要建立高效的城市文化管理机构、管理体系。当前，我国城市都设有比较完备的城市文化管理机构，而目前的任务是使这些机构更加规范，明确其工作职能和分工，充分发挥其在城市文化建设中的重要作用。[①]

第三节　城市社会领域的治理

一、城市社会治理的内涵及属性

城市社会治理是指政府、社会组织、个人等多元主体，通过平等、协商的合作型伙伴关系，运用多种手段和方式，依法对城市社会事务进行规范和管理，从而激发社会活力、化解社会矛盾和社会问题、促进社会公平正义，进而实现社会的和谐稳定及国家的长治久安。因此，城市社会治理的主要任务是实现和维护社会公平正义、平衡社会心理、规范社会行为、化解社会矛盾、解决社会问题、增强社会活力、调解利益格局、协调社会关系。城市社会治理强调政府以外的社会组织、公民等多元社会力量在管理社会公共事务，解决社会问题、社会矛盾，协调社会关系等方面所起的积极作用，其目标是实现公共利益的最大化。城市社会治理的属性如下。

（一）系统性是城市社会治理的基础

系统性特征作为现代城市社会治理的逻辑起点，贯穿在城市社会治理发展战略的整个体系中。从治理目标、治理体系、治理能力、制度保障等方面形成具有目标层、制度层、路径层、保障层的多向度城市社会治理战略系统。

目标层主要指设定城市社会治理的发展目标，必须以新时代中国特色社会主义思想

---

① 参见董濮《和谐社会构建中城市文化建设研究》（博士学位论文），东北林业大学2010年，第63～75页。

为指导，贯彻创新、协调、绿色、开放、共享的发展理念，遵循城市治理发展规律，建设良序善治、活力迸发、生活幸福、永续发展的中国特色城市社会治理新格局。

制度层主要指围绕城市社会关系和社会行为进行系列的制度规范，必须按照系统治理、依法治理、智慧治理、精准治理的基本原则，建立健全城市社会治理的制度体系，推进城市社会治理体系现代化。

路径层主要指围绕城市社会治理的关键问题进行改革创新，协调社会关系，化解社会矛盾、提升治理能力。我们既要从全球视野、国家战略、地方需求等方面进行多向度考量，又要体现战略系统的使命导向、问题导向、创新导向；努力提升党建引领下的城市社会治理能力、政府治理能力、市场监管能力、社会协同能力、公共服务能力、交通治理能力、环境治理能力、风险治理能力等，加快推进城市社会治理能力的现代化。

保障层主要指围绕资源配置和质量监测构建城市社会治理的保障体系，必须从战略管理、资源管理、绩效管理等方面加强城市社会治理的激励、约束制度的建设，推进城市社会治理的持续发展。

（二）包容性是城市社会治理的基色

包容性特征是城市社会治理现代化的基色。这种包容性主要体现为对"人"的包容性。"城市社会学之父"路易斯·沃思（Louis Wirth）将人口数量多、人口密度高和人口异质性大作为城市的三个基本特征。"城因人而生，人为城之本"[1]，人是城市一切生产、生活、生态活动的基础，人口的异质性和流动性为城市带来了多元化的可能，也为碰撞和冲突埋下了伏笔，这就需要城市具有强大的包容能力来缓和这种发展过程中的潜在矛盾，以维持城市的无间断式发展。

判断一个城市包容能力的核心标准是，该城市能否无差别且有序地容纳足够的外来人口。人口结构能够最直观地体现一个城市的包容度，同时体现着一个城市是否具有强大的社会自我更新能力。与此同时，城市社会生活对人口的包容能力不仅在于经济物质条件的满足，还在于让人民感受到安居乐业的深层次满足。多样化的群体对于城市社会治理的需求各不相同，社会治理不能以牺牲人的创造力和活跃度来达到有序，所以，在城市社会治理走向现代化的过程中，在开放的竞争环境下，营造包容的文化氛围是必要的。这种包容的社会文化氛围隐含着一种向心力，让"居民"转化为"市民"，增强了其对城市的认同感和归属感。在这个过程中，城市社会治理包容的对象不再仅仅是"人"本身，而且还包容着由"人"和"人的不同"所衍生出的复杂的社会事务。

（三）公共性是城市社会治理的基本

公共性是指在一定社会场域内，人们基于对共同福祉的关注、对共同利益的理解、对共同行为规范的认同而形成的普遍社会关系。它不仅是人们生产、生活社会化的必然产物，也是人们感知社会发展与社会治理质量的重要体征。城市社会治理的公共性首先

---

[1] 夏志强、谭毅：《城市治理体系和治理能力建设的基本逻辑》，载《上海行政学院学报》2017年第5期，第11～20页。

体现在对美好生活的共同向往，这既是城市社会治理的价值目标，也是城市居民对公共利益的基本理解和行为指南。为了维护公共利益，城市作为保障各种生产要素自由流动的经济网络，必须要制定能够体现各类市场主体共同意愿并被共同遵守的市场交易规则；城市作为融汇各种社会人群的相互作用的社会网络，必须要有能够体现市民共同意愿并得到自觉认同和服从的社会规则；城市作为行使公共权力，进行公共事务管理的政治网络，必须要有能够体现"公意"的公共政策和对政府权力的约束，以及保障公众权益的行政规则。我们要以维护公共利益为首要原则，推进城市社会公平发展；要依法规范和引导群众通过合法途径表达利益诉求，引导市民利益表达的理性化、常态化和秩序化，妥善解决群众最关心、最直接、最现实的利益问题，融合正式制度与非正式制度协调利益相关方，形成对利益受损的居民提供补偿的强制、长效机制。

（四）协同性是城市社会治理的基调

协同性是城市社会治理现代化运行效能的保障。这种协同性不仅体现在城市治理主体的多元协作方面，还体现在治理方式的互补、治理规则的统一、公共资源的共享等方面。城市区域内各领域组织联动、资源联用、服务联做，变"独角戏"为"大合唱"，是城市社会治理协同性最为基础的内涵，其外延还包括以一体化的管理体制实现多元协同、以科学合理的城市边界划定推进区域协同、以核心城市带动中小城市促成城市群协同发展等内容。城市社会生活的复杂性和集聚性，决定了城市的高易感性和低适应性。传统的单中心管控模式显然无法有效应对城市社会矛盾的多变性和城市社会风险的不确定性。我们只有依赖政府、市场、社会、居民构成协作网络，实现协同行动，通过平等、公正的协商与利益调和才能及时进行社会调适，防范社会排斥，增强社会凝聚，从而及时协调社会关系、解决社会问题、化解社会矛盾。[①]

二、城市社会治理的主要内容

（一）城市基础设施管理

城市是人口高度集中的区域，其生存和发展需要一定的物质基础，这一物质基础就是城市基础设施，它是维持整个城市系统正常运转的前提条件。一般认为，凡是能够为城市生产和生活提供支持或服务的，通用的、带有基本条件和公共服务性质的用于保证城市存在和发展的各类设施，都可被纳入城市基础设施的范畴。《1994年世界银行发展报告》将城市基础设施分为经济性基础设施和社会性基础设施。狭义的城市基础设施指的是经济性基础设施，这类城市基础设施可为物质生产和生活过程直接创造必要的物质技术条件，其由生产性基础设施和生活性基础设施组成。经济性基础设施是指"永久性的工程构筑、设备、设施和它们提供的居民所用和用于经济生产的服务"，主要包括城市公用事业、公共工程和交通设施等。在经济性基础设施之外的其他基础设施，诸如文

[①] 参见姜晓萍、董家鸣《城市社会治理的三维理论认知：底色、特色与亮色》，载《中国行政管理》2019年第5期，第60～66页。

教、卫生、医疗、公共安全等设施则属于社会性基础设施。广义的城市基础设施指的是经济性和社会性城市基础设施的总和。

城市基础设施作为一类重要的公共物品，它是维持城市可持续发展，保证市民生活和公共安全，实现社会进步所必需的所有城市公共设施和公共服务的总和。从其特征看，城市基础设施全部或部分地具有公共品的三个属性：不可分割性、非竞争性和非排他性。随着社会经济发展及对公共物品研究的逐步深入，可以看到，不同类型的城市基础设施所具有的特征也存在差异。相当一部分的城市基础设施具有纯公共物品的三个属性，如城市公共安全设施、城市道路、交通设施等，这类城市基础设施是作为纯公共物品而存在的。而另一部分城市基础设施的特征则介于纯公共物品与私人物品之间，但更接近于纯公共物品。这一部分城市基础设施是作为准公共物品而存在的，如港口、机场、医院、剧院、公园等。但无论是作为纯公共物品还是作为准公共物品，城市基础设施都具有不可分割性，只能作为一个整体来提供，由人们来共同享有和使用，无法拆分，其受益者是全体市民或一定区域内的居民。[①]

(二) 城市社会保障管理

城市社会保障是指国家为了保障社会安全和经济发展而依法建立的，在公民由于年老、疾病、伤残、失业、灾害等原因而生活存在困难的情况下，由国家和社会通过国民收入再分配，提供货币、物质等形式的帮助，以维持公民一定生活水平或生活质量的制度。城市社会保障体系由社会福利、社会保险、社会救助、社会优抚四部分组成。

社会福利是政府与社会通过各种福利服务、福利企业、福利津贴等形式，对社会成员提供基本生活保障并使其生活状况不断得到改善的社会政策与社会保障。社会福利内容广泛（如国民教育福利、住宅福利、职业福利及社会化的老年人福利、儿童福利、妇女福利、残疾人福利等），层次众多。

社会保险是保障劳动者及其亲属因年老、疾病、工伤、残疾、生育、死亡、失业等风险引起经济损失、收入中断或减少时，给予参保人员及其受益人经济补偿和帮助，以维持其基本生活需求的社会保障制度。城市社会保险包括养老保险、失业保险、工伤保险、医疗保险、生育保险等方面。

社会救助是社会保障体系中最基本的项目，是社会保障的最低层次，被誉为最后一道"安全网"。最低生活保障制度是针对贫困人群的一种社会救助制度，是政府对城市贫困人口按最低生活保障标准进行差额救助的新型社会救济制度，与退休职工基本养老保险制度、下岗职工最低生活保障制度和失业保险制度并称为"三条保障线"。因此，这也是一个国家社会保障体系的重要内容和基础工程。

社会优抚是政府和社会按照规定，对法定的优抚对象，如现役军人及其家属、退休和退伍军人及烈属等，为保证其一定生活水平而提供的资助和服务，是指对那些于国家和社会有功劳的特殊社会群体给予补偿和褒扬的一种制度。

---

① 参见高健《城市基础设施的政府与非政府共同供给》，载《城市问题》2011年第7期，第78～82页。

(三) 城市公共安全管理

无危则安,无损则全。"安全"顾名思义,是指没有危险,不受威胁,不出事故,没有受伤,完整无损,平安健康。从科学的含义上看,"安全"可以被认为是指满足人和物不受损伤、身心健康和完整完满的一种环境、物态和状态,也可以认为是人类对自身利益包括生命、健康、财产、资源等进行捍卫、维护和控制的一种能力。而城市公共安全是指在城市规模和生产的集约化发展过程中不发生公共突发事件[即自然灾害、事故灾难、突发公共卫生事件和社会安全事件(如恐怖事件)等]的状态和能力,使社会和公民个人在从事和进行正常生活、工作、学习、娱乐和交往时有一个稳定的外部环境和秩序。城市公共安全的管理主体则是以政府为核心的众多公共管理部门,包括公安、安监、交通、铁道、民航、卫生、环保、气象、林业等各个部门。概言之,城市公共安全管理就是指城市公共安全管理的主体,为了维护社会的公共安全秩序,保障公民的合法权益以及社会各项活动的正常进行,综合运用政治的、经济的、管理的、法律的等多种方法做出的各种行政活动的总和。

城市公共安全管理,属于公共物品的社会管理和公共服务范畴,其涉及面广,危害严重,一旦发生事故或危害性事件,即造成或可能造成重大人员伤亡、财产损失、生态破坏和严重社会危害。加强和改进城市公共安全管理,维护和谐稳定的社会治安秩序,是构建社会主义和谐社会的重要内容,也是城市发展进程中的必然要求,是历史赋予我们的一项重大政治历史任务。只有将城市公共安全管理好,我们才能消除各种安全隐患,有效统筹协调各种利益关系,充分激发社会活力,确保社会安定有序,保障人民群众生命、健康和财产安全,推动经济和社会持续协调健康发展。[①]

(四) 社区治理与居民自治

社区是城市社会的基本单元,是人们社会生活的共同体和基本平台,社区和谐是城市社会和谐的基础。社区治理是一个逐步发展的过程,与"社区"和"治理"两个概念的提出紧密相连。自腾尼斯(Tönnies)于1887年提出社区概念后,此概念的内涵随着经济发展和制度变迁而逐渐丰富。在滕尼斯看来,社区即"共同体",是由传统的血缘、地缘和文化等自然意志占支配地位的共同体,是有着相同价值取向、人际关系亲密无间、人口同质性较强的共同体。社区治理是近年来的新话题,是治理理论在社区公共管理领域的借鉴与运用。社区治理不仅是社会治理的一个重要方面,更是社会治理的一个起点。社区治理的本质在于居民自治。

社区治理是指政府或民间的公共组织依照某种规则(法律法规或者村规民约),运用公共权威对社区事务实施管理,为社区成员提供服务,以维护或增进社区公共利益。社区治理的特点是强调主体多元、民主协调和以人为本;注重共治与自治结合、法治与德治结合,是一种既强调过程、又强调结果的社区新型管理模式,是21世纪公共治理

---

① 参见赵跃昕《加强城市公共安全管理的重要意义和对策》,载《法学杂志》2011年第S1期,第192~193页。

理论研究和实践创新的基本单元。①

三、城市社会治理的主要类型

城市社会治理主要有以下六种类型：

第一，以突出政府主导型的治理为主。这类"政府主导型"社会治理涉及的提法主要有：运动式治理、社会综合治理、半正式治理、问责型治理、政府自我推进式治理和线性治理等。运动式治理的特点是暂时打断常规的机制运作，由自上而下的指令发动，用政治动员的方式来调动各方资源和力量，集中完成某一特定任务。这是最为突出的强调政府主导型的治理，但随着现代化的发展，纯粹的运动式治理受到了很大的挑战。继而，在政府主导和高度集权下，出现了强调党中央主导的社会综合治理模式，以及使用非正式官员和非正式组织的简约治理，即半正式治理。然而，后一种治理方式会造成乡村秩序和规则的灰色化，引发一系列的乡村危机。另外，由于使用了许多非正式官员，在治理遇到危机时难以问责。传统的治理方式在当代日新月异的社会中屡屡遭遇瓶颈，创新便成了挽救治理困境的一剂良方，政府自我推进式治理的提法由此推出。这种治理方式主张政府要创新体制、创新资源和创新定位。强调政府主导的社会治理方式大多属于科层制模式下的线性治理，在遇到具有庞杂性、破坏性的治理问题时，有不可替代的作用。

第二，突出社会治理参与过程中的多方协商合作，强调"一核多方"的协同机制。这类"协商合作型"社会治理涉及的一些提法有：协同治理、合作式治理、契约化治理、嵌入式治理和服务型治理等。随着社会服务项目制的广泛推行，政府与社会组织之间的合作加深，两者在结构、功能和政治上相互嵌入，产生了有异于分类控制体系的嵌入式治理。这种政府与社会的紧密互动使得民主成为一种资源并嵌入社会治理中，疏通了争执民主和发展是互为前提还是互为结果的困境，同时也为中国民主发展打通了一条新的道路。在大数据时代下孕育而生的"云治理""网络治理""智慧治理"等，实则也是通过网络媒介建立起的政府-社会组织-普通民众合作互动的治理模式。政治民主透明与传媒改革创新，以及普通民众的合作互动诞生了"媒体化协同治理"，即通过各种"信访类""问责类""调解类"等各种百姓喜闻乐见的媒体节目进行社会治理。

第三，强调科学方法的介入，突出社会治理的预见性。这类"预防预见性"社会治理涉及的一些提法有：预防性治理、精准治理、源头治理、发展性治理、可持续治理、预见性治理等。我们已经处在风险社会中，阿尔文·托夫勒（Alvin Toffle）在《未来的冲击》中提出了对未来治理模式的预想——有预见的民主政治治理。凡事预则立，不预则废，社会治理亦是如此。预防性治理意在通过前期预防措施的完善来降低事后补救的高成本。事前分析和预警系统的建立有赖于全面的个体信息和科学严谨的信息挖掘技术，这种手段也被称为"精准治理"。社会治理亟须从应急管理转变为风险治理、从危机事件转变为安全风险的防控，确保社会风险可控，这种治理模式亦被称为"源头治理"。发展性治理和可持续治理都是要以发展的眼光进行治理，推动社会问题产生根源

---

① 参见周学馨、黄小梅《新型城镇化进程中城市社区治理研究》，载《探索》2014年第2期，第140～143页。

性的积极变化，不以高昂的生态、风险作为发展的代价。预见性治理是"花少量钱预防而非花大量钱治理"的政府治理模式，是应对高风险社会的必然选择。

第四，强调整合政府职能，突出社会治理的流动性。这类"流动整合型"社会治理涉及的主要提法有：整合性治理、多中心治理、流动性治理、网格化治理等。对于组织结构独立分散所带来的治理困境，整合性治理可以对治理层级、功能、公私部门关系及信息系统等碎片化问题进行有机协调和整合，打通城市各级政府及其部门的公共服务职责边界，为区域间合作共治的实现提供可能，使得城市治理不再以部门和行政区为导向，而以公共服务问题和资源为导向，从而为公民提供无缝衔接的整体型服务的政府。多中心治理模式中，虽然多个决策中心会产生"交叠管辖与权力分散"的情况，但它们之间的"竞争"和"协作"能够提高社会治理的效率。无独有偶，同样关注于行政区和组织部门边界弊端的还有流动性治理。伴随着城镇化的进程的推进，我们受到了强烈的流动性的冲击，在社会治理方面就表现为长期以来地域性治理的灵活性不足，而流动性社会治理则可以让治理脱离地域限制，为不同主体在不同地域空间内生活提供了更包容和更广阔的治理空间。在"互联网+"的背景下，流动整合型的治理程度得以进一步提升，网格化治理就是以信息化为手段，打破部门壁垒，进行资源共享，将城市管理和社会服务进行整合，从"破碎化管理"向"整体性治理"转变，从而促进大城市精细化治理。

第五，强调治理过程对个体或群体的情感关注，突出社会治理的包容性。这类"情感包容型"治理涉及的一些提法有：情感治理、缘情治理、融合或融入性治理等。在西方国家理论中，情感是非理性的，而在中国社会治理过程中，以往我们的情感治理一直处在边缘地带。但近年来，情感和包容逐渐被关注，归根究底中国社会是感性社会，情感是绕不开的。帕克（Park）认为，城市是一种心理状态，是思想和感情所构成的整体。对待这样一个富有情感的对象，仅仅使用工具理性是远远不够的，我们要通过缘情治理构建一条国家和民众的情感渠道，借助结构性情感、情境性情感和自我关联性情感优化的过程，柔化国家与社会的权力结构关系、重建社会成员的认同感。在城镇化进程中，大量的农村人口向城市涌入，城市在变得更加多元和富有活力的同时也面临了许多新的挑战，外来人口融入失败所导致的怨式情感的累积及其对弱势身份的强化所造成的情感隔阂是社会心态风险发生的催化剂，因而融入性治理关注外来人口的物质和精神融入，通过功能融合、组织融合、资源融合以及文化融合四个方面来建立健全社区融合发展的体制机制，让城市成为一个有温度、更包容的场所。虽然情感治理已经被提上议程，但社会治理对情感的关注还远远不够，有时民众没有被视为复杂且富有情感的社会人，而是被作为只追求物质的经济人和理性人来进行管理，被忽视了情感因素，如此自然会遇到治理的困境。

第六，突出非常规治理的特殊性，强调社会治理的因地制宜。这类"任务事件型"社会治理模式的表述有事件型治理、任务型治理、边缘性治理等。事件型治理都是针对常规治理而言的，围绕特定的任务，通过上下互动来展开公共事务工作，这也被称为"任务型治理"。边缘性治理的对象是边缘群体、边缘社区和非主流议题等，譬如摊贩和过渡性社区的治理，对于这些非常规的治理事件都需要根据情况的特殊性启用一套因地制宜的治理方式。事件型治理可以说是对常规治理方式的一种补充，其在针对特定任务进行治理时更具有灵活性。①

四、城市社会治理的实现路径

实现城市社会治理的路径主要有以下五种：

第一，推动政府职能转变，强化各级政府尤其是基层政府在公共服务、公共管理、公共安全领域的全面履责。过去，在"GDP主义"主导的传统发展观的影响下，各级政府尤其注重经济领域的建设与发展，在"层层加码"和"锦标赛"激励模式的作用下，城市政府更看重经济绩效，在民生与社会治理领域有时却疏于投入，因而导致了经济与社会发展的不够协调。党的十八大以来，国家逐步调整传统发展模式，不断推动政府职能转变，更加强调基层政府要在创新社会治理中发挥重要作用。在这一宏观政策的指引下，各级城市政府开始深入探索以政府职能转变为核心的社会治理创新，地方社会治理模式开始发生重要转变。比如，上海市2014年进行的"创新社会治理，加强基层建设"的改革实践取消了城市街道办事处的经济职能，促使基层管理重心全面转移至公共服务、公共管理与公共安全领域，进而全面推动基层政府探索精细化的城市治理新路子；厦门市以"美丽厦门，共同缔造"为主旨，探索了基层政府提供公共产品的新模式和政社互动新机制。

第二，强调党建引领下的多元共治，探索现代社会的新型治理结构。党的十六届四中全会以来，国家开始强调探索"党委领导，政府负责，社会协同，公众参与"的社会管理新格局，党的十八届三中全会进一步明确应加强党委领导，发挥政府主导作用，鼓励和支持社会各方面参与，实现政府治理和社会自我调节、居民自治良性互动。这表明中国社会治理结构正由传统的体制内单中心治理向党建引领下的多元治理结构转变。与此同时，党建在社会治理创新中的引领作用得到了不断拓展，党的组织网络成为社会治理中链接体制内外和不同治理主体的新平台。在这些条件下，一些城市政府开始探索以区域化党建推动多元治理主体之间的协作，不断吸纳多方力量参与基层治理，共同为基层社会提供公共产品。

第三，激发社会活力，大力培育社会组织。这是近年来中国社会治理模式转型中最引人注目的一条制度创新主线。过去，中国社会组织的发展面临准入门槛高、缺乏资源支持等问题。党的十八届三中全会后，这一局面得到了扭转：一方面，国家在宏观政策层面提倡"激发社会组织活力"，并明确提出"重点培育和优先发展行业协会商会类、科技类、公益慈善类、城乡社区服务类社会组织，成立时直接依法申请登记"，随之推动了社会组织登记和管理体制的重大改革。另一方面，多部委联合推动了政府向社会组织购买服务制度的快速发展，民政部、财政部、工商总局等部门自2014年以来先后推出了一系列文件，鼓励中央各部门和城市政府通过向社会组织购买服务的方式来改进公共服务模式，这为当前社会组织的快速健康发展奠定了重要基础。城市政府尤其是基层

---

① 参见文军、刘雨婷《40年来中国社会治理研究回顾与实践展望》，载《济南大学学报（社会科学版）》2019年第3期，第27～37页。

政府更加注重通过发展社会组织来实施社区营造、提升公共服务质量。上海、广东等地通过探索"公益招投标"等制度，逐步摸索了政府公共服务外包市场的运行经验。这些改革为社会自我协调机制的建设提供了重要条件。

第四，加强城市社区建设，塑造"善治"的微观基础。城市社区是公共服务与管理传递所依托的基本载体，更是微观社会领域发育的重要依托。我们应加强城市社区建设，提高城市社区的自主治理能力，健全我国社区管理的基本制度，允许志愿者参与城市社区事务，形成政府、社区、志愿者等多主体合作治理的模式，更好地满足市民的需求。另外，我们要完善公民参与的制度化渠道，搭建政府、社会、公民协作治理的制度化平台，引导和发展各类民间性社会组织，进一步优化社会组织发展的政策环境，鼓励和支持社会组织参与提供公共服务，激发社会组织的活力。[①] 当代中国的治理转型是一个渐进式的改革进程，以最基层的社区为改革着力点，有助于在累积经验的同时控制风险，并推动自下而上的系统改革进程。

第五，提升社会治理的法治化水平，实现法治保障下的有效治理。党的十八届四中全会提出了"全面推进依法治国"的理念，明确了要以法治手段来推进社会治理领域的相关制度建设。在此背景下，城市政府开始探索以地方立法手段来提升社会治理领域相关制度的约束力与稳定性。如上海自2015年以来先后推出了《上海市街道办事处条例》《上海市居民委员会条例》等政策规范，以使既有探索得到法治保障。这一改革实践意味着国家开始意识到，必须在法治框架下使多方治理主体之间的关系得到更为清晰的梳理，使治理机制得到进一步的固化与保障。[②]

第四节　城市生态领域的治理

一、城市生态环境治理的内涵、特点与原则

（一）城市生态环境治理的内涵

城市生态环境治理是利用基于生态学基本原理、原则和方法进行城市生态建设和环境治理。城市生态环境治理的实质是城市生态环境的保育，即对生态系统的保护、改良与合理利用。城市生态环境治理包括环境污染防治和生态恢复与重建。生态环境本身的多元性及交互作用，决定了生态环境治理的综合性与复杂性。

马克思说："在现代世界，生产表现为人的目的，而财富则表现为生产的目的。"生态环境问题备受人们的关注，保护生态、热爱自然已成为全人类的共识。生态建设和生态保护，是保证城市长期稳定发展的保障。如何有效地提高城市生态环境治理的绩效，促进城市生态环境治理的可持续发展，是当前亟待解决的一项重大问题。因为城市

---

① 参见刘建平、杨磊《中国快速城镇化的风险与城市治理转型》，载《中国行政管理》2014年第4期，第45～50页。

② 参见李友梅《中国社会治理的新内涵与新作为》，载《社会学研究》2017年第6期，第27～34页。

生态环境治理是实现人类社会可持续发展的前提。城市生态环境治理的目的是使城市自然－社会－经济系统的综合效益最大化，通过认识自然规律，不断地利用城市自然资源，改善自然环境，将自然力经济有效地转化为社会生产力，从而满足人口增长和生活、居住的消费需求。

生态环境治理就是调整人们自身在生态环境中的位置，在总结过去失误的教训的同时，按照自然规律重新建立起人与自然和谐发展的规则；通过对人类活动方式的根本调查，将生态环境治理与恢复的重点转移到减少人类活动对生态环境的压力上，通过调整和改变传统的生存生活方式，使之不但不再加重或触发生态环境问题，而且要恢复生态系统的自我调节能力，从根本上提高资源和环境的承载力，增强区域生态环境的稳定性。[①]

（二）城市生态环境治理的特点

1. 政府规制的强制性

生态环境治理作为公共管理的重要领域，从经济学角度来看，是一种典型的"公共物品"或"公共服务"，而对于公共产品及共享资源，因在使用和消费上不具有排他性，市场系统本身不具有反映这类资源社会稀缺性的作用，从而导致市场既无生产足够量的动机，也缺乏保护和投资的刺激机制，所以市场无法自发地提供这类公共物品。由于环境物品所具有的公共物品性及其本身所具有的外部经济性、广泛性和长远性特点决定了政府在生态环境治理过程中的主导作用，生态环境治理必须得到系统化、规范化的统一管理，需要依靠政府的宏观调控和领导，通过政府实施的强制措施（包括使用经济手段、法律手段、行政手段、技术手段等）对生态环境进行保护和治理，限制人类污染与破坏环境的行为，才能使生态环境问题得到控制或解决。我们依靠政府环境管理职能的强制手段，通过进一步加快环境法律建设，并按照有关法律法规对所辖区域的环境保护实施统一的行政监督管理和强化环境监管力度，规范污染治理市场，才能更好地解决严峻的生态环境问题。

2. 市场机制的调节性

在生态环境治理问题上政府的干预会出现失灵的情况，也就是说，在生态环境治理上，政府所采取的行政措施有时不能增进生态环境治理绩效且不能产生公平分配的结果。特别是政府生态环境治理政策的缺陷会导致价格扭曲，或者缺乏足够强的手段和强制措施以达到环境治理目标，或者在生态环境治理中出现"寻租"行为等。此时我们需要发挥市场机制的作用来弥补政府"有形之手"的不足，作为政府失灵的补充。

基于市场调节的环境治理是通过一定的市场化调节手段和激励方式让污染主体自发地减少污染物的排放，从而达到对生态环境负面影响的最小化。与政府管控的强制性相比，运用市场化手段治理生态环境具有很大的灵活性。市场机制是一种基于价值规律的制约关系和调节作用。市场机制主要包括价格机制、供求机制和竞争机制。

[①] 参见姜仁良《低碳经济视阈下天津城市生态环境治理路径研究》（博士学位论文），中国地质大学2012年，第25～26页。

目前，生态环境污染治理需要大量的资金投入保证其建设和运行，生态环境保护基础设施的建设、运行、管理需要市场化运营的模式。为进一步促进可持续发展和保护生态环境，使市场价格准确反映经济活动造成的生态环境代价，我们需要与生态环境治理有关的各方利益主体按市场经济规律和市场机制运行，从而充分发挥经济手段和市场机制的调节功效。

3. 公民社会的参与性

现代城市生态环境治理需要一个良好的公民社会作为支撑。公民社会又常常被称为市民社会和民间社会，强调公民的公共参与和公民对国家权力的制约。公民社会的组成要素是各种非政府和非企业的公民组织，包括公民的维权组织、各种行业协会、民间的公益组织、社区组织、利益团体、互助组织、兴趣组织和公民的某种自发组合等等。由于它既不属于政府部门（第一部门），又不属于市场系统（第二部门），所以人们也把它们看作介于政府与企业之间的"第三部门"。随着社会民主意识的提高和公众环境意识的觉醒，在生态环境治理中，公民社会参与的范围和程度不断提高。通过积极介入和影响政府和企业等主体的生态环境决策和治理行为，公民社会在生态环境治理领域中的作用越来越重要。公民社会通过正规的合法的环境利益表达机制，并通过这些表达机制将自己的环境诉求引入政府日常生态环境治理决策过程，将会对生态环境治理体制机制的完善起到推动促进作用。公民社会的完善发展以及积极参与生态环境治理是实现生态环境善治的基础。[①]

（三）城市生态环境治理的原则

1. 全面统筹，合理布局

这是要求从多角度对城市各种产业进行优化和产业结构调整，从不会对其他行业利益造成损害的角度出发，对环境进行治理，最终实现城市各种产业长久有序的进步。其主要意义在于：首先，能够更加合理和有效地利用现有的自然资源，并对未开发的部分加以管理、规划；其次，增强了自然环境对于因人类活动而产生的负面影响的自净能力；最后，有利于各区域之间的环境综合整治，并且不应从局部的角度出发，应从全局考虑整体的利益，全面规划，合理布局环境保护的战略措施。这样可以从预防的角度及早根除污染，并保持生态的平衡性，同时可以降低污染造成的损害程度，降低治理成本，得到新的有效治理环境污染的手段。

2. 明确责任，各自承担

城市环境治理包含的范围很大，处理对象包含整个系统以及多种行为主体；而只有切实采取了保护环境的措施才能有效实现对环境的保护。因此，为了真正实现环境保护，维护各主体的利益，必须明确各自的职责并切实履行相应的义务。为此，我们应做到以下三点：一是地方政府在各自的辖区内有责任监督环境质量，作为城市的管理者，有责任和义务在治理工作中发挥最积极的作用，如颁布地区性的法规、政策性文件，协

---

① 参见姜仁良《低碳经济视阈下天津城市生态环境治理路径研究》（博士学位论文），中国地质大学2012年，第31～32页。

调、鼓励及引导更多人参与其中，或者亲自参与环境治理的工作。二是污染者付费原则，城市环境是全体参与者的共同权益，任何人或组织都没有权利去破坏环境，如果产生了环境污染现象，则应由污染者负直接责任，不仅应要求其最大限度地恢复原有的环境状态，还要对其有一定程度的处罚，如直接处以经济罚款或间接地提高污染者今后生产的成本，且不允许污染者将处罚内容转嫁给他人。三是受益者分摊原则，该原则与上一条相呼应，在城市环境治理工作中得到的收益，应由参与者分摊，不得由少数主体占为己有，否则会影响人们参与环境治理工作的积极性。

3. 预防保护为主，反对事后补救

为了保护城市环境、防止环境资源遭到破坏，我们对于能够预防的问题就要避免其发生，通过采取多种措施和手段，提前做好防范措施，在生产过程中做好预防工作，在问题容易解决或还未发生的情况下就彻底消除环境隐患，而不能够等环境污染和资源破坏状况产生后再进行治理。这是因为，一方面，多数的环境污染和资源破坏状况一旦出现后是很难恢复到之前的状态的；另一方面，后期治理的成本，无论是财力、物力和人力的投入都要远大于提早预防所需要的投入。本原则提倡，除非人类了解自己的行为会对环境造成什么样的后果，否则一定要停止该活动，因为可能会对环境造成未知的影响。我们要尽量在环境问题发生之前将其解决掉，从根源上杜绝可能会产生的不良影响。彻底贯彻落实这一原则的优势在于能够大幅度地降低环境治理的代价，使人类进一步面临生态环境变得恶劣的风险下降，而且可以调整粗放式经济发展的传统落后的模式，组建一个有利于环境保护和资源利用的可持续发展的经济系统，最终实现全社会的可持续发展。

4. 公众参与，合力治理

公众参与是指公众应当肩负起保护环境的使命和职责，同时当环境和资源可能遭受破坏时，具有对相应情况进行了解的知情权。其含义包括三个方面：首先，公众具有参与环境保护的权利。环境对人具有十分重要的意义，人都是在环境中生存并延续下去的，人的未来与之息息相关，因此，作为一项基本人权，环境权具有十分重要的意义，是值得每个人珍惜并维护的。保护环境就是保护好人类发展的最根本利益，需要全社会的积极参与。其次，公众参与到环境保护活动中，在享受环境带来的权利的同时，要承担相应的自身应尽到的义务与责任。最后，近年来在很多城市出现的关于环境污染的意见表达，多数是由人们对环境会受到污染而产生的担忧所导致，体现了公众对城市建设规划与环境保护方面的信息内容了解得不足。

5. 强化法治，综合治理

这就是指坚持依法行政，不断完善环境法律法规，严格环境执法；协调环境与经济的关系，使得双方能够和谐共存，我们应本着预防为主的原则，综合运用多种手段来解决环境问题。法治对环境的保护也具有十分重要的作用，不仅能起到协调作用，也能促进新的经济增长方式的出现。因此，我们需要着手解决相关法治问题，完善规范法律法规，对执法过程中可能出现的相关问题从根本上进行解决。

6. 分类指导，突出重点

这就是指充分利用当地的特有优势，根据不同的地区采取不同的策略，使城市与农

村之间能够和谐发展，循序渐进解放经济发展，充分听取群众意见并切实解决问题，提高重点区域的环境质量，进而使这些地区的人民对居住环境感到满意。具体内容包括两方面：一是加强地区分类指导原则。针对不同地区协调相互之间的关系，在该战略背景下，从建设方面给予指引，对不同地区侧重采取相适应的环境保护手段，并且能够在初期就有明确的规划，使得治理工作能够有序顺利进行。二是逐步实行环境分类管理原则。从全国的角度进行考察，我们一共得到了四种不同的功能划分，由此进行进一步的规划，按照所提出的要求的不同分别考虑相应的环境治理策略，完善相应的评价指标体系。[1]

二、城市生态环境治理的主体构成及治理结构

按照利益相关者理论，在如何治理城市生态环境的问题上，我们单靠政府的方针政策，甚至市场、技术上的措施都是不够的。城市生态环境治理不仅是城市政府的责任，还是一项复杂的系统工程，需要政府、公众、企业和环保组织等多方面密切协作、优势互补、分工负责，共同促进环境治理水平的提高，实现以最低的环境保护成本获取最大的环境效益的目的。由于各利益主体具有不同的目标取向、信息的非对称性，带来了他们之间或主体内部利益的矛盾和冲突，从而形成了复杂的利益与责任关系。城市生态环境的利益相关者主要包括：城市政府、城市居民（公众）、企业（包括环保企业）、环保非政府组织、社区自治体、其他政府组织（如相邻区域或城市的政府）等。这些不同利益相关主体的偏好要求与实现途径各不相同，例如，政府偏好社会发展的总体绩效（即政绩）、公众偏好个人利益（包括健康）、企业偏好利润、环保非政府组织则偏好社会环境权益等。

在城市发展过程中，城市政府、城市居民、企业、社会公共机构主体根据各自的利益，围绕社会、经济发展、环境保护和资源消耗等问题，进行相互作用和协调，各利益相关者之间利益整合和相互作用的过程，构成城市的内部治理。同时，城市的发展也离不开与周边城市和区域，以及中央政府之间的协调与互动，特别是在经济全球化的时代，跨国公司等跨区域经济组织直接参与城市的建设，对城市发展也起到了重要作用。城市政府与中央政府、其他政府组织，以及跨区域组织的相互作用，构成了城市的外部治理。生态城市治理应建立多主体共同参与的决策机制，使之充分表达利益诉求，通过充分协商，达成一致，防止以简单的政府行政命令代替民主决策过程。规划的决策，要采取听证会、公众咨询、公示等方式，广泛征求企业、专家和市民的意见，形成生态城市目标体系，并以目标为导向，确定政策、金融、技术等保障措施。

三、城市生态环境治理的工具和机制

生态城市治理具有目标导向的特点，要建立以目标为导向的治理机制，其核心是应根据每个指标的实施路径和关键环节，分析政府各职能部门、企业、社会机构以及公众各主体在建设、运营阶段中的作用和特点，进一步确定各主体应当承担的责任和要求；

---

[1] 参见于媛《生态文明建设中的城市环境治理研究》（硕士学位论文），吉林建筑大学2015年，第19～21页。

围绕目标的实现，通过采用政策工具、技术手段和金融工具等配套措施，以及城市政府职能的转变和制度的创新，建立保障体系，实现综合指标体系指导下的各个分支指标，从而达到生态城市的总体发展要求。在这一过程中，目标分解为指标，进而转化成为与实施主体相对应的具体的责任以及行为规则，形成"共同但有区别的责任"，从而保证各主体行动的协同，以保证总体目标的落实和实施。

生态城市治理的途径是使各利益主体通过合作，参与城市的规划、建设及运营，通过指标体系的目标导向作用，明确目标实现中各主体的责权利分配。从政府方面看，城市政府应该以公共利益代表者的身份出现，具有核心主体地位。城市政府的权力和可以利用的资源相对有限，但承担的治理职责却十分广泛，为了适应这种新形势，要创新城市公共管理模式，建立一种"决策、执行、监督"相分离的"行政三分制"管理体制，完善相应的体制职能和组织架构。对社会公共机构、企业和城市居民的合理利益需求要加强引导和疏导，使其他城市利益主体的利益需求趋同或趋近于公共利益，共同参与和推动生态城市的建设。从企业方面看，企业需要在政府的政策指导下，参与到生态城规划的编制、基础设施建设、开发以及各项公共设施的运营之中，指标体系及其分解同样需要给予这些行为政策支持和控制要求。从公众方面看，公众进行决策参与、过程监督、结果评价也需要指标体系及其分解提供管理规定和评价标准。为了切实达到生态城市的治理目标，除了政策、技术和金融工具配套，还需完善目标导向的治理机制。[①]

四、城市生态环境治理的实现路径

（一）以打好污染防治攻坚战为抓手，健全点面结合的城市生态环境质量持续改善的工作体系

政府应持续调整优化产业结构、能源结构、运输结构、用地结构，强化工业固定源排放许可和执法监管，强化用车排放管理，加快建立机动车排放违法联合处罚和责任追究机制，鼓励使用清洁能源和新能源车辆，深化扬尘污染综合治理，进一步强化区域联防联控和重污染天气应对；坚持节水优先，严格控制用水总量，保障江河湖库生态流量，加强集中式饮用水水源地保护，完善从水源到末梢水的全过程管理体系，加快工业污水限期达标整治，以水环境质量改善需求倒逼工业绿色转型，加强城市环境和河流湖库流域综合治理；优化土地利用和土壤治理模式，建立定期土壤安全调查制度，建立工业用地环境质量档案，严格实施分类管理，强化环境污染管控和修复，严格固体废物特别是危险废物监管。

（二）以深化生态文明体制改革为契机，完善长效立体的城市生态环境安全管理组织制度体系

政府应健全"大环保"理念下全过程、多层级的城市生态环境安全治理体制机制，针对机构改革后的新局面和生态环境保护的新形势加快实施国务院环境保护委员会改

---

① 参见蔺雪峰《生态城市治理机制研究》（博士学位论文），天津大学2011年，第58～59页。

革，强化各部门生态环境安全联合联动能力，加快推动由政府主导向社会共治转变；建立健全生态资产评估和价值核算制度，完善生态资产用途监管体制；加强基于生态资产流转的生态补偿制度建设，实现可持续经营；加强生物资源保护与管理，提升生物资源的战略地位，系统调查建立资源档案，加强生物资源及相关传统知识获取与分享管理的专门立法；建立转基因生物和外来入侵物种风险评估技术支撑体系；建立跨境生态环境安全协调机制和技术体系。①

（三）以探索绿色发展新路为实践主体，建立风险防范与事件应急并重的生态环境安全管理体系

政府应将源头防控作为解决老问题和规避新问题的最有效手段，以统筹规划引领空间布局与产业发展，继续强化国土空间和资源开发管制，加快推动落实"三线一单"生态环境分区管控体系，将生态环境风险有效纳入综合决策体系；制定国家和区域环境风险管理的目标和战略，研究"环境责任法""危险化学品安全与环境法"，构建涵盖全过程、多层级的环境风险管控体系；②将基于环境风险评估的应急预案作为应急准备的重要抓手，建立与环境风险水平相匹配的资金、人员队伍、物资装备保障体系，加快建立健全环境风险监测预警网络，完善信息报告、公开发布制度，加强应急组织指挥、信息共享以及处置技术体系建设；严格实行生态环境损害赔偿制度，完善损害评估技术方法体系，加快形成以污染修复和生态恢复为目标导向的生态环境赔偿制度和技术体系。③

（四）营造绿色发展氛围，促进生态参与，优化城市生态治理格局

该路径的主要内容如下：一是政府要以对人民群众、对子孙后代高度负责的态度，加强城市生态治理顶层设计，深化城市生态治理体制机制改革，构建和完善以产权清晰、多元参与、激励约束并重、系统完整的政策制度和法律法规体系；划定生态红线，构建科学合理的城镇化推进格局、农业发展格局、生态安全格局，构建能源安全体系，大力支持绿色产业发展。二是媒体应加大对违背绿色发展理念企业、公众道德失范行为的监督曝光力度；同时，对遵循绿色发展理念的先进行为加大宣传力度，树立绿色发展典范。三是企业、公民、民间环保组织等，应利用政府搭建的平台建言献策，形成加强和改进城市生态治理的建设性意见和建议。我们应通过以上努力，形成政府引导、社会协同、公众参与的城市生态治理格局，构建高水平、全覆盖、管理科学、运转有效的城市生态治理体系。

---

① 参见曹国志、於方、秦昌波等《我国生态环境安全形势与治理策略研究》，载《环境保护》2019年第8期，第13～15页。

② 参见王金南、曹国志、曹东等《国家环境风险防控与管理体系框架构建》，载《中国环境科学》2013年第1期，第186～191页。

③ 参见王金南、刘倩、齐霁等《加快建立生态环境损害赔偿制度体系》，载《环境保护》2016年第2期，第26～29页。

（五）发展绿色经济，培育绿色发展新业态，增强生态产品供给效率

绿色富国、绿色惠民。为人民提供更优质的生态产品，既是绿色发展理念的应有之义，也是中国特色社会主义生态文明建设的主旋律。绿色富国、绿色惠民必须借助绿色产业、绿色经济才能实现。人民所需要的生态产品，可分为必需型和一般型两类。必需型生态产品，就是指洁净的空气、干净的水、无公害的食品，这些是人民最关心、最直接、最现实的民生福祉，是老百姓健康生活的保证、幸福生活的前提。提供必需型生态产品，有赖于对大气污染、水污染、土壤污染的综合治理，有赖于绿色发展方式和生活方式的践行。一般型生态产品的供给，需要进行供给侧结构改革，发展绿色经济。政府要从财政、税收等方面加大对绿色发展新业态的扶持力度；积极引导传统产业跳出产业局限和壁垒，顺应快速发展的产业技术革命趋势，依靠绿色技术主动升级改造，推动行业、产业实现绿色清洁生产；将基于大数据的"互联网+"、物联网、云计算等新兴互联网技术与传统产业紧密结合，建立绿色产业大数据库、绿色产业智库，发展绿色金融，打造绿色低碳循环产业体系和智能消费体系，引导绿色生产、绿色流通、绿色贸易、绿色消费发展。

（六）参与全球城市生态治理实践，加强全球城市生态治理合作，创设绿色发展国际环境

该路径的主要内容如下：一是从全球和战略的高度，从我国发展实际出发，坚持共同但有区别的责任原则、公平原则、各自能力原则，参与全球城市生态治理，承担节能减排的国家责任，做出城市生态治理国家自主贡献。二是积极参与应对全球气候变化谈判，加强与国际绿色经济协会、世界自然保护联盟等机构或组织在全球城市生态治理等方面的交流合作，推动创新全球和国家层面的城市生态治理体制和机制，构建和完善公平合理的国际城市生态治理规则，形成合作共赢的全球城市生态治理体系，共同打造绿色发展命运共同体。三是着力搭建地区性、全球性城市生态治理互动平台，开展科学技术交流、政策对话和项目实施等领域的国际合作，合理引进发达国家绿色技术装备和服务模式，借鉴其在绿色产业设计、运营、管理等方面的先进经验，发展具有中国特色的绿色经济，打造具有国际竞争力的绿色产业链、价值链，在绿色发展的国际环境下全面提升绿色发展能力。绿色发展所追求的不是经济社会单向度的发展，而是人、自然生态、经济社会的协同发展。为了推进绿色发展，提升城市生态治理能力，我们必须毫不动摇坚持节约资源和保护环境的基本国策，坚定走生产发展、生活富裕、生态良好的文明发展道路，着力构建资源节约型、环境友好型社会，开创中国特色社会主义生态文明的新时代。[①]

思 考 题

1. 城市经济治理对城市经济发展有什么意义？如何实现城市公共产品的有效供给？

---

① 参见王丹、熊晓琳《以绿色发展理念推进生态文明建设》，载《红旗文稿》2017年第1期，第20～22页。

2. 什么是城市文化治理？城市文化治理包括哪些内容？
3. 什么是城市社会保障？城市社会保障由哪几部分组成？
4. 简述城市治理五大领域的主要内容。

案例分析

上海垃圾分类"破冰"起示范性作用

据《人民日报》6月30日报道，6月28日，住房和城乡建设部在北京召开新闻发布会，介绍垃圾分类工作情况。住房和城乡建设部城市建设司副司长张乐群介绍，2016年年底，住房和城乡建设部开始开展垃圾分类工作，截至目前，134家中央单位、27家驻京部队和各省直机关已全面推行生活垃圾分类。46个重点城市分类投放、分类收集、分类运输、分类处理的生活垃圾处理系统正在逐步建立。

住房和城乡建设部在重点城市开展生活垃圾分类入户宣传已超过1900万次，参与的志愿者累计超过70万。根据国务院发展研究中心"中国民生调查"课题组2018年对46个重点城市的入户调查结果显示，进行生活垃圾分类的家庭占38.3%，较2017年增长11.4%。这样的消息令人欣喜。

2019年7月1日，上海垃圾分类新政正式实施。根据《上海市生活垃圾分类违法行为查处规定》《行政处罚裁量基准》两份法律法规，个人违反者将被处50元以上200元以下罚款。如果个人将有害垃圾与其他生活垃圾混投，首次发现和第二次及以上被发现的罚款金额，分别提高至"50元以上150元以下"和"150元以上200元以下"，这被解读为"史上最严"，也因此令人十分期待。

虽然46个试点城市都出台了垃圾分类的具体措施，工作有了一定起色，也探索出了一些成功经验，但总体形势仍不乐观。客观地讲，从分类到回收，并没有形成一套完整的体系。这也是近日住房和城乡建设部印发《关于在全国地级及以上城市全面开展生活垃圾分类工作的通知》，部署全国地级及以上城市要全面开展生活垃圾分类的各项工作的原因。该通知要求，到2020年年底，先行先试的46个重点城市，要基本建成垃圾分类处理系统；2025年前，全国地级及以上城市要基本建成垃圾分类处理系统。

垃圾分类工作艰巨而复杂，是一场传统生活方式与新发展理念的博弈，不可能一蹴而就，却也不能拖延。国家出台《生活垃圾分类制度实施方案》已经3年了，而到2020年年底，基本建立垃圾分类相关法律法规和标准体系，形成可复制、可推广的生活垃圾分类模式，使在实施生活垃圾强制分类的城市，生活垃圾回收利用率达到35%以上，仍面临巨大挑战。

而上海试图"破冰"，其实是对垃圾分类这项重要工作的一个示范性推进。如何依法加快生活垃圾分类设施建设，完善垃圾分类技术设施标准，推进垃圾分类进程，从源头上减少垃圾总量，既需要提升管理水平，也要靠创新驱动，可谓任重而道远。7月1日上海垃圾分类提速，大有不达目的决不罢休之势，那么其他城市也需要跟进。

——节选自刘天放《上海垃圾分类"破冰"起示范性作用》，载《中华工商时报》2019年7月2日。

案例思考题

1. 以本章所学知识对"上海垃圾分类"政策进行系统总结,并对该政策做出评价。

2. 结合上海垃圾分类政策,谈谈你对垃圾分类管理中政府职责和强化生态环境治理的看法。

第三章　城市治理体系

城市治理体系指的是城市治理要素构成，是相对静态的概念，是城市治理能力形成的前提和基础。本章对城市治理体系中的目标体系、组织体系、政策体系和绩效体系展开论述，并由此出发，构建符合中国实际的城市治理体系框架，是推进我国城市治理现代化的重要途径。

第一节　城市治理目标体系

一、城市治理目标体系的概念和特征

《辞海》中把"体系"定义为"若干有关事物互相联系、互相制约而构成的一个整体"。目标体系是体系的一个种类，是指是由多个目标、多个子系统相互协作，相互依赖，为完成特定的统一的整体功能而组成的复杂系统。从目标体系的相关定义可以看出，目标体系的特点体现在两方面：一是目标间或目标系统间具有相互关联关系，二是目标、目标系统、目标体系之间具备层级影响关系。城市治理目标体系是指由多个目标系统相互关联构成的，为完成某个任务或使命而存在的动态适应的整体，可划分为目标体系、目标（子）系统、目标单元三类多个层次。

城市治理目标体系具备以下两个显著的特征：

第一，目标体系层级间的影响关系。目标体系包含多个目标系统，目标系统包含多个目标子系统和目标单元，这种组合关系构成了复杂的体系层次结构，进而形成了体系层级间的影响关系。

第二，目标体系的动态发展特性。城市治理目标体系不能停留在过去总目标与分目标的简单划分上，或者停留在"具体"浅显认识上；也不能静止看待国家、城市目标与个人目标之间的关系，而是需要我们整体、系统的观察和研究，形成这样一种基本共识，即城市治理目标的开展与实现实际上是一个将抽象概念具体展开逐级向下传导的运动过程。[1]

二、城市治理目标体系构建的原则

（一）逻辑完备，有系统性

城市治理在不同的层面具有不同的发展目标，这些目标有一些是定性的目标，有一

---

[1] 参见雷霆《层级目标体系分析与打击目标行动生成研究》（博士学位论文），国防科学技术大学2015年，第2~3页。

些又是定量的指标。因此，城市治理目标体系具有相当的复杂性，建立目标体系应从系统论的观点出发，从各个方面反映城市治理的愿景，并且能够将社会的发展目标有机地统一进来，构建具有层次性、全面性和系统性的城市治理目标体系。

（二）科学有效，有代表性

城市治理发展目标体系的构建首先要求能够科学有效地指导城市治理的发展，起到牵引作用。分解的指标要能够客观有效地反映上层次的目标，保证整个目标体系方向的科学性。城市治理系统涉及了城市发展的各个方面，指标的选择范围也比较广，因此，在进行指标选取时要保证指标的简洁与代表性，以保证用最少的指标包含最广泛的内容，尽量避免相关度高的指标被重复选取。

（三）数据可得，有灵活性

我们在选取指标时既要考虑目标体系对其的需求，也要考虑到现实情况的可得性。因此，在选取指标的时候，我们要做到指标概念清晰，具有现实意义，同时易于获取和整理。目标体系在实际应用中应具有一定的灵活性，以方便全国各地区不同发展水平、不同层次评价对象的操作使用。所建立的城市治理评价指标体系应力求达到层次清晰、指标精炼、方法简洁，使之具有实际应用与推广价值。指标体系的设计应该有足够的灵活性，使地区可以根据自身特点和实际情况进行运用，并且设计的指标尽可能可采集，对一些难以衡量的指标则尽量予以避免。

三、城市治理目标体系构建的基本框架

党的十八届三中全会提出，"全面深化改革的目标是完善和发展中国特色社会主义制度，推进国家治理体系和治理能力现代化"。《国家新型城镇化规划（2014—2020年）》也提出要"树立以人为本、服务为先理念，完善城市治理结构，创新城市治理方式，提升城市社会治理水平"。城市治理体系作为国家治理体系的基础单元，其治理结构的合理度决定着社会治理水平的高低，而治理水平的高低将最终决定新型城镇化建设能否取得成功。[1]

传统城市管理的目标是提升城市经济竞争力、促进城市经济增长，常常会只关注当前的发展却忽视了发展的可持续性。而基于可持续发展的城市治理理念，我们既要关注经济增长，促进城市的有活力的、低代价的经济增长，又要服务于以人为本的城市的可居住性，从而追求城市经济、社会、环境的综合发展，追求城市居民生活质量的提升（特别是要解决现有的贫困、社会排斥等问题），促进人的全面发展。[2] 良好城市治理也即城市善治，其既是城市治理的根本目标，也是城市社会的管理过程。无论是作为目标还是作为过程，法治都是良好城市治理的重要内涵与基本特征。

---

[1] 参见陈文、孔德勇《我国城市治理改革趋向》，载《开放导报》2015年第3期，第7～12页。

[2] 参见钱振明《基于可持续发展的中国城市治理体系：理论阐释与行动分析》，载《城市发展研究》2008年第3期，第150～155页。

立足法治的观察维度,结合治理以及善治的基本理论,我们应当着眼于如下几个方面来构建良好城市治理目标体系的基本框架。首先,城市治理的根本目标是城市社会的善治,城市善治以城市的物质文明、精神文明、政治文明、社会文明和生态文明为基本内涵。其次,以权力和权利互动为核心的治理体系是良好城市治理的基础设施。再次,良好城市治理基本模式的变革关键在于确立和完善以依法治理与保障人权为实践取向、以人文主义为价值倾向的城市治理态势。最后,城市治理不仅应当具有良好性,还必须具有应变性,确保即使在城市社会非常态下城市治理亦不偏离法治精神。[①]

第二节 城市治理组织体系

一、城市治理组织体系的概念和特征

组织作为某种实体,它是相对于社会、社团和家庭的一种机构或结构。孔茨(Koontz)将组织解释为"有意识形成的职务和结构"[②]。韦伯则把组织视为一架精心设计的机器,其目的是实现某些既定的目标,执行某些功能。著名管理学家德鲁克(Drucker)认为:"组织是一种人的团体,在这一团体中各种拥有专业技术的人为共同的任务而一道工作。"[③]

国内学者普遍认为,组织是指人们为了达到某种共同目标,将其行为彼此协调与联合起来而形成的社会团体。正式组织应具有如下特征:有明确的组织目标;有正式设计的组织结构和组织功能;组织内有权威系统存在;讲求效率,注重协调人与人之间,部门与部门之间,人、财、物之间的关系,追求"整体大于部分之和"的效果;有明确的行为规范,借助于规章制度约束个人和组织行为,以求达到组织的同一性。[④]

综上对组织概念的分析,可以把城市治理组织体系界定为两个或两个以上同一类型或性质相近的以开展城市公共事务活动、提供城市公共服务为主要目的的组织相互联系、相互交叉所形成的多层次、多功能的服务网络。

二、城市治理组织体系的主体及职责

在传统的城市治理体系中,政府是唯一主体。但政府治理实践中出现的"管不了""管不好""管错了"等诸多"失灵"现象表明,单一地依靠政府已无力应对城市可持续发展的挑战。虽然"政府的作用很重要,但是在关注急迫的住所、基础设施和服务设施方面的能力有限",因此,治理可以被理解为"将公共部门和私人部门协调与整合起来,解决城市居民所面临的主要问题,建设一个更富有竞争性、平等、可持续发展的城

---

① 参见肖金明《城市治理的法治维度》,载《中国行政管理》2008年第10期,第28~32页。
② [美]哈罗德·孔茨、西里尔·奥唐奈:《管理学:管理职能的系统分析方法和随机制宜的分析方法》,中国人民大学工业经济系外国工业管理教研室译校,贵州人民出版社1982年版,第317页。
③ 金东日:《现代组织理论与管理》,天津大学出版社2003年版,第11页。
④ 参见于显洋《组织社会学》,中国人民大学出版社2001年版,第142页。

市的努力过程"①。这一过程的基础不是控制，而是协调，它既涉及政府及其他公共部门，也包括私人部门，是公共部门与私人部门以及广大公众之间的协调的持续互动。

城市政府作为城市治理组织体系的主体，具有以下三个方面的职责。

1. 激发多元主体认同参与自觉

在多元治理主体认同和支持的情况下，城市治理行为才能真正落地，为此，必须不断激发主体认同和参与自觉。一是城市政府应该注重对治理参与者的思想教育，有效统一治理主体的思想认识。为了更好地赢取其他主体对城市治理工作的支持，城市政府不仅要积极赢取参与者对治理行动的认同，而且还要在出台治理政策和方案时耐心聆听其他主体的建议和想法。二是鼓励多元治理主体的行动自觉，只有开展扎实的治理行动，才能真正促进城市治理的完善和改进。为此，城市政府要为多元主体参与治理活动提供相应的平台和保证机制，以更好地回应主体的行动自觉。

2. 帮助主体凝聚城市治理共识

注重主体的价值理性，进一步凝聚城市治理共识，也能够有效保证城市治理的正确方向。一是治理主体借助城市治理工作更好地满足社会公众的发展诉求，并以此作为评价城市治理工作的重要基石。二是推进城市善治是开展城市治理的关键目标。在化解繁杂的治理事务中，治理主体也应该始终围绕城市善治目标开展工作，坚决防止城市治理目标的异化和错位。三是治理主体在城市治理中要始终坚守低成本、高收益的行动理念，争取用更少的成本投入实现更多的治理回报。相对来说，城市治理资源数量往往远低于治理事项需求，为此，治理主体应该善用治理资源，遵守节约原则，在正确开展治理行动的过程中，有效提高城市治理效率。

3. 强化主体的现代化治理技能

强化主体的现代化治理技能，有助于提高多元主体的行动能力，最终使其高效率地参与城市治理工作。一方面，城市政府在积极争取多元主体参与治理事务时，也应该加强对治理主体的教育培训工作，使其不断掌握和提高相应的参与治理能力，才能逐渐扩展多元主体参与城市治理的广度和深度。另一方面，城市政府也应积极引导多元主体进行现场学习。城市政府应该定期组织由多元主体构成的学习团，前往先进城市进行实地考察，不仅要考虑能否引进成功做法，而且也要帮助多元主体充分了解有效治理方案的行动理念。②

三、城市治理组织体系构建的原则及思路

（一）城市治理组织体系构建的原则

1. 系统化原则

根据系统理论，组织本身也是一个系统，组织与社会环境所构成的系统是一个相对

---

① ［荷］曼纳·彼得·范戴克：《新兴经济中的城市管理》，姚永玲译，中国人民大学出版社2006年版，第7页。
② 参见徐顽强、王文彬、王倩《主体理性与新时代城市治理：一个分析框架》，载《学习与实践》2019年第2期，第82～89页。

的大系统,而组织内部又有许多部门或单位,即分系统。这些部门或单位(即分系统)又有着相互依存和相互影响的作用。城市治理组织体系应是一个主体清楚、层次清晰、功能齐全并且经过充分优化的系统。城市数量繁多,业务庞杂,为了提高投资效益和更有效地发挥体系的整体效益,项目的建设和运行需要各级城市部门以及相关部门的共同协作。为此,我们必须统一规划,统一组织,统一标准,共同建设。

2. 动态化原则

根据系统理论,组织是一个维持适应的系统,要不断与外部社会环境之间维持高度的适应关系。组织不是固定不变的,而是需要经常地进行适应性的调整或变革,否则,组织系统就有瓦解和消亡的可能。由于城市生产与经营具有很强的不确定性和时效性,城市治理组织体系的机制和运行必须符合不同单位及部门的生产、经营规律,提供最有效的服务,而且还必须与我国城市信息化和产业结构调整的需要相适应,具有一定的弹性。

3. 针对性原则

城市治理组织体系的构建必须考虑城市生产的特殊性和地市区域的经济特点,具备特定的运行方式和信息服务内容,以满足各种服务需求,实现其功能。组织体系中的各主体应该准确把握城市信息市场环境的变化趋势,为城市信息用户提供具有针对性的信息产品。

4. 市场机制原则

根据系统理论,组织是社会系统的一部分,组织与社会环境之间有着相互依赖和相互影响的作用;社会环境因素的变化会对组织产生影响,为此,组织结构必须做适当的调整,以保持组织与社会环境之间的适应与平衡。城市治理组织体系建设,要以政府推动引导为基础、充分发挥市场机制的作用;要把政府的作用与市场机制的作用分开,充分发挥二者的优势。政府的作用在于"修路",在于对城市基础设施建设和服务基础方面的引导,以及建立政策与法律保障,规范市场行为。能够由市场机制解决的问题,政府就不要干预,并充分调动各个市场主体的作用。

(二)城市治理组织体系构建的思路

构建城市治理组织体系,需要从国家、地方两个层面上进行。这两个层面既有共性,又有个性,即两者既有相同点,又有不同点,不能笼统地混为一谈。

1. 确定组织、服务的目标

研究一个系统,通常情况下的逻辑思路是"结构—功能—绩效"。要科学地确定城市治理组织体系结构,我们首先要对城市治理的目标进行深入细致的分析。国家层面上的城市治理组织体系需要从全国城市治理的整体发展目标进行均衡考虑,既要全面,又要重点突出。而地方层面上的城市治理体系,则主要从本地区的发展实际出发,制定符合该地区特点和实际需要的城市治理服务目标,解决具体的城市问题。

2. 体系结构的设计

体系结构实际上是指主体的结构框架,也就是各类城市治理组织机构和个人所组成的结构形式。一般来说,城市治理组织主体的组织化水平、专业化程度、形式、规模、驾驭信息的能力等都是选择主体的依据。由于城市治理组织、服务最终要落实到主体提供的组织方式、服务方式和服务内容上面，因此，体系结构的设计最重要的就是选择主体的类型和数量。城市治理组织体系的各类主体，在选择时要从体系的整体性和需要出发，应该符合现实情况并且具有发展潜力，避免盲目追求"多多益善"。

3. 深入研究各主体的功能，使之在体系内部实现良性的互动

对一个体系优劣的评价，不但要看构成该体系的各个要素，而且还要看其相互关系。假如各主体的功能各自孤立，甚至互相排斥，则不仅不能产生体系内部的整体良性效应，而且会影响体系的正常运行，带来严重的负面效应。城市治理组织体系亦不例外。城市治理组织体系主体由于自身的特性决定了必备的"属性"功能，但还需规定基本的"属性"功能，这两者可以称之为"属性功能"。另外，城市治理组织、服务的具体特点，还要不断拓展"附加"功能，从而实现各主体的功能互补和体系的良性互动。

4. 探讨城市治理组织体系的运行模式和运行机制

一个良好的体系必须具有动态性和开放性，并在实践中通过自身的运行才能实现既定目标。运行模式的优劣，直接决定着城市治理组织体系的运行效果，而运行机制对运行模式起到保障和促进作用。因此，构建城市治理组织体系，还需要选择和整合其有效的运行模式和良好的运行机制。

第三节 城市治理政策体系

一、城市治理政策体系的概念和特征

"政策"一词是一个舶来品，在辞源上找不到对它的注释，但在《史记》中可以找到相同词意的词语，如"典、诏、令"等。如今，"政策"一词被广泛运用于社会生产、生活等各个领域，具有公共属性。

具有代表性的观点有：美国学者威尔逊（Wilson）强调公共政策是由具有立法权的政治家制定出来的，由公共行政人员所执行的法律和法规。美籍加拿大学者伊斯顿（Easton）强调，"公共政策是对全社会的价值做有权威的分配"。美国学者拉斯维尔（Lasswell）认为，政策是"一种含有目标、价值与策略的大型计划"。安德森（Anderson）强调公共政策制定者是政府机关或政府官员，认为制定政策的活动是"一个有目的活动过程，而这些活动是由一个或一批行为者，为处理某一问题或有关事务而采取的"。而弗里德里奇（Friedrich）强调，公共政策是在某一特定的环境下，个人、团体或政府有计划的活动过程，指明提出政策的用意就是利用时机、克服障碍，以实现某个既定的目标，或达到某种目的。伊斯顿则认为，公共政策是"政府机构和它周围环境之间的关系"。

根据以上学者对公共政策的定义及理解，我们可以将城市治理政策体系定义为：城市治理政策体系，是指为打造宜居的城市环境、平安有序的社会秩序、和谐互助的社会氛围和包容永续的城市发展，由政府制定的各类政策措施的总和。它是由政策目标、政

策主客体、政策结构或内容、政策工具、政策过程等一系列因素所构成的有机整体。

依据城市发展的实际情况，我们必须全面、系统地制定相应的政策，形成完善的政策体系，才能更好地促进城市的健康有序发展。全面理解城市治理政策体系，还须注意以下三点：

第一，强调"体系"。既然是体系，就意味着构成"体系"的多项政策之间，或者某一政策的多项措施及规范之间，存在着相互的有机联系，并相辅相成。

第二，在注重政策目标的同时，还要强调这一政策体系的诸多功能（引导、激励、扶持、规范等）或价值。

第三，注重城市治理政策的全过程，即包括政策构思、制定、发布、实施、监控、总结、反馈、完善等各个环节。[①]

二、城市治理政策体系的基本特征

（一）政策主体的层次性

这里的政策主体是指城市治理政策体系的制定主体。各级政府对辖区内的城市建设都可以制定相应的政策措施，如中央政府制定的城市政策体系、省级政府（市级政府、县级政府等）制定的城市政策体系等。政策主体的层次性特点告诉我们，应注意各级城市治理政策的一致性。如果出现有两级或多级政府政策相矛盾的情况，就会使城市治理活动无所适从，这样不但起不到促进作用，反而会抑制活动的开展。

（二）政策功能的多样性

从理论上讲，城市治理政策体系可以有多种功能，主要有引导功能、激励功能、保护功能、调节功能、规范功能等。政府为达到某种目标，采用某种政策工具，实现某种功能，并不是一件容易的事，还要充分考虑到政策对象的不同特点。政策功能的多样性特点，要求我们在制定政策之前就要做好深入细致的调查研究，以准确地找出影响城市问题的关键因素（又称限制因素），并为此设计多套解决方案——备选政策方案，还要对其进行详细认真的分析论证，必要的情况下可先行试点，在实践检验中及时修改、不断完善，然后再推出正式的城市治理政策体系及政策措施。

（三）政策工具的灵活性

政策工具是政府赖以推行政策的手段，是政府在部署和贯彻政策时拥有的实际方法和手段。政策工具包含丰富的类型，目前较有解释力的类型划分多以政府介入程度和权力实施方式为依据，将政策工具界定为强制型、自愿型及其混合，其实质是基于政府、市场和社会互动关系探寻政策目标的最佳实现路径。政策工具的灵活性在于，对于某一具体问题或某一目标可以采用不同的政策工具。例如，对某项城中村改造计划，可以采取资助形式的政策工具，可以采取税惠形式的政策工具，还可以采取对建设者进行奖励

---

① 参见高巍《完善我国体育产业政策体系研究》（博士学位论文），东北师范大学 2014 年，第 15 页。

形式的政策工具。政策工具的灵活性还在于，它既可以成为城市治理政策体系中的重要工具，也可以成为其他政策体系（如科技政策、产业政策等）中的政策工具。

（四）政策内容的多元性

政策体系内容的多元性，即政策内容（或范围）不仅指向某一个方面，而是涉及多个方面。城市政府在制定某项政策时，需要考虑的因素包括城市治理的不同主体、不同对象、不同过程以及不同侧面。从城市治理主体的视角看，它既需要考量体制内的政府部门、基层社区，也要考量体制外的社会组织、私人部门和普通市民；从城市治理内容的视角看，它需要兼顾城市经济、政治、文化、社会、生态治理体系结构是否健全，也需要兼顾城市治理能力；从城市治理过程的视角看，它应当包括城市治理现代化的宏观过程，也应当包括城市治理"规划—运作—检查—完善"的微观过程；从城市治理系统的视角看，对于某些具有重要意义、交互影响，并且超越了上述框架范围的重要因素而应当作为城市治理评价重要内容的应予以考虑。①

三、城市治理政策体系的主要方面

建立和发展城市治理体系需要相应的政策保证。政策是政府用以解决城市可持续发展问题的基本工具。适应城市发展政策体系的构建至少可以被分成两个层次：一是中央政府层面的政策，二是城市当局层面的政策。

（一）中央政府层面的政策

中央政府层面的政策，除了可以保证宏观政策环境的稳定性之外，还能在产业政策、竞争政策及鼓励城市之间的协同政策方面发挥相应的作用。

发展经济，关键要引导国家进入高质量的经济活动之中，并让国内的经济活动进入恰当的产业。其中，中央政府部门可以采取一系列措施，积极扮演好以下角色：①监护人的角色，政府管制市场，管辖的功能超过了政策的促进作用；②造物主的角色，政府发挥企业家的作用；③助产士的角色，能组织有效的商业化体系及其产出的销售体系；④饲养人的角色，催化私人部门，而不是替代私人部门。

与其他经济政策相比，竞争政策具有一个重要特征：修补市场竞争。如果竞争和管制迫使企业做出改变，企业必定会投资于那些能提升生产率的技术、学习和创新。竞争政策在为保持我国经济活力，促进经济高效、健康和可持续发展，进一步深化经济体制改革，营造公平、合理、有序的市场竞争环境等方面发挥着基础的保障作用。为此，首先，竞争政策的制定和执行必须要以分析研究为基础，这就要求相关人员不仅要有较扎实的经济学基础，还要具备较高的法学素养；其次，在执法中，不仅要防范破坏公平竞争的行为，还要避免打击了以公平竞争手段击败对手的诚实竞争者的积极性；最后，还应注重竞争政策的国际合作。

制定鼓励城市之间协同效应的政策，最终的目标是要实现报酬递增，而报酬递增的

---

① 参见李宪奇《中国城市治理评价模型的建构与应用》，载《江淮论坛》2015年第6期，第16~20页。

协同效应，是经济增长的源泉。中央政府在其中可以发挥的重要作用包括：①突破行政区域界限，探讨城市群治理的体制和机制。以建立城市群的协调机构为基础，制定统一、全面的区域政策，开展组织区域合作，形成对接协调机制，切实提高城市群区域综合的管理水平。②加强城市群中不同规模城市、城镇之间的产业和行业分工，增强城市群的可持续发展能力和整体竞争力，形成空间组织有序、内部结构合理、资源节约和环境友好的区域产业体系。

（二）城市当局层面的政策

在一个资源有限的世界中，每个城市社区都在关注自身的集体利益，彼此间竞争激烈。在保证新的内向投资、扩大其产品的外部市场、吸引外部旅游者等方面，每个社区都有着直接的利益。由于每个城市的历史和地理的异质性，任何公式化的、"一刀切"的方法都不可能产生令人满意的结果。因此，我们需要遵守以下四个基本原则：

第一，城市政策必须能够合理疏散核心城市的部分职能，强化核心城市的关键功能；促进和引导周边城市、整个区域城镇产业空间结构体系的优化和调整，逐步形成合理有序的城镇产业和空间结构。

第二，城市政策主要是围绕城市工作和生活而展开的诸如生产网络、劳动力市场、地方学习和创新过程。在这些行动中，政策制定者能处理外部性，解决免费搭便车问题，保证必要的基础设施，并提供重要的服务（诸如劳动力培训和技术建议等），而这些都是在没有政策支持下所缺少的或供应不足的，需要制度和政策扶植弱小的网络参与者。

第三，从大型集聚所遵从的演化的路径依赖观点看，集体协调的合适代理有时能帮助操控给定的城市系统；城市规划者无论是在正面的城市协同效应的培育（通过合适的土地利用控制）方面，还是在帮助克服城市扩张进程中的瓶颈和规模不经济方面，都能发挥重要作用。

第四，城市政策必须考虑创新的不同利益相关者。创新不仅包括新的或改进的产品和过程，还包括服务、新营销、品牌化和设计方法、新的商业组织形式和合作安排。创新越来越多地被看作不同部门协作和相互作用的开放系统。因此，创新的公共支持需要适应这一变化，支持研究和技术互补的努力，并促成所有利益相关者之间的开放合作，这是城市创新政策促成生产的关键。①

第四节 城市治理绩效体系

一、城市治理绩效体系的概念

城市治理绩效，也被称为"公共生产力""国家生产力""公共组织绩效""政府

---

① 参见程新章、孙晓霓《GPNs 视角下中国特色城镇化政策体系构建研究》，载《财贸研究》2014 年第 5 期，第 19～28 页。

业绩""政府作为"等,其字面意义是指城市政府所做的成绩和所获得的效益的意思,但其内涵非常丰富,既包括政府"产出"的绩效(即政府提供公共服务和进行社会管理的绩效表现),又包括政府"过程"的绩效(即政府在行使职能过程中的绩效表现)。政府绩效还可分为组织绩效和个人绩效,组织绩效包括一级政府的整体绩效、政府职能部门绩效和单位团队绩效。

现代城市治理管理的核心问题是提高绩效。要提高绩效,必须先了解和评价现有绩效水平,只有用科学的方法、标准和程序,对城市治理及其部门的业绩、成就和实际工作做出尽可能准确的评价,才能在此基础上对政府绩效进行改善和提高。

单纯从字面的角度来看,绩效含有成绩和效益的意思。其用在公共部门中来衡量政府活动的效果,则是一个包含多元目标的概念。绩效在不同时期、不同类型的组织中有不同的含义。但总而言之,绩效可以划分为个人绩效、组织绩效两个层面。从个人层面来讲,对于绩效内涵的理解存在着两种基本观点,一个是"绩效为结果"的观点,也就是"结果导向";另一个是"绩效为行为"的观点,也就是"过程导向"。[①]

二、城市治理绩效体系构建的基本原则

建立一个城市治理绩效评估体系的主要目的,主要有以下四个方面:一是总结国内关于城市政府绩效评估的经验,制定一套衡量城市政府推进城市治理建设状况的适当标准,以此检验城市治理建设状况与发展水平;二是通过绩效评估发现城市政府在推进城市治理建设过程中存在的主要问题,明确城市政府改革的重点领域和主要目标;三是提供一个关于城市治理建设状况的评估平台,借此衡量不同城市政府在城市治理建设中存在的绩效差异、社会管理能力和公共服务水平;四是促进学术界与城市政府的关于城市建设的对话与沟通,以便各方就城市建设问题达成共识。鉴于此,我们在建立城市政府绩效评估框架时需要遵循一些基本原则。

(一)可操作性原则

该原则是指指标数据易采集,评价模型科学合理,评估过程利于掌握和操作,主要包括以下三点:①数据资料既便于获得又利于量化。数据资料应当能通过有关统计方法、访谈或者调查等获得。定量指标数据要保证真实、可靠和有效,定性数据资料应可以通过赋值或测算等转化为定量数据。②有效性。评估指标体系必须与所评估对象的内涵与结构相符合,能够真实反映城市政府的实际状况,体现乡镇政府绩效的本质特征。③可比性。明确评估指标体系中每个指标的含义、统计口径、时间、地点和适用范围,确保评估结果能够进行横向比较,以便了解和把握不同城市政府绩效的实际水平和变化趋势。

(二)服务导向性原则

城市政府以执行决策、提供公共产品与公共服务为主要职能。推进中国特色社会主

---

① 参见王伟《基于社会效益最大化的城市治理绩效研究》(博士学位论文),天津大学2009年,第3~4页。

义文化建设要求城市政府抓好城市教育工作，做好城市公益事业，普及科学、文化和卫生知识，为城市提供公共服务和公共产品。因此，在中国特色社会主义文化建设背景下对城市政府绩效进行评估，应当更多地体现这种服务性，引导城市政府向服务型政府方向发展。

（三）系统性和独立性原则

生产发展、生活宽裕、城市文明、市容整洁、管理民主的城市治理建设目标涵盖城市经济、政治、文化和社会发展的方方面面，在此背景下的城市政府绩效系统是由行政管理、经济发展、社会稳定、教育科技、生活质量和生态环境等方面的绩效子系统综合集成的。这就要求城市政府绩效评估指标体系应当有足够的覆盖面，能够充分反映城市治理建设的系统性特征。另外，系统性原则意味着不同评估指标相互独立，构成多个评估维度，指标间的相互组合对应着政府绩效的一个状态，以便综合测度和评价城市政府绩效的整体水平。

（四）差异性原则

城市政府绩效评估的重点应当是所在区域经济社会发展的提升幅度及在此基础上所消耗的资源，而不是该地区既有的经济社会发展总量。这就要求城市政府绩效评估指标体系要根据城市的地理位置和自然禀赋的不同，体现出适度的差异性，以保证城市政府绩效评估的合理性、公正性和权威性。[①]

三、城市治理绩效体系的重点内容和体系框架

（一）城市治理绩效体系的重点内容

我们在城市治理背景下推进城市政府绩效评估体系，既要充分反映出城市治理对城市政府的新要求，又要基于我国城市政府的现状，体现出城市政府自身的角色与职能特点。在城市治理背景下，城市政府绩效评估应当包括生产发展、生活改善、社会发展、生态环境、民主治理、自身建设六个方面的重点内容。

我们之所以从这六个方面进行评价，有以下三个原因：首先，这六个方面尽管也是基于城市政府的职能与事权的基础上提出的，但主要还是基于国家治理能力现代化的宏观背景，较好地体现了政府绩效体系的时空界限；其次，这六个方面是针对城市治理的主要目标和在这一背景下城市政府的职能转变提出的，较好地体现了政府绩效评价的目的性；最后，在3级指标的设置上尽可能体现城市政府自身的绩效，剔除了受宏观政策影响较大、决定于地理位置和自然禀赋的因素，并充分考虑了指标的易得性和可操作性。下文将进行分述。

1. 生产发展

城市治理的目标之一是发展生产，因地制宜地调整产业结构，为城市提供基础设

---

① 参见闫丙金《新农村建设中乡镇政府绩效体系框架》，载《中国行政管理》2009年第12期，第27～31页。

施，加大服务力度，调动广大市民的生产积极性，提高市民参与市场竞争的能力。这要从三个方面进行评价，一是对城市政府发展生产的绩效进行评价理应对投入状况进行测量。这里的投入是指城市政府财政和金融部门的信贷投入，不包括中央政府通过转移支付进行的投入。二是因为执行与服务是城市政府的主要职能，也是城市政府区别于其他层级政府的主要标志。因此，对城市政府进行绩效评价必然要对其服务状况进行评价。三是为了避免前文所述绩效体系的弊端，我们尽可能地采用"增长率"一类指标，以避免地区差异的影响。尽管其中也有一些"额度"指标，但只作为参考指标，不作为评估的正式指标。

2．生活改善

使市民过上宽裕的生活是城市治理目标的具体体现，也是建设小康社会的关键环节。城市治理中提出的"生活宽裕"，一方面，要求逐步增加市民收入，不断改善市民衣食住行的条件，使生活水平和生活质量得到明显提高；另一方面，要求在物质文明建设的同时，加快城市教育、卫生、保障制度等社会事业的步伐，使市民能够享受到全面建设小康社会所带来的成果。衡量城市政府对市民生活改善工作的绩效，首先应该评估市民的收入状况，因为市民生活改善的前提是收入增加。其次是市民的税费负担状况。如果市民收入增加了，但税费负担也同时增长，甚至其增长率高于收入的增长率，那么市民的生活不仅不能改善，还可能继续下降。最后是生活质量。城市治理中的生活宽裕，不仅体现在市民物质财富的增加上，更重要的是体现在生活质量的提升上。另外，生活质量的改善也体现了社会的进步和文明程度的提高。

3．社会发展

城市治理建设要求城市政府切实转变职能，为广大市民提供其所需的公共产品和公共服务，满足广大市民的精神文化需求和良好的生存环境需求，使广大市民的思想、文化、道德水平不断提高，形成崇尚文明、崇尚科学、健康向上的社会风气，实现城市社会全面可持续发展。城市社会发展体系是个复杂系统，但有些方面或环节会对城市社会的发展起决定性的作用：一是基础教育和市民培训。基础教育的重要作用自不必赘述，培育新型市民是城市治理的重要内容，因为城市的发展最终要依靠市民自己。没有市民综合素质的提高，就没有城市治理的最终成功。但基础教育发挥作用的周期较长，而市民培训对提高市民素质的作用周期较短，是现阶段较好的提高市民素质的方式。二是社保福利。优化国家的社会福利保障体系，使得广大市民真正享受到经济社会发展带来的成果，这是社会公平的重要体现，也是城市社会稳定的重要根源。三是城市的文化发展。文化发展是城市社会发展的深层次动力。只有培育代表社会发展主流的先进城市文化，才能形成崇尚文明、崇尚科学、健康向上的社会风气。所以，文化发展是城市社会发展的重要衡量因素。四是社会环境状况。这也是对城市政府绩效状况进行评价必须考虑的因素。因为我国城市经济社会发展很不平衡，在同一时期不同地区之间差别较大。因此，对城市政府绩效进行比较评估，必须考虑其所辖地区原本的社会环境状况，而不能简单地以现有成绩进行衡量。换言之，城市政府绩效状况是指其促进社会发展的变化量而非社会发展的总量。例如，当两个城市政府实现了相同的社会发展总量，那么原有社会发展环境较差的城市政府其绩效更优。

4. 生态环境

脏、乱、差一直是我国某些城中村环境卫生状况的真实写照，也是城市社会发展滞后的主要表现。因此，市容市貌和生态环境的改善是城市治理需要突破的主要瓶颈之一，也是城市治理的外在表现和突破口。城市治理中的生态环境改善，不仅要在外在表现上实现市容市貌整洁，更重要的是要形成城市生态环境治理的长效机制。

5. 民主治理

推行民主治理是城市治理对城市政府提出的政治要求。"管理民主"就是要推行城市基层民主，搞好社区自治。民主管理是一种群众参与下的多数人管理多数人的管理形式，要求城市政府不得肆意干涉社区自治活动，让市民真正当家做主，自己管理自己的事。在我国城市民主政治发展的现实中，民主治理的方式创新发挥着越来越重要的作用，因为我国城市间的社会文化背景差异较大，不能用单一的模式推动我国城市基层民主的发展。各城市应找到适合本地区发展的民主治理模式。因此，民主治理的方式创新就显得尤为重要。

6. 自身建设

城市政府在社会主义城市治理中发挥着重要的、不可替代的作用。因此，城市政府的自身建设是顺利推进城市治理的重要组织保证，也是城市治理能否实现预期目标的重要影响因素。城市政府的组织规模、管理（服务）能力、廉政建设、政府形象是评价城市政府自身建设的四个主要指标。[①]

（二）城市治理绩效体系的体系框架

衡量城市治理制度建设及政策实施的成效，应该依据一定的评价标准。虽然，一些国际组织研究提出治理的绩效目标包括政治绩效（如合法性、法治化、透明性、责任性）、经济绩效（包括经济效率、投入的成本）、社会发展绩效（包括社会公平、公民社会发展与公民参与、社会稳定与持续的综合协调发展）。[②] 但是，真正建立治理的绩效评估体系是一个极其复杂的系统工程，涉及对治理目标的价值取向，需要在各项标准之间进行权衡，而且即使确定了治理绩效的"应然性"标准，治理绩效的实现仍然受到许多因素（如政府的治理能力、公众的参与水平等）的制约。

因此，按照城市可持续发展对城市治理的内在要求建立科学合理的绩效评估体系，并且建立一种确保实际的治理以"应然"的标准作为行动导向，促进治理水平的提升，进而促进城市可持续发展的实现，是建立基于可持续发展的中国城市治理体系的关键举措。[③]

思 考 题

1. 简述城市治理体系的主要内容、特征和原则。

---

① 参见闫丙金《新农村建设中乡镇政府绩效体系框架》，载《中国行政管理》2009年第12期，第27～31页。
② 参见孙柏瑛《当代地方治理：面向21世纪的挑战》，中国人民大学出版社2004年版，第116～120页。
③ 参见钱振明《基于可持续发展的中国城市治理体系：理论阐释与行动分析》，载《城市发展研究》2008年第3期，第150～155页。

2. 尝试分析城市治理各体系之间的异同。

案例分析

新时代城市治理体系现代化探索实践

沈阳市"多规合一"改革始于2016年9月,在市委书记王蒙徽的推动下,沈阳总结了云浮、广州和厦门的工作经验,立足于全面落实党中央对东北振兴提出的"四个着力""三个推进"等工作部署,以推进城市治理体系和治理能力现代化为目标,从顶层设计、空间规划体系构建、信息化建设、审批制度改革及组织机制转变等方面进行城市治理的全方位探索,提出了"五个一",即"一个战略、一张蓝图、一个平台、一张表单、一套机制"的"多规合一"工作模式。2017年6月,"多规合一"综合平台在市区范围内试运行,同年12月在市域推广;2018年6月,沈阳市作为试点城市按国务院33号文件要求进一步推进了工程建设项目审批制度改革,为城市创造了良好的营商环境。

1. "一个战略":构建凝聚共识的城市发展思路

2016年9月,沈阳市委、市政府制定了《沈阳振兴发展战略规划》(以下简称《战略规划》),建立了高度凝聚共识的顶层设计,引领了"多规合一"改革。《战略规划》明确了"两个中心城市"的发展目标,即到2020年把沈阳市建设成为引领实现东北振兴发展的中心城市,到2030年把沈阳市建设成为东北亚地区重要的国际中心城市,以及实现包括国际化战略、区域一体化战略、城市空间优化战略、产业多元化战略、人的现代化战略的"五大振兴发展战略",统筹了经济与社会发展、城市与区域格局;针对沈阳当前面临的体制机制问题、结构性问题以及经济社会发展的重点领域和关键环节,制定了打造国际化营商环境、推进全面创新改革、打造千亿产业链、加快城市基础设施建设、加强对外开放及区域合作等16项发展策略以及"幸福沈阳、共同缔造"的实施举措。《战略规划》在编制过程中引入了全面的公众参与,发放了近379万册《战略规划》简本,征求了几乎每家每户的意见。根据公众意见,沈阳市对战略规划进行了30多次修改及完善,最终由市人民代表大会审议通过,使其成为指导整个改革工作的纲领性文件。

2. "一张蓝图":建立统筹全域的空间规划体系

为了解决城市现行的规划类别众多、体系庞杂,各部门编制的规划"自成体系""互设壁垒",内容形式、数据标准、规划时限不统一等问题,沈阳市以《战略规划》提出的"城市理想空间格局"为指引,统筹整合各类专项规划,衔接基础数据、用地分类标准和用地边界,统一坐标系,形成了覆盖全市域的"一张蓝图",以及"五步走"的工作流程。

一是整合底图。沈阳市在协调城市总体规划与土地利用总体规划的基础上,整合环保、林地和水域等主要空间规划,形成具有统一空间坐标和属性的工作底图。在此基础上,将各类城市空间数据,按照不同部门、不同类型进行整理入库,构建由基础数据域(地理地址、人口、市情、工商企业等数据)、"多规合一"成果数据域(生态控制线、建设控制线、差异图斑比对等数据)、部门专项规划数据域、分区规划数据域、业务管理数据域构成的五大类数据库。

二是划定底线。沈阳市编制《沈阳市生态控制线规划》，落实《战略规划》确定的"三环、三带、四楔"生态廊道以及"沿浑河一公里"等重点生态管控区，划定生态控制线和建设用地增长边界；在全域范围内划定"三区三线"，明确生态、城镇、农业三类空间的构成；同时启动《沈阳市生态控制线管理规定》，明确生态控制线的管理主体、管控规则和管控边界，规范生态控制线内允许建设的项目类型及相关的控制要求。

三是对比差异。沈阳市根据差异图斑的类型与分布特点，制定"生态优先、保障民生、区内平衡"等处理及补偿原则，梳理、协调各类规划之间存在的差异，统筹解决规划之间的矛盾与冲突。

四是构建规划编制体系。沈阳市在城市总体规划编制的试点阶段，以"战略引领、刚性管控"为原则，对《战略规划》进行全面的空间落实。其构建了统筹发展和空间规划的"沈阳建设东北亚国际化中心城市"指标体系；在各级事权梳理的基础上，确定了"总体规划—分区规划—专项规划—控详规划"的空间规划编制体系，逐级落实总体规划的目标、指标和空间安排；建立了"总体规划—五年规划—年度计划"的规划实施管理体系，将落实城市发展目标的年度计划与"多规合一"项目管理平台进行对接，将全市经济社会发展目标与城市建设相衔接，统筹协调总体规划各阶段的发展目标与指标，明确行动计划及规划实施路径，从项目主导转变为规划主导，实现规划统筹。

五是制定标准。沈阳市编制《沈阳市"一张蓝图"编制办法与技术标准》《基于"一张蓝图"的沈阳市专项规划编制管理办法》等技术配套文件，规定了"一张蓝图"的工作方法和技术流程，建立基于"一张蓝图"的规范化、标准化、法治化的规划实施管理体系。

3. "一个平台"：搭建全市统一的综合管理平台

沈阳市"多规合一"管理综合平台由项目管理子平台（发展和改革委员会）、业务协同子平台（规划和土地管理局）和联合审批子平台对接、整合形成，通过建立多部门联动的项目生成策划机制，为建设项目的生成、管理和实施提供全过程的技术支撑和信息保障，推进项目落地。依托市大数据局覆盖全市的政务网，实现了工程建设项目信息资源的共享，实现了各部门业务的协同办理。各区也同步开展了各自信息系统的建设改造，实现了市、区两级业务协同平台互联互通。

4. "一张表单"：推行联合审批的项目监管流程

为了解决建设项目审批的程序环环相扣、流程循环往复、意见相互矛盾、技术审查与行政审批纠缠不清等问题，沈阳市依托"多规合一"综合管理平台，重新制定工程建设项目审批流程，全面推动联合审批制度改革。编制《沈阳市进一步优化投资建设项目审批实施办法》，在"简、放、并、转、调"的基础上，按照"放而有管、过槛即入、先批后审、有偏则纠、全程监督、跟踪服务"的思路，重新制定从用地规划许可到竣工验收的项目审批流程，推行"一表式"受理审批，一个窗口统一收件，各审批部门网上并联、协同审批，实现审批信息实时共享，加快推进投资建设项目的落地实施，优化城市营商环境。

5. "一套机制": 实行党政主抓的协同联动机制

为了保障"多规合一"改革工作的顺利开展,沈阳市建立了"党政主抓、上下联动"的工作机制,以市委、市政府主要领导任领导小组组长,统筹全局。在市发展改革部门设置领导小组办公室,各区、县(市)及市直相关部门也相应地建立了组织领导体系和业务部门,明确部门职责,协调联动。市发改委牵头编制战略规划,专责做好项目平台升级改造工作;市规土局牵头建设全市"一张蓝图",专责开发建设业务协同平台;市营商局牵头制定"一张表单",推进审批制度改革,专责做好联合审批平台升级改造工作;市大数据局结合沈阳智慧城市建设,专责做好政务外网、政务内网互联互通及数据信息共享、交换等技术支持工作;其他市直部门也都结合各自职能,协同做好相关工作,形成推动改革的强大合力。

——节选自张晓云、李鑫、王帅等《新时代城市治理体系现代化探索实践——沈阳市"多规合一"改革》,载《城乡规划》2018 年第 5 期。

案例思考题

1. 依据本章知识,谈谈你对沈阳市"多规合一"改革的看法。
2. 沈阳市的城市治理体系实践对我国其他城市有何借鉴意义?

第四章 城市治理模式

与传统的城市管理模式不同，现代城市管理是建立在新的治理模式基础上的。在城市发展过程中，城市治理模式正在进行新的构建。本章将介绍一些比较经典的城市治理模式，讨论各模式提出的背景、内涵、特征和主要内容，对于探索符合中国实际情况的城市治理模式有重要的借鉴意义。

第一节 公私合作伙伴模式

一、公私合作伙伴模式的背景

政府与非政府组织间的关系可以被认为是国家与社会关系在公共事务治理层面上的一个缩影。城市政府作为公共权力的载体，长期以来在公共事务治理中占据着主导地位，扮演着社会福利和其他公共服务提供者的角色，而非政府组织则一直处于城市公共事务治理的边缘地带。[1] 20 世纪 90 年代以来，随着经济全球化、市场化、信息化的快速发展，世界各国政府都面临着财政压力、管理效率、民主化等方面的种种挑战，于是，在西方发达国家兴起了一场旨在适应后工业社会和信息时代的"政府再造"运动，其指导思想就是"最好的政府，用市场机制与非政府组织合作等方式提供最大的公共服务"[2]。在此背景下，新的社会管理理论——治理理论应运而生。

1995 年，全球治理委员会在《我们的地球邻居》（*Our Global Neighborhood*）中给出了最具有代表性和权威性的治理定义：治理是各种公共和私人机构管理其共同事务的诸多方式的总和，它是使相互冲突的或不同的利益得以调和，并且采取联合行动使之得以持续的过程；治理既包括有全部迫使人们服从的正式制度和规则，也包括符合人们共同利益的非正式制度安排。相应地，以城市政府为主导、主要依靠强制力和权威、采用自上而下方式实施的城市管理，开始转变为"由城市政府、非政府组织、市民社会组织等多元互动协作"[3]的城市治理。

城市治理实质就是基于市场原则、公共利益、共同认识、平等互利的公私互动合作，城市政府不再是城市公共管理的唯一主体和权力中心，与非政府组织、非营利组织、社区组织、公民自组织等第三部门是一种合作伙伴关系，通过建立各种各样的协商合作组织，让市民参与城市政治的决策过程，共同承担公共管理职责，提供有效的公共

---

[1] 参见王华《治理中的伙伴关系：政府与非政府组织间的合作》，载《云南社会科学》2003 年第 3 期，第 25～30 页。

[2] 郝铁川：《从"统治"到"治理"——一种新的社会管理理论评介》，载《现代领导》2002 年第 8 期，第 4～5 页。

[3] 陶希东、赵鸿婕：《经济全球化与中国政府治理理念的创新》，载《商业研究》2004 年第 13 期，第 14 页。

服务，满足市民的多样化需求。所以，我们正是在全球性城市治理趋势及实践中，包括诸如社会福利、环境保护、教育和自然规划等领域，在中央和地方各级表现了出共同协调指导、共同生产、合作管理和国营私营伙伴制等方面的创新，其中，公私合作伙伴模式逐渐成为城市治理的新模式和有效途径。[①]

二、公私合作伙伴模式的内涵与特征

公私合作伙伴模式是 20 世纪 80 年代以来西方国家政府治理创新中出现的一个概念，但学者们的解释不尽相同。有的认为，合作伙伴关系是指多个部门（如公共部门、私营部门、非营利部门）中两个或更多组织间有意的合作关系，这种合作关系聚集了资源，以确认并进而寻求一种解决共同问题的联合途径。[②] 有的学者从组织学的角度，认为合作伙伴关系是指两个或多个组织实体中任何一方都在无法独立完成相关事务时采取的联合行动，以及为发起联合行动而做出的所需组织资源的相互承诺。欧洲城市治理中，其被更加宽泛地称为"伙伴制"，就是指为了解决某一特定问题，由一个特定的城市政府部门与其他人结盟来推行一项政策的过程，这种联盟可能只是一种临时性的特别安排，或者是由若干人参与的一种长期战略。可见，人们从不同学科角度出发，就会对合作伙伴关系得出不同的解释。

但我们认为，对城市公私合作伙伴治理，可以从三个方面进行理解：首先，从广义上，就是指公共部门和私营部门共同参与城市生产和提供公共物品与服务的任何制度安排，如合同承包、特许经营、补助等制度；其次，它是指一些复杂的、多方参与的并被民营化了的基础设施项目；最后，它指的是企业、社会贤达和城市政府官员为改善城市状况而进行的一种正式合作。也就是说，这种治理是对城市公共服务提供者、消费者和生产者三者关系的重塑与再造，其通过打破传统的公私边界，提供跨边界公共服务，来更好地满足市民的多元化需求，提高城市整体管理能力。[③]

一般来说，城市公私合作伙伴治理具有以下五个特征：

第一，一个合作伙伴关系涉及两个或更多的参与者，而至少一方为城市公共部门，但合作伙伴的效用主要取决于公共部门与私人部门双方的一致行动。在实践中，有些合作伙伴关系属于城市公共部门间伙伴，但在某种特殊情况下，这种合作伙伴仍然具有公私互动的某些特征，例如，当一个公共参与者，或是因不受直接的政治控制而具有较高的自治程度的政府（如美国的特别区政府），或是更具市场化性质的组织，或本身就是一个准政府，那么这个公共参与者将会在此伙伴关系中更多地发挥一种类似私营组织的功能。

第二，合作伙伴中的每一个参与者都是具有相对权力的领导或首长。每个参与者都能够从自身利益出发进行讨价还价，而不是必须求助于其他权力机构，因此，为了提高

[①] 参见陶希东《公私合作伙伴：城市治理的新模式》，载《城市发展研究》2005 年第 5 期，第 82～84 页。
[②] 参见［美］南姆·卡朴库《无等级的合作：公共部门与非营利部门合作伙伴关系》，周洁摘译，载《国家行政学院学报》2004 年第 1 期，第 93～96 页。
[③] 参见陶希东《公私合作伙伴：城市治理的新模式》，载《城市发展研究》2005 年第 5 期，第 82～84 页。

效率，每个参与者都必须具有很大的行动自由。通常由于受多层行政控制和预算约束，城市公共部门很难获得这种具有自治性质的行动自由。所以，合作伙伴中相对独立的权力关系，使得每个参与者都倾向于构建一个稳定的组织委员会，来具体负责合作伙伴的相关事宜。

第三，合作伙伴的所有成员之间应是一种持续性的关系，具有一些连续性的交互行动。在公私伙伴关系中，公私组织间会有很多简单的、临时性的事务交易，例如，城市政府可以购买或销售公共产品和服务，能够征收罚金和税收等，但这些关系未能表明他们之间真正的持续性互动关系，即使一个城市政府每年向某个私营机构购买服务而返还税收收入，也不能算作真正的合作伙伴关系。真正的合作伙伴关系是一种连续性关系，其主要标志就是自始至终多个成员之间的谈判与协商。

第四，每个参与者对相应伙伴会产生某种重要影响，因而伙伴关系是一种真诚的关系。这是因为，在伙伴关系中，每个参与者都会向自己伙伴转移一些物质或非物质方面的资源，例如，资金、公共土地等物质资源的转移较为明显，而权力、价值观等其他资源的转移则不甚明显。很多时候，我们想当然地认为这种资源转移大多是来自城市公共部门，而实际上，在当今对政府效率和有效性存在一定质疑的时代，私营部门的参与也许具有更重要的作用。

第五，在一个真正的伙伴关系中，伙伴成员必须要对他们的相关行动结果承担共同责任。在有些公私伙伴关系中，公共部门收到私营组织的建议后仍然控制着政策的决定权，而相反，一个真正的公私伙伴，其自治和协商性决策会产生共同承担的责任，并且要对难以做出决策的一般市民和组织机构负责。[①]

三、公私合作伙伴模式的功能与优势

公私合作伙伴模式之所以能够替代传统的政府投资及私有化成为一种提供公共服务或设施的创新组织方式，在于其本身所具有的独特功能。

（一）降低交易成本

公共服务或设施传统的私有化方式，易导致公共部门与私人部门之间交易成本剧增的问题。这是由于原来政府或国有化的治理方式，在治理结构方面接近于一体化组织，尽管内部效率较低，但信息不对称的程度较小，内部交易成本较低。全面私有化使得政府管制机构与私人企业之间信息不对称的程度增加，各自不同的利益取向更加重了相互交往的交易成本。政府希望通过公私合作伙伴模式，降低了与私人部门间过高的交易成本。

公私合作伙伴模式降低了公私双方交易成本的原因，在于公私合作伙伴模式作为公私合作的项目公司，其任务的完成是公私双方而非私人部门单方面的事。所有合作成员是其主要组织关系网络中的一个节点，政府不单要扮演"橡皮章"的角色，而且要参与这项商业活动，尤其是在早期的合作关系中其作用更加重要，例如，警察公私合作伙

---

① 参见陶希东《公私合作伙伴：城市治理的新模式》，载《城市发展研究》2005年第5期，第82～84页。

伴模式项目整体发展计划的进行。在一些成功的公私合作伙伴模式案例中，领导力、良好的沟通、对各自角色的良好把握，以及合作各方对对方的高度认可都是重要的内部管理措施。当然，由于公私合作伙伴模式公私双方长期合作形成的低交易成本，以及公私合作伙伴模式项目初始竞争的赢家由于在专业技能、与公共部门的关系等方面发生了"根本性的转变"，从而使其在合同续约阶段比潜在投标者更有优势，因而最初的竞标设计十分重要。[1]

（二）转移与合理分配运营风险

公共基础设施的传统政府采购方式的一个特征是风险设计过于简单化，传统的成本加成定价合同，公共部门承担了主要的建设成本和延迟风险，结果导致成本和时间的超支在传统公共采购中十分普遍。传统的公共采购，公共部门承担的风险只是转移给了纳税人以及基础设施服务的最终用户，项目成本和时间上的超支最终会伤害纳税人及最终用户。

相反，公私合作伙伴模式大多可以被定性为固定价格合同。通过公私合作伙伴模式，政府将融资、建造基础设施和服务提供的风险部分或全部转移给了私人部门，并且能通过减少整个工程生命周期的成本来增加资金使用价值。这就意味着风险转移和金钱价值是这些项目的主要动机，而且使得这种安排对于政府而言是经济可行的。当然，任何风险转移都不是无代价的。但公私合作伙伴模式采购的原则之一，就是将风险转移到能更好管理风险的一方。因此，风险转移本身并不影响生产效率，相反，风险转移的可能性改善了风险管理，可以使公私合作伙伴模式项目相对于传统公共采购具有更高的成本效益，从而实现两大管理目标：优化风险管理以及具体实施的动力，实现资金的最佳使用价值。

尽管将风险转移到能更好管理风险或风险成本更低的一方是公私合作伙伴模式风险转移的原则和主要功能之一，但实际上并非任何风险都可以向私人部门转移。为实现资金最好的价值，公私合作伙伴模式可进行合理的风险分配。例如，在建造一家医疗诊所的项目中，由于私人部门在某些领域有专门知识技能，因而更适合承担一些与委托建设、运营等绩效标准相关的工期风险和超支成本风险。但公共部门则适合承担与病人健康等方面有关的风险（特别当公私合作伙伴模式项目仅限于建造工程时），因为只有公共部门才有能力去控制和影响这些风险。[2]

（三）创新管理方式

公私合作伙伴模式是在 20 世纪 80 年代国外民营化浪潮的大背景下，完全私有化在公共服务领域产生了一些负面影响的情况下，所形成的一种可行的替代方案。由于公共

---

[1] 参见和军、戴锦《公私合作伙伴关系（PPP）研究的新进展》，载《福建论坛（人文社会科学版）》2015年第5期，第44~51页。

[2] 参见和军、戴锦《公私合作伙伴关系（PPP）研究的新进展》，载《福建论坛（人文社会科学版）》2015年第5期，第44~51页。

服务的特殊性而广泛存在市场失灵现象，同时完全私有化也会导致私有垄断、服务价格高企、核心业务被国外控制等系列问题，使得政府部门希望通过公私合作伙伴模式，既吸引资金、技术、人才等资源进入公共服务领域，又在提供公共服务的决策中扮演重要角色，从而实现收入分配公平和促进效率的双重目标。因而，当完全私有化在政治上不可行时，至少从经济绩效上看，公私合作所有权相比完全公共所有权是更好的选择。例如，自然垄断行业及国防、警察等公共服务的提供并不适合竞争，但又不可能完全私有化，所以就出现了公私合作伙伴模式。公私合作伙伴模式在世界各地的广泛流行和深入实践，很大程度上改变了传统公共治理的理念和模式，成为新公共管理的重要内容。

（四）提高运营效率

提高运营效率主要包括降低公共服务与设施的运营成本，以及通过采用新型的运作方法，提高公共部门的业绩，为大众提供更好的服务这两个方面。公私合作伙伴模式理论认为，以一个囊括设计、建造和运营维护的一揽子合同的形式赋予私营部门一定的控制力，并将成本超支和工程延期的风险转移给私人部门，有利于在基础设施采购中引入激励机制，提高效率。成本控制能力源于在项目管理、全寿命周期运营维护等方面的专业技术，同时，私营部门能够避免公共部门常犯的诸如"形象工程""过度建设"等错误以及由此形成的成本放大现象。一般认为，政府公共管理能力的缺乏，以及由于公共服务效率低下所遭受的公众压力是其采取公私合作伙伴模式的主要动力。例如，在南非德班市，政府认识到很多现实问题仅依靠传统管理机构的能力无法得到很好解决，从而形成了与私人部门"相互合作，共同发展"这一理念，共同组建了城市发展的公私合作伙伴模式机构"德班经济增长联合体"，这对提升德班城市地位和全球知名度产生了积极作用。[①]

（五）实现缩减政府债务等多重功能

巨额财政赤字导致的政府债务压力是公共部门实施民营化或采取公私合作伙伴模式的最主要的驱动力，特别是对于大型城市基础设施建设工程，通过采取公私合作伙伴模式，政府可以避免自身投入高额的首期资金，而代之以此后多年的分期返还。实证研究也发现，公私合作伙伴模式在政府正遭受沉重债务负担的那些国家中被采用得更加普遍。此外，公私合作伙伴模式会投入高技能人才以确保高效运作并符合环保要求，从而提高环保能力；投资项目更可能按照预算及时完成；在某些私有化出现问题的情况下，通过公私合作伙伴模式缓解公众的反对情绪，更加顺利地提供公共服务；在国内外形势急剧变化的背景下，借助公私合作伙伴模式的多样性、灵活性，及时克服可能出现的困难情形等等。[②]

[①] 参见和军、戴锦《公私合作伙伴关系（PPP）研究的新进展》，载《福建论坛（人文社会科学版）》2015年第5期，第44～51页。

[②] 参见和军，戴锦：《公私合作伙伴关系（PPP）研究的新进展》，载《福建论坛（人文社会科学版）》2015年第5期，第44～51页。

四、公私合作伙伴模式的典型案例

(一) 欧盟与伙伴制

资本主义的历史发展表明,经济发展总是伴随着社会的重组和新的失业、贫穷、社会歧视等,这在地方和国家层面上都有表现,并且分布很不平衡,集中于某些地方、社区和周边区域。欧盟作为一个跨国组织,在19世纪80年代开始就产生并采用了合作伙伴制,以集合各个方面的力量,包括欧盟、中央和城市政府、非政府组织、地方社区,以及受排斥的群体如移民、失业者和残疾人等,来促进国家或城市经济的复兴与协调发展。例如,欧盟的《消除贫困第三战役》《领导计划》和《城市计划》都是采用伙伴制方式的例子。格迪斯(Geddes,1997)考察了对15个欧盟成员国的86个地方伙伴制项目的研究后,总结出四个主要类型:①广泛、多重类型,包括代表公共、私人、志愿者和社区利益的伙伴制;②主要参与者是公共、志愿者和社区利益的代表;③完全或主要由公共经济机构组成的伙伴制项目;④主要由社会机构和国家机构组成的伙伴制项目。近年来,伙伴制项目的范围和层次已经扩大了很多,包括经济发展和创造就业、培训和教育、住房改造、环境政策、公共服务配套、社区安全和防止犯罪、医疗和地方社区发展等,[①]甚至已经扩大到国防安全领域。例如,2003年10月30日,欧盟15个成员国依次与中国签署了中欧关于民用全球卫星导航"伽利略计划"合作协议,总共投资约33亿欧元。为实施伽利略计划,欧盟采取了公私伙伴合作的开发模式,预计让私营企业至少能够承担2/3的费用,并且成立了一个临时机构——"伽利略联合执行体",负责项目的管理和相关招标工作。这种安排将使项目风险在公共部门和私营部门之间形成一个合理的分配,同时,将让私有产业部门根据项目市场的大小来确定未来的利润流。

(二) 印度马德拉斯市的"可持续发展城市计划"

印度作为发展中国家,早在1994年到1995年时就在第八个五年计划期间针对大都市实施了"大城市"伙伴项目,集中体现在城市基础设施的建设过程中。而基础设施建设中公私伙伴制的典范之一是由联合国开发署提供支持的"可持续发展城市计划",主要目标是为市政当局及其在公共、私人和大众部门的合作者提供更好的环境规划和管理能力。印度的马德拉斯市作为南亚地区第一个执行"可持续发展城市计划"的城市,自1995年加入该计划以来,已经取得了明显进展。根据马德拉斯市的规定,任何无法由"政府"独自完成的项目都必须包括:公共部门,包括各个相关部委,也包括政治家和公务员在内,它专注于本地或城市层面;私人部门,这是指所有从事工业、贸易、商业和服务的经济参与者,包括"正式的"与"非正式的";社会组织,包括所有相关的非政府组织和类似的社会利益团体。马德拉斯市执行的"可持续发展城市计划"的关键任务主要有:改善城市贫民区及城市周边的卫生设施,清理城市的下水道,减轻马

---

① 参见[英]厄马尔·埃兰德《伙伴制与城市治理》,项龙译,载《国际社会科学杂志(中文版)》2003年第2期,第21~34页。

德拉斯市中心的交通拥堵程度。而在印度政府发布的政策文件中主要包括五种伙伴方式：承包，建设—运营—转交（BOT），建设—运营—拥有—转交（BOOT），建设—运营—拥有（BOO），建设—运营—承包—转交（BOLT）。①

（三）美国纽约"9·11"危机处理中的公私合作伙伴

随着网络世界的形成，如何保持城市的公共安全日益成为各级政府高度关注的问题。而如何发挥公私各界力量，有效处理城市危机或极端事件，也是体现一个城市治理水平的重要方面，美国纽约"9·11"事件的处理为我们提供了很好的范例。在城市危机事件中，没有标准程序可遵循，也不可能有某个组织能够单独做出回应，这就要求人们建立一个能适应无法估计且迅速变化的环境的多组织动态协调系统，而多元组织的信息互通、信任和合作在危机事件回应中具有十分重要的作用。根据《纽约时报》和联邦突发事件管理局的报告，在"9·11"袭击事件发生数小时后，就有456家机构[公共、私营、非营利、国际组织，其中229个公共组织为国际组织，67个非营利组织，160个私营组织（包括那些国际性的私营组织）]投入了危机事件的处理中，迅速建立了一个由数百家组织（公共、私营、非营利）和个人组成、以联邦突发事件管理局和纽约市政府及市长为中心的协作回应系统。由于很多参与灾难恢复工作的组织以前彼此就交换过信息和资源，他们就可以很容易地利用通信线路、信息资源，形成一个互通信息、合作伙伴的社会协作网络，尤其是在此事件中，一些与危机处理无关的非营利组织履行了危机处理的任务，组建了一支令人吃惊的队伍协助和补充了正式灾难回应机构的活动。"9·11"事件充分表明，组织之间拥有畅通的信息技术和设施，并进行跨组织边界的信息沟通与反馈，对在城市危机事件治理中形成"无边界网络"的合作伙伴关系至关重要。②

第二节 多中心治理模式

一、多中心治理模式的理论基础

"多中心性"认识最早来自经济领域，通过比较集中指挥的计划经济和自由竞争的市场经济，演绎出多中心任务，进而提出在政治、社会、文化领域也存在着多中心性。现代治理是在全球化过程中形成的新的公共管理机制理论。多中心与治理的共同特征是分权和自治。前者自治凸显为一种竞争性，后者自治强调合作性。当两种理论结合时，多中心治理便形成包含多个中心主体的竞争与合作的新公共管理范式。

英国学者迈克尔·博兰尼（Michael Polanyi）在《自由的逻辑》一书中首先提出了"多中心"的话语，他从人类科技发展的历史和市场经济优于高度集中计划经济的分析

---

① 参见[印]德班拉那·萨郎基《基础设施发展：印度的公私伙伴制》，林国荣译，载《国际社会科学杂志（中文版）》2003年第2期，第91～96页。

② 参见陶希东《公私合作伙伴：城市治理的新模式》，载《城市发展研究》2005年第5期，第82～84页。

中逐步理出自由智识的逻辑，总结出"自发秩序"和"集中指导"秩序两种对自由进行安排的方式。他认为前者才是真正意义上的自由。在对自发秩序的进一步说明中，他看到商品经济活动中利润对人的激励作用，从而洞察到了"多中心性"选择的存在。

博兰尼认为，自由社会的特征是公共自由的范围——由此个人主义可以实现其社会功能——而不是社会上无效的个人自由之程度。反之，极权主义并不是打算毁灭私人自由，而是拒绝所有对公共自由的正当辩护。在极权主义观念中，独立的个人行动绝不会履行社会职能，而只能满足私人欲望；所有的公共责任皆由国家承担。在遵守统一法律的前提下，人与人之间凭着自己的主动性相互作用，此时，我们得到了社会当中的自发秩序体系。人与人之间的活动依靠着个人主动性而相互配合，这种配合证明了公共立场上的自由正当性。个人主动性的集聚会导致自发秩序的建立。

通过自发秩序活动的人们在解决管理问题时，不能通过共同性团体即统一集中指挥来完成。因为自发秩序中形成的工作任务是多中性的任务，而多中心的任务，唯有靠相互调整的体系才能被社会管理。自发秩序中的个体经过相互自觉调整后会趋向一致，自发体系是基于协商的组织，科学的行为相互配合包含了三种相互作用模式：协商、较为重要的竞争和劝说。博兰尼强调了配合，即使后两种方式，最后也不得不进入配合的过程，寻找一致性。这种一致性并非强加于各个自由体上的一致性，而是在自发秩序完成多中心任务调整配合中达成一致，是自发自生的一致性，这就是自由的逻辑。博兰尼开创了以"多中心"理论分析事物的先河，但是，多中心的任务或者秩序是否适合人类的社会公共管理还需要实证的检验。对此做出实证贡献的是美国印第安纳大学的学者文森特·奥斯特罗姆和埃莉诺·奥斯特罗姆夫妇。①

二、多中心治理模式的内涵及特征

对于"多中心"与现代"治理"概念的分析，可以对多中心治理的含义进行描述：多中心治理以自主治理为基础，允许多个权力中心或服务中心并存，通过相互合作给予公民更多的选择权和更好的服务，减少了"搭便车"行为，避免了"公地悲剧"和"集体行动的困境"，扩展了治理的公共性。多中心治理理论尽管还不成熟，但在实践和各种理论的综合中，其大体框架已经形成。

多中心治理方式打破了传统单中心治理方式中最高权威只有一个的权力格局，形成了一个由多个权力中心组成的治理网络，以承担特定范围内的城市公共管理与公共服务的职责。与传统的单中心治理相比，多中心自主治理具有如下三个重要特征：

（1）治理主体的多元性。"多中心治理结构为公民提供机会组建许多个治理当局。"② 多中心自主治理的主体既可以是公共机构也可以是私人机构，还可以是公共机构和私人机构的合作。这就是说，管理社会并不只有政府一个公共权力中心，除政府以

---

① 参见王志刚《多中心治理理论的起源、发展与演变》，载《东南大学学报（哲学社会科学版）》2009年第S2期，第35~37页。

② [美] 埃莉诺·奥斯特罗姆、拉里·施罗德、苏珊·温：《制度激励与可持续发展》，陈幽泓、谢明、任睿译，上海三联书店2000年版，第204页。

外，社会上还有一些志愿性的或属于第三部门的所谓非政府组织以及其他社会组织。它们共同负责维持秩序，参与政治、经济与社会事务的管理和调节。

(2) 治理权力的非垄断性。无论政府官员、普通公众、企业家，还是政府以及其他组织，在决策上都只享有有限的且相对自主的决策权。每一个治理主体在法律的允许范围内拥有平等的决策权力，拥有自己自主做出决定的自由。

(3) 治理方式的民主性。治理主体多元性提供了实现多种不同规模经济、表达不同组织与公众利益偏好的机会。多中心治理存在着多个选择机会，公民能够"用脚投票"或"用手投票"来享受类似消费者权益的更多的权利。多元主体在竞争与合作、冲突与协调的过程中共同发挥着管理公共事务的重要作用，使得民主力量得以壮大、民主意识不断增强。①

三、多中心治理模式的基本框架

第一，多中心治理模式的主体是复合主体，包括政府、企业、非营利组织、公民社会、国际组织、社会组织等。社会环境中的多样性，演绎出了多样的利益和需求。在社会整合的推动下，多样化的资源流向了不同的组织，不同的组织跨越了同质与异质的区别，交叠和融合了不同于本组织的利益和意识。各个组织的活动不仅源自自我动力，也依赖其他组织决策行为的发生，这些不同的组织构建了社会活动的多个中心主体。

第二，多中心治理模式的结构是网络型的。在公民社会里，每个公民镶嵌在由各种关系织就的社会网络中，而政府和企业也存在于网络之中，但是，仅仅具有社会网络还不能实现真正意义上治理的网络化。新闻媒体和信息技术（主要是互联网），为人与人、人与组织、组织与组织的交流与沟通带来了便利。信息的水平化交流打破了官僚制的封闭，真正把所有人和组织融合进了网络世界。网络没有单一的中心，每个中心就是网络上的一个节点，每个中心体与其他中心体之间的交流循环往复，跳过了间接代表性和层级性，直接表达了自己的利益。

第三，多中心治理模式的目标是实现公民利益最大化和满足公民多样化的需求。评价政府及其官员公共管理和公共服务绩效的不只是权力的效率，更主要的是看其是否合理有效地运用公共资源满足了社会发展和公民需求。公民、社会团体、企业不仅能够有效地表达其意愿，而且能够积极参与公共事务的治理和绩效评价。所有这些，不取决于政府官员的意愿，而是基于多中心的权力结构设计、多样化的治理结构安排和切实可行的民主参与制度的设计才能得以实现。

第四，多中心治理模式的方式是"合作—竞争—合作"。多中心治理模式要提供的是社会公共物品和服务，从政府到公民个体都可以提供社会公共物品和服务，只是由于组织力量不同，各自提供的公共物品和服务消耗的成本有大有小。公共物品的生产、使用、维持本身就需要一种合作。因为各个中心是自治的，又各有不同需求，它以自我的需求为目标追求自我利益的最大化，这就使得各个中心纷纷进入了公共物品的博弈过程，展开了生产、使用和维护公共物品的竞争，竞争通过谈判、协商、制定宪法式的合

---

① 参见贺建锋《多中心视角下的城市治理模式研究》（硕士学位论文），西北大学2006年，第13页。

同达成一致行动策略,最后在意愿一致的复合体中,又开始合作。①

四、多中心治理模式的主要内容及现实应用

(一) 集权与分权

威尔逊的官僚制理论预设是:任何政府体制内部都有一个权力中心,权力越分散就越不负责任。但是在实践中,集权的制度安排并未表现出人们所预想的高绩效(也许起初是的),因此人们自然会选择与集权相反的分权的制度安排。

如果权力仅仅是在中央机关之间和中央政府与城市政府之间流动,就是体制内循环。这样的分权并不能实现预想中的成果。同时又由于分权所带来的腐败、寻租等问题,政府不得不终止分权的努力,重新走向集权。这可能会导致"一统就死,一放就乱"的问题。这一问题的实质在于,无论是集权的还是分权的制度安排,其制度结构实际上都是单中心的:"决策权是在等级制的命令链条中组织起来的,具有一个单一的终极权力中心。"② 单中心体制也就是集权制或分权制,分权制近似于放松了的集权制,无论是集权制还是分权制都无法达到预期的制度绩效。

因此,政府需要向体制外放权,与社会合理分权,建立政府之外的新的中心,如社会、市场。所谓的政府公共管理改革的分权与集权之争的描述实际上并不准确,其实质是究竟是需要构建多中心的体制还是构建官僚体制。

(二) 公共物品或服务的生产与提供

多中心治理理论认为,从经济学角度出发,可以将公共事务治理等同于公共服务的生产和提供,"我们进一步建议,公益物品或者服务的生产能够与公益物品或者服务的提供区别开来"③。公共服务的生产者直接组织生产,它可能是政府单位、志愿组织、私人企业、非营利机构,甚至是消费者自身。公共服务的提供者指派消费者给生产者,或者选择服务的生产者,提供者通常是政府单位。改变政府的直接供给和生产、更多地引入市场机制和私人投资者、相信社会的力量是当代世界范围内民营化浪潮的主导趋势。

在我国,政府已进行了优化政府职能的多方面改革尝试,但是公共物品由政府提供的现象在很多领域依然存在,一个重要原因就是提供者和生产者的关系没有被界定清楚,政府提供并生产公共服务的职能没有从根本上发生改变。例如,在我国的义务教育治理中,可以把义务教育的生产和提供区分开来,引入政府之外的生产者,如社会组织、私人机构等,构建社会、市场等新的中心。"在同一地区中,公共物品供应者不是

---

① 参见王志刚《多中心治理理论的起源、发展与演变》,载《东南大学学报(哲学社会科学版)》2009年第S2期,第35~37页。
② [美]埃莉诺·奥斯特罗姆、拉里·施罗德、苏珊·温:《制度激励与可持续发展》,陈幽泓、谢明、任睿译,上海三联书店2000年版,第16页。
③ [美]迈克尔·麦金尼斯:《多中心体制与地方公共经济》,毛寿龙译,上海三联书店2000年版,第95页。

垄断的，而可能存在多个相互竞争的公共部门。"①

长期以来，由于对知识非分割性理解上的偏颇，义务教育通常被看作知识生产、分配和利用的一个整体过程，即义务教育的生产与提供是不可分的，而一直承担着这一职能的就是作为"单中心"的政府。但是，政府在履行义务教育上的职责要求与政府保证义务教育的能力并不平衡，政府并非"全能"。"政府作为公共产品的直接提供者，其本身并没有任何动力去创新。政府官员或雇员没有动力降低成本和改进产品的质量，造成公共服务和产品的成本或价格居高不下。"② 因此，将义务教育的生产与提供分开，引入政府之外的生产者，如社会组织、私人机构等，无疑有着很强的现实意义。"生产私有化能够（至少在某些情况下）提供竞争，而这将有望提高生产效率。"③ "社会组织的特征，例如信任、规范和网络，它们能够通过推动协调的行动来提高社会的效率。"④ 政府通过合同承包、特许经营、志愿服务、公私伙伴关系等途径，将一部分公共物品和服务生产让渡给社会组织和私人机构承担，以其成本、技术和竞争优势，为公众提供更有效率、品质更高的物品和服务。

现在，随着产权的进一步明晰，非政府组织权能的进一步加强，我们可以并且应该把义务教育的供给分成生产和提供两个过程。在生产过程中，我们可以找到三个生产者：政府、社会组织、私人机构，它们都可以生产义务教育这一产品。提供过程即政府将义务教育需求群体分配到各个学校之中。这样，就打破了我国义务教育长期以来"单中心"由政府供给的格局，而向着政府、市场和社会三维框架下的多中心治理模式转变。⑤

（三）公民社会与第三部门

萨拉蒙（Salamon）对公民社会评价极高：如果说代议制政府是18世纪的伟大发明，而官僚政治是19世纪的伟大发明，那么，可以说，有组织的私人自愿性活动也即大量的公民社会组织代表了20世纪最伟大的社会创新。公民社会，亦被称为民间社会和市民社会，是指国家和政府之外的所有民间组织的总和，包括非政府组织、公民的志愿性社团、协会、社会组织、利益团体和公民自发组织起来的运动等。第三部门是政府组织和经济组织之外的以公共利益或团体利益为目标取向，以组织成员志愿参与为运作机制的正式的自治性组织的总和。它具有正规性、民间性、非营利性、自治性、志愿性、公益性六个基本特征。我国学者张新文从组织的首要目标和受益群体角度出发，认为第三部门还具有"会员互益性"特征。第三部门常被赋予公民社会结构要素的意义，

---

① Btuno S. Freg, Reiner Eichenberger. The New Democratic Federalism for Europe: Functional, Overlaping and Competing Jurisdictions. *Public Administration*, 1999, 79 (1): 239–240.
② 俞可平：《中国公民社会的兴起与治理的变迁》，社会科学文献出版社2000年版，第329页。
③ 苏力：《规制与发展——第三部门的法律环境》，浙江人民出版社1999年版，第357～358页。
④ 陈明明：《比较现代化·市民社会·新制度主义——关于20世纪80、90年代中国政治研究的几个理论视角》，载《战略与管理》2001年第4期，第109～120页。
⑤ 参见于水《多中心治理与现实应用》，载《江海学刊》2005年第5期，第105～110页。

"地域社会则被定性为社会团体的网络"①。第三部门是公民社会的主体,离开第三部门就无所谓公民社会,所以,可以简单地将第三部门等同于公民社会。

中国是一个发展中的转型经济国家,近年来商品经济发展迅速,在这一前提下,国家部门之外的社会空间出现了明显扩充,一些社团协会、民间自助组织开始涌现,中国"公民社会"开始兴起。

顺应时代之趋势,温州商会是中国第三部门中运作得相当成功的一个典范。温州商会的组建工作始于20世纪80年代末。其功能定位于收集行业市场信息,预测行业市场前景,集中交易宣传,约束行业内部恶性竞争。温州商会以团体的名义去保护同行的利益,促进行业的发展。自建立以来,温州商会已在温州企业的行业自律、市场拓展、权益维护、关系协调和自我服务以及参政议政、思想教育和慈善事业等领域中发挥了相当大的实际作用。

2003年上半年,温州市烟具协会以烟具企业代言人的身份走出国门,参与国际反倾销诉讼,抵制欧盟进口打火机的CR法规草案(加装防止儿童开启装置并提高打火机安全性能规定的法规的简称)出台。他们积极地奔走游说于欧盟各成员国的标准化组织、消费者安全保护组织中,并与欧洲打火机进口商会进行了多次会谈。这是中国企业第一次以民间商会的名义走向世界,应对国际贸易争端。尽管欧盟最终还是通过了CR法规,但是国人甚至世界都已见证了中国民间商会的成长与潜力。

"民间社会组织在表达社会利益,监督政府施政,参与倡导以民为本的政策和其他发展典范时,可以扮演较政府更为积极的角色。"② 与许多其他地方的民间组织相比,温州商会拥有较为突出的专业能力和社会影响力,一个重要原因在于温州商会拥有较好的社会合法性基础。温州商会的活动很少基于强制性规范,真正有别于"二政府"。1992年邓小平同志南方谈话之后,温州非公经济比例较大的行业陆续成立了同业商会。这一阶段的同业商会都是企业主自动联合发起,主动上门要求工商联指导和批准组建的。首先和主要在体制外生成,自主自发,志愿组建,是温州商会的重要特色。

在温州商会的收入来源中,会费收入与赞助收入两项总额即占总收入的大半。会费和赞助费所占份额较高,说明温州商会在财政上具有独立性,成为温州商会自主自治的资金保证。温州商会日常工作的负责人大多是根据组织章程选举产生或者由组织负责人提名并由主管部门批准的。温州商会中由政府派遣人员担任会长或日常工作负责人的现象很少,目前仅有10%的商会领导人由政府部门官员兼任。温州商会在人事安排方面的自治性、正规性、民间性都很强。

在商会职能方面,维护会员合法权益、沟通政府与会员、行业组织和管理、支持社会公益事业是公认的商会主要职能。这些职能明显具有服务于成员与行业的特点,体现了互益性、公益性等特征。

温州商会在生成原因、财务状况、人事安排、主要职能等方面均体现了第三部门的基本特征,是温州地区公共事务治理中的成功的社会新中心。面对温州商会等发育良

---

① [日]小滨正子:《近代上海的公共性与国家》,葛涛译,上海古籍出版社2003年版,第7页。
② 王兴伦:《多中心治理:一种新的公共管理理论》,载《江苏行政学院学报》2005年第1期,第96~100页。

好、潜力无限的第三部门，我们必须承认，第三部门不是接受机构精简人员和离退休人员的场所，而是承接政府部门社会职能的组织；第三部门不是政府职能转变形式化的工具，而是公民社会最活跃的公共部门；第三部门的发展不是在与政府争权，而是在帮助政府治理社会。①

第三节　网格化管理模式

一、网格化管理模式的提出

"网格"一词是借鉴电力网的概念而提出的，意为拆分，其优势在于用户提交需求的简洁性和网格响应需求的精准性以及迅捷性。由于城市的先发优势，网格化管理首先应用于城市社区，是在保持原有街道和社区管理体制不变的基础上，将城市社区划分为若干"网格"单元，配备网格管理人员进行动态巡视，并依靠城市社区信息平台建立指挥与监督相分离的一种新型的社区管理模式。②

尽管网格化管理的兴起源于数字化信息化管理，但在实际的基层治理过程中，网格化管理在中国实际上成了一种新型基层行政方式。"网格化管理、组团式服务"是顺应城乡统筹发展新形势的社会管理创新模式。其基本聚焦单位是家庭，在不改变原来的社区（村）区划的前提下，力图填补原来基层社会管理与服务的"空白地带"，以"尊重传统、便于管理、促进发展"为原则，因地制宜地从社区（村）的管辖范围、分布特点、人口数量、居住集散程度、群众生产生活习惯等特征出发来设计网格。所有居民都被"定位"在单元网格中，按照对等方式统领公共服务资源，组织服务团队，对网格内的居民提供服务。其运作方式在于，依托统一的数字化管理平台，把全域行政管理区域划分成若干网格，设置网格员在单元网格内巡查，及时发现存在的问题，同时设计出一套完整流程以形成立案督促处置的程序，明确责任单位，并设定解决这些问题的时间区间。"组团式服务"则是整合公共服务资源对每个网格配以服务团队。③

网格化管理兴起于城市居住区管理，特点是精细化管理。其首先是科学合理划分社会管理网格并配置相应的人员，然后建立责任机制，依托信息化支持，将人、地、物、情、事、组织等④维度纳入网格设计程序，整合行政与社会资源，并配备考核评价机制。2004年，北京市东城区与上海市率先在全国范围内推出城市社区网格化管理的改革创新举措，拉开了我国城市社区网格化管理的序幕。

随后，"网格化管理、组团式服务"扩散到其他地方。根据属地的地理布局和管理

---

① 参见于水《多中心治理与现实应用》，载《江海学刊》2005年第5期，第105～110页。
② 参见杨海涛、李德志《我国城市社区网格化管理研究》，载《吉林广播电视大学学报》2014年第5期，第94～95页。
③ 参见孙建军、汪凌云、丁友良《从"管制"到"服务"：基层社会管理模式转型——基于舟山市"网格化管理、组团式服务"实践的分析》，载《中共浙江省委党校学报》2010年第1期，第115～118页。
④ 参见杨代福《我国城市社区网格化管理创新扩散现状与机理分析》，载《青海社会科学》2013年第6期，第77～85页。

现状,运用电子地图技术,将辖区分为若干个网格,对每个网格实施全方位监控。2007年,浙江省舟山市在普陀区桃花镇、勾山街道等实行"网格化管理、组团式服务"的试点。2008 年,舟山市在全市各乡镇(街道)推广了这一基层管理模式。目前,网格化管理已经成为我国基层社会管理的重要模式与管理工具。我国所有的省、自治区、直辖市中都有一定级别的城市政府实施了网格化管理。①

二、网格化管理模式的内涵与功能

城市网格化管理是将城市管理区域按一定的标准划分为若干网格单元,利用现代信息技术和网格单元之间的协调机制,依据"各司其职、优势互补、依法管理、规范运作、快速反应"的原则,按照政府流程再造的要求,将各网格内的经济、巡警、城管、环卫、城管人员之间的联系、协作、支持等内容以制度的形式固定下来,形成新的城市管理体系,以提高城市的管理水平和管理效率。②分离单元网格的监督权和处置权,将成为城市网格化管理发挥作用的优势所在;应用地理信息系统、全球定位系统、遥感技术等技术,也将大幅提升城市管理的自动化和智能化水平;组建综合城市社会管理和公共服务平台,将使城市的基础设施网络、社会网络和治理网络形成一个有机的整体。城市网格化管理不是一项新技术,而是一种由技术发展所引起的社会系统变革。③

2005 年之后,网格化治理技术发生了一些值得注意的变化,主要表现为:网格化治理开始与以"维稳"为主要目标的社会管理体制改革相结合,其应用范围不断扩大,开始扩展到党的建设、工会、妇联等领域,并延伸至其他行业的管理。"网格"开始作为社会管理的一个重要层级而发挥作用。概言之,网格化管理在其功能及定位问题上发生了一些值得注意的重要变化。

首先,网格化突破了一般性的管理和服务的范畴,从而导致基层社会管理体制发生变革,形成了新的社会管理格局。近年来,伴随着城市管理的复杂化以及任务量的加大,行政科层体系面临着巨大的管理压力,不得不主动努力推动自身实现由"管理"向"治理"的转变。一般意义上的网格化主要是将城区行政性地划分为一个个的"网格",从而在"区—街道—社区"三级管理结构之下,增加了"网格"这一新的层级,变为四级责任体系。推行网格化管理,其目的在于打破以往行政部门条块分割、各自为政、推诿扯皮、责权利不明的种种弊端,将资源重新整合,进一步下放事权,构建一个新的社会管理体系。在这一意义上,网格化的核心并非仅仅是增加一级更小的基层管理单元,而是改写了基层社会管理的体制构造。

此外,城市网格化管理模式还是一种"监督和管理分开"的管理模式,其创新之处在于将城市管理、城市监督分开,形成一种新的高效率的管理体制。长期以来,中国城市社会管理体制的改革比较滞后,政府各行政机关之间职责不清、责权不明,政出多

---

① 参见秦上人、郁建兴《从网格化管理到网络化治理——走向基层社会治理的新形态》,载《南京社会科学》2017 年第 1 期,第 87～93 页。
② 参见郑士源、徐辉、王浣尘《网格及网格化管理综述》,载《系统工程》2005 年第 3 期,第 1～7 页。
③ 参见李鹏《我国城市网格化管理研究的拓展》,载《城市发展研究》2011 年第 2 期,第 114～118 页。

门、条块分割，其整体工作效率不高，故如何形成部门协调的联动机制，是政府社会管理所面临的严峻考验。而城市网格化管理恰恰在此方面有所贡献。一段时间以来，学术界很少提及"国家"，政府本身也没有被认真地看作一个独立的行为主体。而社区网格化管理正是从基层社区管理服务中遇到的矛盾出发，在街道层面，突破了条块分割的管理体制，理顺了社区与行政部门的管理职能，将原本高度分散的社区管理职能下放到每一个网格，并明确了所在责任区负责人的职责和任务，从而建立起有效的监督和评价机制。①

其次，城市网格空间由"多元主体"构成。与单纯的政府组织和社区组织的内部构成不同，网格空间中存在着不同性质的"多元行动主体"，主要包括：以区街公务员为主体的"政府行政力量"、以社区工作者为主体的社区自治力量以及社区党员和一般志愿者。应该承认，上述各种力量交互作用于网格空间，对城市社会管理的总体格局产生了重大的影响。网格内虽然存在着多元行动主体，但其在网格内的地位和作用却不是均等的。其中，因政府握有权力和比较丰富的资源，在网格中自然居于主导地位，社区社会工作者则是网格中的主体力量，而其他社会组织和志愿者则扮演着辅助者的角色。

最后，网格空间中不同性质的"多元行动主体"间交互作用。网格化管理标志着政府工作重心的下移，在打通了城市管理纵向运行的障碍和通道的同时，也意味着国家权力向地方社会的伸展，这使基层社会国家－社会关系产生了重大变动。从积极的角度看，网格平台为政府与社区自治组织之间提供了"联结点"，营造了两种力量交互作用的空间，形成了"官民共治"的格局。而从消极的视角审视，则会发现政府力量的强力下沉，容易导致基层社会自治空间的萎缩和板结化，不利于社区自治力量的生长。尤其是将数字技术引入基层社会管理，其影响的微妙性在于："信息技术引入组织的过程同时也是一个组织内部复杂的微观'政治过程'，技术提供了变革的可能，并被组织内不同的行动者赋予不同的期望和意义，这些行动者借助技术的引入，更确切地说，通过设定技术发挥作用的方式而延续着以前组织内不同部门、力量间的相互角力。"② 在这一意义上，注意分析观察网格中不同性质的行动力量的交互作用及其影响，是我们评价网格化模式的重要依据。③

三、网格化管理模式的基本内容

网格化管理模式肇始于城市政府试图以信息网络平台的统一指挥系统，打破"碎片化"的"条块分割"的努力，目的在于重建政府对特定公共事务管理的组织架构，形成集中指挥、部门并联、无缝衔接、有效应急的管理流程体系。一开始，它主要针对城市部件出现的管理问题，建立联动机制，实施协同行动。后来，鉴于城市，尤其是大城市面对的新的管理问题不断增加，如流动人口、利益分化、需求升级、冲突事件等，出

---

① 参见韩浩等《多地"网格化"社区 掀社会管理新变革》，载《南方日报》2011年8月28日，第A05版。
② 黄晓春：《技术治理的运作机制研究——以上海市L街道一门式电子政务中心为案例》，载《社会》2010年第4期，第12～16页。
③ 参见田毅鹏《城市社会管理网格化模式的定位及其未来》，载《学习与探索》2012年第2期，第28～32页。

于快速解决问题和控制局面的考虑，政府以网格化管理应对不可预期性的冲动也不断放大，网格管理的边界逐渐扩大、功能逐渐扩容。

在管理对象上，该模式从管理物化部件向管理人群信息与行为的方向发展；在管理功能上，从追求维稳导向的管控向谋求管理与服务兼备，增进服务乃至参与功能的方向发展；在管理技术上，从促使政府部门间形成联动向推动管理前移、管理资源下沉、动员辖区力量的方向发展。

网格化管理模式从一产生，就是工具理性的产物。它以政府提升行动能力以实现管理有效性为目标，以技术治理方式为基础，倡导科学设计规划与精确执行，强调达成目标的条件-手段的合理性，形成对客观对象的可预测性和可控制性能力。它试图让管理整体划一、简化规范、非人格化和程序细化，以此谋求最优绩效。

正如韦伯阐述的那样，工具合理性本身崇尚通过缜密的逻辑思维和精细的科学计算来实现效率或效用最大化，为此，它通过对周围环境和他人客观行为的期待来决定行动，而这种期待被当作达到行动者本人所追求的和经过理性计算的目的的"条件"或"手段"。① 网格化管理通过以网格为单位的一套组织结构及其一系列连续性、程序化的工作机制，遵循理性设计和精细化管理的意图及行动路线，将基层多重管理功能纳入其中。网格化管理的基本内容主要包括以下六个方面。

（一）划分网格

传统城市管理以街道或社区为基本单位，存在着规模失当、边界模糊、任务不均、责任不清、管理真空等问题。网格化管理打破了现有的行政区划，重新划分了城市基层管理单元，重塑了城市地图。依据行政区划、属地管理、道路等级、人口数量和空间便利性等标准，网格化管理将城市空间划分为若干基础网格，成为最小的管理和服务单位。比如北京市东城区以每万平方米为边界划分单元网格，将全区17个街道205个社区，划分为589个网格。② 天津市分级划定大气污染防治网格，将全市16个区县以及海河教育园区划定为一级网格33个，二级网格200个，三级网格2014个，四级网格5718个。③

（二）信息入格

网格是"情报采集的基本单元"，"是政府对属地中部件、人户、组织、业态、事件等信息的集聚平台"④。其通过行政权力下沉到社区，给社会事实建立"身份标识"。网格化管理将社会事实纳入信息处理系统，进行统一和集中的管理。比如公用设施、道路交通、市容环境等几大类部件信息，按"市辖区代码—大类代码—小类代码—部件名

---

① 参见［德］马克斯·韦伯《社会学的基本概念》，顾忠华译，广西师范大学出版社2005年版，第31~32页。
② 参见魏娜《社区管理原理与案例》，中国人民大学出版社2013年版，第60页。
③ 参见牛桂敏《城市网格化管理模式的创新与发展——以天津为例》，载《城市》2015年第7期，第52~56页。
④ 孙柏瑛、于扬铭：《网格化管理模式再审视》，载《南京社会科学》2015年第4期，第65~71页。

称—归属部门—问题位置—所在网格号"进行统一编码,被纳入地理空间数据库。① 网格员借助"信息通"或"城管通"等设备进行动态监控,将巡查过程中发现或搜集的动态信息实时上传到网格信息服务中心,以保证监控的持续性和有效性。

(三) 明确权责

网格化管理建立多层次联动的管理体系,形成规范化的工作流程,明确各个环节的职责权限,设定办理工作的时限,以网格为框架来确定人、组织、资源和技术的组合或匹配关系,厘清和落实职责权限,比如实行"三定"(定人、定岗、定责),按照"一格一员"或"一格多员"的原则配备网格管理员,制定工作事项标准和服务评价制度等规范性文件来落实权责。网格化管理也注意网格之间的无缝对接,防止管理真空和漏洞,比如某市交警将城区分成10个网格,每个外勤中队负责2个网格,交警除了管好所在网格责任区,还要负责与之相连的路段等。

(四) 多元参与

既然网格化管理无法达到人盯人的密集化程度,那么就应该借助外力,想办法让公民和企业等社会主体更多参与进来。公民或企业等社会主体的积极参与,能够提供社情民意方面的信息,降低网格化运行的信息成本,提高网格化管理的效率和能力。大多数地区的网格化管理都把动员或发动群众参与作为重要的内容,比如某地区的网格化管理采用"1+4+X"的模式,除了配置网格员以外,每个网格还配备街道干部、社区工作者、下派干部、社区警员,以及社区老党员、"4050人员"②、低保户、热心公益事业人员等,形成广泛而密集的监控。

(五) 信息平台

统一的信息平台是基于信息的城市治理的核心机制。网格化管理利用网络信息技术,对分散化的信息进行全面整合、分类处理和开发利用等,形成清晰化的城市社会地图,相关部门根据信息共享、工作协同和流程公开等机制,实现快速反应、主动服务和精准管理等目的。如北京市东城区网格化信息平台包括了9大类、64小类的服务信息。网格化信息平台之间相互联通、资源共享,是网格化的发展趋势,比如山西省长治市创新管理服务资源整合方式,建成了"三网合一""三位一体"的大型数据系统。良好的信息平台因而成为城市治理的重要支柱。

---

① 参见竺乾威《公共服务的流程再造:从"无缝隙政府"到"网格化管理"》,载《公共行政评论》2012年第2期,第1~21页。

② "4050人员"是指处于劳动年龄段中女40岁以上、男50岁以上的,本人就业愿望迫切,但因自身就业条件较差、技能单一等原因,难以在劳动力市场竞争就业的劳动者。

(六) 优化服务

城市治理者只有掌握了城市各方面的信息和情况,才能提供精准而恰当的服务。① 这些服务不仅是指提供各种公共设施方面的保障服务,也包括根据不同社会人群的需求来提供富有针对性的公共服务,比如浙江省舟山市依托网格化管理打造"组团式服务",为每个网格配备了一支由 6~8 人组成的管理服务团队,全面覆盖网格内所有居民的家庭,为其提供社保医疗就业等全方位的服务,满足群众多元化的需求;② 湖北省宜昌市通过公开考试选聘千名社区网格管理员,对他们进行系统的培训,提高其政策水平和服务能力,每个网格还配备 1~2 名调解员,发挥了其调解社会矛盾纠纷的作用。③

四、网格化管理模式的应用领域

城市网格化管理模型原本被运用于市场监管、劳动保障、巡逻监督等方面,如今则已深入基层社会管理、应急资源管理、区域物流资源管理等城市公共服务系统单元中,即除了抓偷井盖者、抓私贴小广告者、清理垃圾死角等功能外,城市网格化管理模式还能运用到很多领域中。④

(一) 网格化管理的通用管理模型

网格化管理所涉及的资源,应该充分体现"资源整合,有度通达"的特征;各种资源转移路径的比较,可以根据几何距离、经费、能耗、时间等数据进行最短距离的估计。总段用户可以真实地获得网格化管理所带来的服务,而不需要了解其内在流程,只需提出需求,然后享受服务。服务系统的内在机制对终端用户好像空气一样,真实却又透明地存在。由此,网格化管理的基本流程可以被抽象为业务受理、业务分派、业务处理、服务提交、监督检查和信息公开六个组成部分;简单网格化管理模型的设计应包括网格化服务对象、巡逻监督人员、指挥中心和服务职能部门四个组成部分;复杂网格化管理模型牵涉更多的服务职能和服务提供商,其功能模块及运作机制包括网格信息服务、网格资源调度、用户信息数据仓库、客户服务四部分内容。

(二) 基于网格化管理的基层社会管理模型

基层是国家、社会管理体系中的最低层次,从纵向的社会管理层级而言,县、城市的区、不设区的市的党组织、国家机构和社会团体、企(事)业单位以及村民委员会

---

① 参见韩志明《城市治理的清晰化及其限制——以网格化管理为中心的分析》,载《探索与争鸣》2017 年第 9 期,第 100~107 页。
② 参见胡重明《再组织化与中国社会管理创新——以浙江舟山"网格化管理、组团式服务"为例》,载《公共管理学报》2013 年第 1 期,第 63~70 页。
③ 参见汪习根、钱侃侃《网格化管理背景下的制度创新研究——以全国社会管理创新试点城市宜昌为样本》,载《湖北社会科学》2010 年第 3 期,第 38~43 页。
④ 参见李新平《被低估的网格化管理》,载《中国经济和信息化》2010 年第 6 期,第 50 页。

和居民委员会都属于基层的范畴。① 基层也是创新管理模式的前沿阵地,基层社会管理创新为国家的社会管理体制改革提供了现实支撑,基层社会管理状况直接决定着整个社会管理的成效。② 以技术理性为导向的网格化管理,已内化为当下基层社会治理的一种结构,是国家在新形势下应对多重压力,在现有政治与行政管理体制框架下,寻求行政权威管理整合的途径。③ 基层社会管理模型可以被划分为五个部分:①合理划分责任网格,建立市、县(区)、乡镇(街道)、社区、网格五级管理服务网络是基础环节;②合理配备组团人员,建立起素质高、业务精、作风好的管理服务团队是重中之重;③摸清群众所思所想,建立起统筹兼顾、全面覆盖的管理服务体系是核心任务;④大力推进信息化建设,建立起高效运作、资源共享的公共管理服务平台是支撑手段;⑤加强组织领导,"网格化管理、组团式服务"是组织保障。④

(三) 突发事件应急资源网格化管理模型

网格化管理引入应急资源管理,借助网格的共享性、综合性及立体性等优势,在网格平台中向应急指挥部提供各部门各类应急资源的状态,通过评估,确定资源的可用数量、状况、调配情况及布局。网格化应急资源管理的技术关键是将分散资源动态集成,并将其封装为应急资源管理的网格可以调用的节点资源。网格化管理通过即时协同交互功能,通过屏幕实现异地资源协调。网格化应急资源管理体系结构分为六层:①结构层,是对各种资源的封装,包括计算资源、专家资源、软件资源及资源代理等;②连接层,是构建应急资源节点间的通道,利用规范的通信机制,实现资源节点的协议与安全认证;③资源层,实现对结构层资源节点的访问,资源层反映的是最初的单个资源,包括资源初始的配置、资源监控、资源发布等;④汇聚层,提供了资源整合,包括资源目录、资源代理、资源优化、资源预约、资源调配等;⑤服务层,是致力于问题求解及辅助支撑功能的配置,包括工作流管理、即时沟通、任务管理、日程管理、资源池管理、绩效评估等;⑥用户层,可提供用户进入应急资源管理网格平台的工作流描述文件等。⑤

(四) 区域网格化环境管理模型

区域网格化环境管理模式是以污染源控制为主要手段,依赖于环境状态地块和环境责任的分解与措施细化,促使辖区环境质量达到相关环境标准的过程。其模式的构建步骤包括:①网格划分与分级。网格划分是网格化管理的基础。环境污染强度和环境问题

---

① 参见王乐夫《中国基层纵横含义与基层管理制度类型浅析》,载《中山大学学报(社会科学版)》2002年第1期,第122~127页。
② 参见张再生、张红《基层社会管理创新:模式、路径与对策》,载《理论探讨》2013年第6期,第144~148页。
③ 参见孙柏瑛、于扬铭《网格化管理模式再审视》,载《南京社会科学》2015年第4期,第65~71页。
④ 参见孙建军、汪凌云、丁友良《从"管制"到"服务":基层社会管理模式转型》,载《中共浙江省委党校学报》2010年第1期,第115~118页。
⑤ 参见田依林《基于网格化管理的突发事件应急资源管理研究》,载《科技管理研究》2010年第8期,第135~137页。

产生的原因是环境管理网格单元划分的主要依据，可结合各地块行政区划和功能定位等多方面因素，采用指标体系方法定性、定量相结合的方式来评定各网格环境现状等级。②设定网格环境目标。针对各网格环境现状等级，根据区域总体发展规划和环保工作的要求，在充分论证可行性的前提下，确定未来一定时间内各网格的环境目标。③细化网格环境保护与建设计划。细化制定各网格达成其环境目标的相应整治措施与具体进度，并将任务分解落实至各网格地块所在辖区行政主管部门和各条线的政府职能部门。④制定网格化环境管理监测与评估体系。设置覆盖各网格地块的大气与水环境质量监测网格，跟踪监测各网格环境质量变化，对网格内污染源实施全面监控、整治与分级监管。⑤落实工作目标责任制度。推行落实各级网格环境目标责任制度，明确各块网格目标责任人；各级领导对网格环境质量的改善和等级提升目标负责，组织实施各块网格的具体任务，并以网格环境等级提升的各项任务与效果作为考核评估各基层辖区环保绩效的主要内容。①

第四节　网络化治理模式

一、网络化治理模式的兴起

随着信息技术的迅猛发展和互联网的普及，网络概念日渐深入人心，以此为支撑，一种全新的社会形态——网络社会正在形成。在网络社会中，政府与其他社会组织等众多公共行动主体彼此间的界限更加具有渗透性和相互依赖性，公共事务管理客观上要求多元主体的共同参与。网络化社会的形成既拓宽了公共事务管理的视野，又推动了网络化治理理论的产生与勃兴。网络化治理作为公共管理模式的最新发展，站在了处理各类复杂性公共事务的前沿。

网络化治理模式的兴起，与特定的时代背景和社会环境关系密切。其中，公民社会和第三部门的发展是政府变革治理模式的直接推动力，而全球化与地方化浪潮以及数字化革命则加速了政府变革的步伐。

（一）全球化与地方化浪潮

全球化与地方化浪潮要求政府治理模式的变革朝向分权化和网络化转变。全球化作为一种客观现象，是当今世界政治、经济、文化发生一系列变化的过程。在这个过程中，国家之间、地区之间、组织之间以及个人之间的关系日益相互依赖。法拉兹·曼德（Faraz Mander）从六个方面概括了全球化的属性和特征：①作为国际化形式的全球化，指经济或政治组织超越民族国家管辖范围的横向联系；②作为开放经济体系的全球化，指的是资本、金融、贸易在全球范围的流动与扩张；③作为历史过程的全球化，指现代资本主义持续的资本积累和流动的历史进程；④作为理念或意识形态的全球化，表明了

---

① 参见石纯、魏廉骁、王霞波《差异性区域网格化环境管理初探》，载《中国人口·资源与环境》2007年第2期，第73～75页。

以西方为中心的理念和价值观取向，包括自由、个人主义、自由经济、多元民主等；⑤作为现象的全球化，呈现了由全球化进程带来的各种影响与后果；⑥既作为现象又作为过程的全球化，指在不断全球化的集成过程中，在资本持续积累、流动和扩张的过程中反映出来的各种结果。

全球化的特征深刻地影响了国家和政府的治理模式：首先，全球化使国家权力呈现了分权化的趋势，即国家向区域组织和地方组织让渡一部分权力；其次，国家权力分散化形成了多层治理结构，治理主体包括了政府、市场、社会组织、公民等；最后，治理主体的多中心化，使传统层级式的治理模式不能适应多中心主体协调的需要，而转向网络化模式。全球化对政府治理模式的影响，正如有学者指出的，当代社会和经济的剧烈变革似乎剥夺了国家政府或者公民控制、掌握或者抵制这种变革的能力，全球化有力地揭示了国家政治的限度。①

而在全球化的同时，地方化的趋势也愈演愈烈。地方化是指以地方为中心，根据地方社会发展状况，自主地做出决策并管理地方事务的现象。与全球化的特征相反，地方化"倾向于多样性、异质性和差异化，反对强权、集中控制和一体化"②。地方化对政府治理模式作用的方向同全球化是一致的。一方面，地方差异要求中央政府赋予城市政府更多的自主决策权力，而社会结构的多元化又要求城市政府必须和企业、社会组织、公民分享公共权力；另一方面，前者导致了政府间网络的建立，后者的结果则是形成了由政府、社会组织、公民等多元主体所构成的网络，因此，政府需要建立一种全新的治理机制，来协调各方面之间的关系和利益诉求。

（二）公民社会的兴起和第三部门的发展

公民社会的兴起和第三部门的发展要求政府治理更加民主化。公民社会是国家或政府之外的所有民间组织或民间关系的总和，其组成要素是各种非国家或非政府所属的公民组织，包括非政府组织、公民的志愿性社团、协会、社区组织、利益团体和公民自发组织起来的运动团体等，它们又被称为"第三部门"。③ 从传统自由主义的观点来看，公民社会是一个有选择权、个人自由和个体责任的领域，④ 反映的是公共领域和私人领域的区别，个人主义、多元主义、公开性、开放性和法治原则是其基本的价值追求。⑤从全球范围来看，当下，"主权在民"原则的深入人心和民主政治制度在大多数国家的确立，使公民开始有意识地行使自己的政治权利，参与到公共事务管理中来。而经济的发展、通信工具的改进为公民的政治参与提供了更为便利的条件，政治不再高高在上，而成了同普通民众生活密切相关的一系列决策和行动。在中国，自从改革开放以来，一个相对独立的公民社会也渐渐成长起来，民众对民主治理的诉求也日渐高涨。

---

① 参见［英］戴维·赫尔德、安东尼·麦克格鲁、戴维·戈尔德布莱特等《全球大变革：全球化时代的政治、经济、文化》，杨雪冬、周红云、陈家刚等译，社会科学文献出版社2001年版，第1页。
② 孙柏瑛：《当代地方治理——面向21世纪的挑战》，中国人民大学出版社2004年版，第53页。
③ 参见俞可平《中国公民社会的兴起与治理的变迁》，社会科学文献出版社2000年版，第327～328页。
④ 参见［英］安德鲁·海伍德《政治学核心概念》，吴勇译，天津人民出版社2008年版，第20页。
⑤ 参见何增科《公民社会与民主治理》，中央编译出版社2007年版，第86页。

治理在本质上是公民、公民社会组织对社会公共事务的独立管理或与政府的合作管理，公民社会的发展必然影响治理模式的变迁，主要体现在以下四个方面：①政府角色从"划桨"向"掌舵"转变；②政府行政应该更具有透明性、责任性和回应性；③政府与社会的互动更加频繁、紧密；④公民与公民组织参与政治活动的方式更加多样化。同时，个人式的直接民主在实践和理论上仍没有太大的突破，而网络化的互动治理在民主实践中初步显现出了自己的优势。①

（三）信息技术的进步

信息技术的迅猛发展对人类生活的全面渗透，已经给所有社会成员（无论是个人、组织还是整个国家、世界）都带来了巨大的震动，并已清晰地暗示今后更深远、更深刻，直至整个人类社会结构性变革的必然到来。计算机和互联网改变了21世纪人们的生活方式，也改变了组织模式。人与人之间、组织与组织之间以及个人与组织之间形成了一种"点对点"的网状结构，相互之间的联系、交流、沟通比以往任何时候都更加便捷。信息技术进步促进了网络化社会的形成，也使得管理这种复杂网络成为可能。从治理的工具层面来讲，社会的网络化使传统的治理模式不能适应现代社会的复杂性，需要建立一种更有弹性、更灵活的治理模式；从治理的主体层面来讲，治理主体的多元化必然形成网络化的治理结构，同时，公共组织也在朝向网络化的方向发展，因此，"行政人员如何处理有关组织问题需要有高度的弹性，他们本身须能做改变、适应与学习"②。

二、网络化治理模式的内涵、特质和价值

（一）网络化治理的内涵

网络化治理最具代表性的研究成果归属于美国的斯蒂芬·戈德史密斯（Stephen Goldsmith）和威廉·D. 埃格斯（William D. Eggers）。在他们合著的《网络化治理：公共部门的新形态》一书中，作者对网络化治理理论做了精辟而透彻的分析，提供了富有洞察力的深刻见解。他们一致认为，"等级式政府管理的官僚制时代正面临着终结，取而代之的是一种完全不同的模式——网络化治理。在这种新的模式下，政府的工作不太依赖传统意义上的公共雇员，而是更多地依赖各种伙伴关系、协议和同盟所组成的网络来从事并完成公共事业"。

由此可见，网络化治理是在反思和扬弃传统官僚制模式和新公共管理模式的基础上，形成和发展起来的政府行政模式在公共管理领域实践的理论表述。网络化治理的实质就是社会公共事务需要多元参与的治理，而为了实现这一目标，则需要在多元化的公共治理主体之间建立起一种合作共治的治理形态。公共问题的整个治理过程将超越传统科层结构，强调的是参与治理者的权力分享。网络化治理不仅局限于政府部门间的合

---

① 参见孙健《网络化治理：公共事务管理的新模式》，载《学术界》2011年第2期，第55~60页。
② [美] 罗伯特·丹哈特：《公共组织理论》，项龙、刘俊生译，华夏出版社2002年版，第214页。

作,还强调高程度的公私合作,要求建立良好的公私伙伴关系。

(二) 网络化治理的特质

作为政府治理模式演化的一种趋势,网络化治理表现出了固有的特质,形成了全新的政府治理理念及其方式。

首先,网络化治理是公共部门的一种新形态。斯蒂芬·戈德史密斯和威廉·D. 埃格斯认为,"在网络化治理中,政府的核心职责不再集中于管理人员和项目,而在于组织各种资源以创造公共价值;政府的角色不再是公共服务的直接供给者,而应该作为一种公共价值的促动者,在具有现代政府特质的由多元组织、多级政府和多种部门组成的关系网中发挥作用"[1]。实际上,这种观点是在当代社会日益网络化的背景下将新公共管理理论和新公共行政理论加以综合,网络化治理是为了扭转新公共管理过度强调市场竞争、顾客导向等理念所形成的公共资源配置不均,以及政府角色模糊等问题,而提出的在企业之外扩大参与公共事务的成员与互动管道的政府治理模式的替代方案。

其次,网络化治理是对合作网络的管理。陈振明认为,网络化治理指的是"为了实现与增进公共利益,政府部门和非政府部门(私营部门、第三部门或公民个人)等众多公共行动主体彼此合作,在相互依存的环境中分享公共权力,共同管理公共事务的过程"[2]。这种观点认为,网络化治理是一种多中心的公共行动体系,共同治理是处于政府部门和非政府部门合作互惠的基础之上,其实践形态根据运用范围的不同,分为不同层次上的主体之间的网络关系(多层治理模式)和同一层次上不同类型的主体之间的网络关系(伙伴关系治理模式)。

最后,网络化治理是公共政策制定、执行过程中政府与社会的互动,又称政策网络治理。这一模式"强调治理目标的达成是多元行为者之间互动的结果,治理过程充满着利益冲突与合作的特质"。政策网络治理继承了利益协调学派中利益联盟与合作的思想,吸收了组织间关系理论的元素。政策网络是与政府、市场相区别而又介于二者之间的第三种社会结构形式和治理模式,是由各治理主体对资源的相互依赖,基于经常性的互动和共同的价值观,而形成的治理公共事务的方式。

(三) 网络化治理的价值

网络化治理体现了现代民主行政的本质要求,具有特定的治理优势和实践价值,主要表现在以下四个方面:

第一,促进资源的有效整合。有效的治理需要人、财、物和信息的有效整合,而在现代社会,不论是政府、企业、非政府组织还是公民个人,都无法独立提供治理所需的各种资源。只有政府与非政府部门通力合作,才能弥补资源的相对匮乏,达到优势互补。网络化治理所倡导的合作共治理念,有利于促进资源的有效整合,实现对公共事物

---

[1] [美]斯蒂芬·戈德史密斯、威廉·D. 埃格斯:《网络化治理:公共部门的新形态》,孙迎春译,北京大学出版社2008年版,第6页。
[2] 陈振明:《公共管理学》,中国人民大学出版社2005年版,第82页。

的良好治理。

第二，提高行政效率和效度。新公共管理追求的治理效率和新公共服务倡导的治理效度在网络化治理模式中能够有效地结合起来：利益相关方的合作，既有利于形成统一的治理目标，也有利于减缓治理过程中面临的种种阻力，缩短政策执行时间、提高其执行的效率。

第三，保障公民的合法权利。网络化治理倡导的"合作"，旨在提供一个使公民充分行使政治权利的平台。同时，公民、社会组织参与治理不但是行使政治权利、维护和实现自身利益的过程，也是不断学习、提高公民意识的过程。

第四，有效回应公众的诉求。将公民视为政府的"顾客"，是现代政府理念的一大进步，但由于政府的"天然垄断"地位，依然没能解决政府回应公众诉求的"时滞"问题。而在网络化治理中，政府与其他治理主体的合作，在协商的基础上确定目标、实施行动，则最大限度地缩短了政府的回应时间，从而有效地回应了公众的诉求。

总之，网络化治理作为西方国家公共行政理论演化的全新范式，既"坚持了治理的多元参与和分权理念，又从技术进步和顾客（公民）选择角度说明了网络化治理的必然性"[1]。在网络化治理模式中，合作代替竞争，成了组织之间关系的基本特征。各种行动者通力合作，共同应对全球化和分权化提出的挑战，一起处理公众关注的社会问题，实现公共利益，使公共管理成了真正的社会联合行动。网络化治理是跨界合作的最高境界，它意味着众多公共治理主体分享公共权力、分担公共责任、共同管理公共事务。[2]

三、网络化治理模式的构成要素

网络化治理包括一个网络领域所有参与网络的行动者，他们具有相互依赖的利益，努力寻求在集中的、非层级节制的层次上，通过集体行动解决问题。因此，网络化治理代表的不仅是一种全新的分析工具，更是一种挑战传统政府制度的治理模式，代表着治理主体、治理工具、治理结构和治理机制的深刻变迁。

（一）治理主体

传统统治将政府组织视为中心和主体，而治理理论认为，治理是政治国家与公民社会的合作、政府与非政府的合作、公共机构与私人机构的合作、强制与自愿的合作。网络化治理既包含高程度的公私合作，又意味着较强的对公私合作网络的管理能力。现代社会，无论是政府，还是公民社会组织，都没有能力拥有单独行动所需的足够的信息和知识，每个治理主体在其熟悉的特定领域都具有比较优势，可以发挥最佳的治理能力，公共事物的良好治理就是由许许多多单个治理主体"各得其所，各尽所能"的结果；但仅有治理主体的多元化不一定就能保证各个主体都享有充分的权力保障和独立地位，

---

[1] 姚引良、刘波、汪应洛：《网络治理理论在地方政府公共管理实践中的运用及其对行政体制改革的启示》，载《人文杂志》2010年第1期，第76～85页。

[2] 参见田星亮《网络化治理：从理论基础到实践价值》，载《兰州学刊》2012年第8期，第160～163页。

应该对各个主体进行平等的赋权，实现权力多元化。

在公共治理体系中，公民社会组织之间结成的是网络结构，并无单一的权力中心可言，因为治理权力的分布是网络化的。网络是开放的、多维延伸的、非等级化排列的，没有固定的权力中心，网络的任何一个节点（单个组织）都有可能成为一个中心。公民社会组织网络外部，社会的自主自治由于得到了社会契约论和人民主权原则的根本保障，因此对政府形成了强有力的外约束，政府再也不可能垄断一切权力，政府成了多中心体制中功能比较特殊（即公共利益的维护者）的一元。政府不可以侵犯其他权力中心的独立地位。

（二）治理工具

在网络治理模式中，以规制性和强制性工具为代表的第一代治理工具已经被主要包括激励、沟通工具以及契约精神的第二代治理工具取而代之。传统政府管理是运用政府的政治权威，通过发号施令、制定政策和实施政策对社会公共事务实行单一向度的管理。网络治理主要通过确立认同共同的目标，并建立合作、协商、伙伴关系等方式解决公共议题。

政府作为在政策网络中具有"驾驭"能力的主体而灵活地运用各种治理工具，影响和协调其他主体的行为，发挥"领航"的作用，实现对目标群体行为的改变，以达到预期目的。根据国外的经验，非政府组织与政府、企业的伙伴合作方式也有很多，如"公办，商、民共助""商办，公、民共助"和"民办，公、商共助"等。政府通过多种方式鼓励非政府组织和企业组织共同参与那些过去通常由政府直接提供的社会公共服务，并将它们整合为一种更为强大的力量。如政府业务合同出租，政府通过合适的方式鼓励私人资本投入学校教育、廉租住宅、医疗服务等领域。

（三）治理结构

网络治理作为一种治理模式的结构，经常是在与科层和市场相比较的过程中得出其特征的。从实践来看，这种新的治理范式与传统的科层治理和市场治理存在着明显的不同（见表4-1）。因而，它是人类社会治理范式在网络信息时代变革的新趋势，契合了网络社会治理的新要求。

表4-1 治理结构的类型

参数范式	科层治理	市场治理	网络治理
规范基础	雇佣关系	契约-财产	互补关系
组织形式	正式组织、权威结构	分散、独立正式与非正式组织	正式与非正式组织、复杂网络
弹性程度	高度	低度	中度

续表 4-1

参数范式	科层治理	市场治理	网络治理
行动基调与氛围	正式的、官僚制的	精确计算与（或）怀疑的	开放的、相互有利的
行动者的自由度	低度	高度	中度
行动者的偏好	依从的	独立的	相互依赖的
沟通工具	例行惯例	价格	关系
参与态度	疏离	计较	积极
参与者的意愿度	低度	中度	高度
相互间的承诺程度	中度	低度	高度
信息分析的程度	低度	中度	高度
凝聚理论的基础	奖惩制度	管理要求	满足信任
解决冲突的方法	行政命令－管理监督	争论议价－诉诸法庭	互惠的规范－信誉的考量

（四）治理机制

网络治理机制有能力平衡处于四重维度环境中的竞争与合作需求，这将有效突破市场机制与科层组织不能治理团体间网络交易行为的局限，从而形成一套有效的治理机制，进而实现共同的结果。

第一，信任机制。信任是治理网络得以形成、发挥作用的关键因素。行动主体之间存在着得以形成、发挥作用的关键因素。行动主体之间也存在着相互信任，可以推动网络治理中的合作，有效解决彼此间的分歧，减少集体行动的障碍，约束行动者自觉遵守网络规则，为实现共同的目标通力配合。

第二，互动机制。互动机制是网络治理的内生机理。互动机制的运作，表明个体或团体具有通过直接或间接的纽带对其他参与者施加影响的能力与对环境的反应能力。通过互动机制，个体或团体能获得进入其他个体或团体资源的机会，以及实施对隐性资源或知识的交流。

第三，适应机制。具体而言，面对治理环境的急剧变化，需要网络治理结构中的每个节点都有能力和动机相互合作，以打破信息隔离和不对称现象，彼此共享信息，实现在自己的优势范围内尽力协作。如果说互动是网络组织的内生机制，它促进着交流、沟通和演化，那么适应则保证了互动的产生并使互动向着最终形成协调的集体行动的方向发展。

第四，整合机制。整合机制服务于网络成员的创新活动，通过对关系序列的非有序重组，使其迅速地组织精干的群体形成攻关团队。整合机制在两个方向上运作：一是水平整合，二是垂直整合。通过以上分析我们可以发现，网络治理的各种机制之间是相融互补的，它们影响甚至决定着网络治理的有序运行与绩效产出。如果说建立在互动与信任基础上的整合机制赋予了网络治理以驱动力，适应机制则使网络治理能够应对复杂多样的环境变化从而达成治理目标。

四、网络化治理模式的实践应用

网络治理是城市治理实践演进的必然趋势。从治理的角度来看，随着网络信息科技和互联网的运用，传统的治理模式不断变化，已经产生了许多新的名词来形容政府的新形态，例如，电子政府、数字化政府等。近年来发生在西方发达国家的多层治理、网络状治理等治理模式的实行，国际关系领域对多边合作、全球治理等的实践探讨，以及城市政府改革中出现的地方辖区、多中心治理等实践都在昭示着治理结构的调整，它也在实际上代表着一种新的治理范式的出现。如在美国，私人公司管理着全国范围近70%的污水排放业务，拥有超过53%的固体废物处理设施，[1] 全国上下随处可见各种环境领域的公私伙伴关系。在英国也是如此，政府越来越多地利用非政府机构来提供各种服务。英国的许多城市政府都已经建立起公私伙伴关系委员会，以维持公私伙伴关系中服务供应商和政府机构之间的直接联系。1980年，大不列颠的政府机构还负责提供着该国大部分的社会服务，只有14%的服务是由私人公司提供的。然而，不到20年的时间里，这一数据已经跃升为40%。

在我国，传统的公共管理领域是由政府占绝对主导地位的，政府主要依靠自身的公共部门（国家机关、事业单位等）来提供公共服务。近年来，政府已经意识到这个问题，开始进行一些网络治理方面的尝试。主要的形式有以下三种：

（1）电子政府。政府通过建立办公业务网站来公布信息、上传办事资料、提供咨询服务，但目前进展不大，网站仅限于公布信息、发布服务材料，审批和材料提供仍然需要到政府部门办理。

（2）一门式服务中心。这种形式主要是把政府具有审批权和办事权的部门集中起来，设立有形的公共服务平台，使公民在一个平台内可以办理原本需要到多个政府部门才能办的事务，力争一次告知、一次缴费、一次受理、一次办结。主要形式有招商引资服务中心、社区公共事务受理中心等。

（3）首长问责制。这是指不管一个公民首先找的是哪个部门，也不管他要办的事务是不是这个部门的职责，这个部门都需要负责到底。属于这个部门权限的事务要直接办理，属于其他部门权限的事务要负责引导办理。[2]

思 考 题

1. 如何理解城市治理模式？城市治理模式的特征和内容有哪些？
2. 西方国家城市治理模式有哪些值得中国借鉴的？
3. 结合我国实际，谈谈你对我国城市治理模式的看法。

---

[1] Geoff Segal. *Privitization* 2002, *Annual Privitization Report*. Reason Public Policy Institute, 2003: 30-31.
[2] 参见何植民、齐明山《网络化治理：公共管理现代发展的新趋势》，载《甘肃理论学刊》2009年第3期，第110～114页。

案例分析

党建引领：吹哨之源与报到之本

党的十八大以来，习近平总书记4次视察北京、5次对北京发表重要讲话，明确了北京城市的发展定位，指明了首都治理方向，提出要解决好特大城市的"顽症痼疾"问题。2018年年初，在深入调研总结平谷区金海湖镇探索经验基础上，北京市委、市政府印发了《关于党建引领街乡管理体制机制创新 实现"街乡吹哨、部门报到"的实施方案》（以下简称《实施方案》），确立了党建引领"街乡吹哨、部门报到"（以下简称"吹哨、报到"）模式，以推动街乡体制改革，提升城市治理水平的创新思路。经过一年的试点工作，"吹哨、报到"形成了一系列理论探索和实践成果，形成了具有北京特色的社会治理经验。

1. 建立高效的大城市治理体系，党建引领和统筹党政部门是核心问题

加强党的全面领导是"街乡吹哨、部门报到"的核心问题。北京市牢固树立"四个意识"，准确把握首都治理特征，自觉把首都发展融入国家发展大局，把首都治理融入国家治理现代化体系，不断深化改革、创新实践，努力做好"建设一个什么样的首都、怎样建设首都"这项事业。2014年2月，习近平总书记在视察北京时明确要求要把北京建设成为国际一流的和谐宜居之都。北京市第十二次党代会和《北京城市总体规划（2016年—2035年）》明确将此作为北京建设和发展的长期奋斗目标。加强精细化管理，构建超大城市有效治理体系，是习近平总书记2017年6月在主持中央政治局常委会听取北京城市总体规划编制工作汇报时提出的明确要求。北京市坚持"人民城市为人民"理念，聚焦群众反映强烈的突出问题，充分发挥人民群众的首创精神，加强城市常态化管理和精细化治理，打出了"疏解整治促提升""背街小巷环境整治""街乡吹哨、部门报到"等一系列治理"组合拳"，取得了初步成效。

内容如下：

（1）加强党的领导，建立健全党对首都超大城市治理工作领导的体制机制。①确保领导到位，把城市基层治理纳入党委重要议程。蔡奇书记亲自研究部署和调度指挥，要求把"街乡吹哨、部门报到"作为2018年履行抓党建工作主体责任的重要内容，纳入议事日程。《实施方案》落实情况被纳入市委、市政府督查重点项目。②确保职能到位，建立健全党对城市治理工作领导的体制机制。③明确由市委全面深化改革领导小组、市委党的建设工作领导小组、市社会建设工作领导小组协同指导推动，建立由市、区两级党委牵头、有关部门统筹协调的工作体制。④确保责任到位，充分发挥党的属地领导作用。⑤明确街乡党（工）委城市基层治理主责主业，根据区委授权，全面负责本地区党的建设，领导本地区基层社会治理等各项工作，发挥总揽全局、协调各方的作用。⑥确保协调到位，建立健全区域化党建协调委员会机制。北京市印发《关于建立健全我市区街道社区党建工作协调委员会的通知》，通过建立"三个清单""四个机制"，有效地分级整合资源，实现纵向互动和横向联动。

（2）坚持党建引领，强化党组织在同级组织中的领导地位。①打造基层党建网络，发挥党支部在社会治理中的战斗堡垒作用。街道以党建为龙头，统筹领导、综合协调街道内外的"条块"资源，将基层治理与基层党建有机结合，构建区域化党建体系。

②强化"双先进"作用,党的工作开展到哪里,党支部就建到哪里。在城市基层治理和"疏解整治促提升"等重点工作中,一线党支部发挥了核心作用。全市8.8万个党支部开展了规范化建设,全面提高了党支部的凝聚力、战斗力。③建立联席会议制度,动员在职党员融入基层治理。推动"双报到",要求基层党组织到所在街乡报到、在职党员回社区报到,积极融入城市基层治理,形成以党组织为中心、多元主体参与的基层社会治理新格局。④实现党委统筹领导,引领社会领域各类组织参与基层治理。发挥街道党工委统筹领导功能,将相关职能部门下沉街道人员的组织关系全部转至所在街道,由街道党工委行使对派驻人员的考核权及任免建议权。部分街道探索建立综合执法"大党委",进一步加强党组织的统筹领导。⑤推动"双覆盖",大力推进党的组织和党的工作有效覆盖。全市3100多个社区全部建立了党组织,非公企业党组织覆盖率达到83.9%,登记注册的社会组织党组织覆盖率达到75%,基本实现应建必建。

2. 构建简约高效的大城市治理体制,必须聚力街道乡镇

"吹哨、报到"坚持优化协同原则,充分发挥街道乡镇的工作积极性和创造活力,构建简约高效的基层管理体制,把干部引导到基层一线,使管得了的看得见,看得见的也管得了。

(1) 明确"街乡吹哨",奠定管理重心下移的组织基础。①制定职责清单,明晰街道职能定位。《北京市街道党工委和办事处职责清单(试行)》为街道提供了履职底单,是向街道赋权和划分条块事权、理顺职责关系的依据,避免上级职能部门的无序委托,遏制了街道负担日益加剧等问题。②实行大部制模式,提升街道服务管理能力。整合街道党工委、办事处内设机构,分别对应街道职责清单6项基本职能,与基层治理紧密结合,从机构和机制上改变了以往向上对口的观念,减少行政管理层级,有效解决职责交叉、多头分散、条块分割、管理碎片化等问题,提高街道乡镇综合协调处理问题能力。③实现扁平化管理,提高城市治理的精细化水平和协同效率。充分考虑区域内常住人口、社会单位、辖区面积、流动人口等诸多要素,科学合理配置人员资源,为街道机构有效运转提供了组织和人力的双重保障。④推行"街巷长制",实现管理力量延伸下沉。街巷长直接面对居民和实际问题,协调相关服务管理力量,对街巷实行更加精细的管理。街巷长制的核心是将干部推到第一线,使之成为街巷治理的吹哨人、调度员、组织者、召集人和监督人,创新性地解决街巷治理条块结合、上下联动、综合协调的问题。

(2) 要求"部门报到",完善高效治理的工作机制。①综合执法,提升治理效能。区、街两级建立实体化综合执法平台,破除"条块分割",实行职能综合、机构整合、力量融合,提高城市管理的联动性。②"多网"融合,整合管理力量。多层级的网格化工作联席会议制度健全了"多网"融合发展的保障机制。"多网"融合突出几个方面的融合任务,提升服务管理整体性、综合性;注重工作协同推动,与街巷长制、小巷管家、综合执法平台建设等工作互相促进;注重共建共治共享,拓宽居民参与渠道,有效提升公众关注度和参与积极性。③数据支撑,推进城市治理精细化。推进大数据在服务民生方面的应用,建立公共服务事项"一窗受理""一网通办",让数据多跑路、让群众少跑腿。提升大数据支撑城市管理的能力,打破条块分割、权责不清、信息"孤岛"

和治理碎片化等障碍。④优化工作流程，区、街、社区三级网格平台建立问题发现解决的闭环工作流程，建立疑难案件会商机制，确保任务落实到位。⑤整合队伍，规范管理协管员队伍。加强对协管员队伍的岗位整合、统一调配，增强街道乡镇综合协调和服务管理能力。将协管员与网格工作相结合，与综合执法相结合，与街巷整治相结合，使协管员成为执法、管理、服务的重要辅助力量。

（3）规范绩效管理，保障治理主体科学履职。①突出基层考核，完善考核评价体系。扩大街乡考核评价话语权，取消各部门对街乡的单独考评，增加街乡对各部门考评的权重。坚持双向考评，将自下而上与自上而下考评相结合，扩大群众的参与权、评价权，把群众满意度作为重要的评价指标。②提供自主经费，保障基层服务能力。各区每年列出专项经费，作为街道自主经费。③突出服务民生导向，更好地解决社区居民文化体育、困难救助等事项；突出城市治理导向，更多改善人居环境，保持整洁有序。④提高薪酬待遇，稳定社区工作队伍。修订印发《关于进一步规范社区工作者工资待遇的实施办法》《北京市社区工作者管理办法》，明确社区工作者总体工资待遇平均水平由不低于本市职工平均工资的70%提高到100%。

3. 坚持以人民为中心，充分尊重人民群众的首创精神

（1）"吹哨、报到"推动重心下移、力量下沉、服务基层，充分激发基层创造力，把以人民为中心的发展思想落到实处，坚持群众诉求就是"哨声"，建立服务群众响应机制，在一线解决服务管理"最后一公里"问题，办好群众家门口的事，进一步提升人民群众的获得感、幸福感、安全感。①坚持需求导向，解决人民群众"最后一公里"难题。②围绕人民所盼，明确"吹哨"重点。以问题为导向，印发"街乡吹哨、部门报到"专项清单，围绕综合执法、重点工作、应急处置三个重点领域，明确街道乡镇反映比较集中、自身难以解决、需要协调职能部门的15项32个具体问题。把基层治理难题、市民群众呼声，作为"街乡吹哨"的号令。③问计人民所需，小巷管家让社区居民有更多话语权。以需求为导向，问需于民，让居民参与城市治理。小巷管家与街巷长相互配合、有机衔接，推动政府治理与居民自治良性互动。④回应人民所求，通过社区微信群扩大居民表达诉求的渠道。社区微信群打通并一站集成信息发布的末端和问题发现的前端，大大提高了发现问题、收集民意的效率，也提高了服务时效和质量，使破解服务难题、引领议事协商、实现精治共治法治等水平显著提高。

（2）坚持服务为先，解决人民群众身边"烦心事"。打造"一刻钟社区服务圈"，提供多元化服务。"一刻钟社区服务圈"集中了政府提供的基本公共服务、社会力量和居民个人提供的志愿互助服务、市场机制提供的便民利民服务以及特色服务等，极大地提高了社会服务水平。截至2018年9月底，全市累计建成1560个服务圈，城市社区覆盖率超过90%。利用基层协商实现供需对接，提供精准化服务。

（3）动员广泛参与，打造共建共治共享格局。①政策目标创新，群众满意度成为社会治理指挥棒和风向标。改变"眼睛向上"的传统工作方法，注重走新形势下的群众路线，听群众诉求、请群众参与、让群众评判，把群众满意作为工作的出发点和落脚点。②政策内容创新，加强社区减负，推动基层自治。依法减轻社区负担，让社区居委会从大量行政事务中解脱出来，更好地推动居民自治，更多地协调各类主体投入社区建

设。③政策主体创新,"社区之家"推动驻地单位履行社会责任。推动驻区单位开放内部设施,服务社区居民,实现资源共建共享。截至 2018 年 9 月底,全市共创建 393 个"社区之家",为居民提供餐饮服务、健身场所、停车资源等。

——节选自宋贵伦、丁元竹《党建引领:吹哨之源与报到之本——北京城市治理创新实践研究》,载《前线》2019 年第 4 期。

案例思考题

1. "街巷吹哨、部门报到"城市治理模式的理论基础是什么?
2. 在目前,"街巷吹哨、部门报到"城市治理模式的可实施性如何?谈谈你对该模式的看法。

第五章　城市治理参与

城市治理参与是城市资源所有者、利益主体和价值观念变化的客观要求，也是社会发展和城市治理演进过程中的重要内容。本章主要介绍城市治理四类参与主体，探讨城市治理参与方式，并且系统阐述城市治理参与机制。

第一节　城市治理参与主体

一、城市治理参与主体类型

（一）城市政府

城市政府是城市治理多主体网络结构中的中心节点。我们要构建多主体协同的治理网络，就必须对政府的概念有一个明确的认识。

《国际社会科学百科全书》将政府解释为一种依照法律来管理国家某个区域公共政治的公共组织，并认为中央政府处于最高级别，城市政府处于最底层，中间层是州、省、地区等政府。

王浦劬在《政治学基础》中总结了政府的概念，他认为，政府概念可以从广义上和狭义上进行区分。广义上，政府泛指行使国家权力的各类机构，包括从中央到地方的立法、行政和司法机关；狭义上，政府只指国家机构中行使行政权力、履行行政职能的行政机构。

朱光磊在《当代中国政府过程》中用大政府的概念代替广义的政府概念，并指出大政府概念的三种含义：其一，指国家机构的总体、总和；其二，指国家机构的总体与执政党之和；其三，在一些全民信教的国家，指国家机构与宗教领袖集团之和。习惯上，人们将"政府"一词用来描述行政机构。

城市治理网络结构中的"政府"主要是指国家行政机构。按照行政层级，政府可以分为中央政府、城市政府和基层政府。根据我国城市治理的实践，我们可以将城市治理网络结构中的"政府"划分为包括国务院和各中央部委的中央政府层级、包括省级和地级市人民政府的城市政府层级以及包括县（区）、县级市人民政府的政府层级。

（二）营利组织

营利组织是城市的经济基础，是指以组织的利益为经营目标的社会组织。城市企业经营发展的好坏，直接影响城市的经济实力和竞争力。营利组织概念反映了两层意思：一是经营性，即根据投入产出进行经济核算，获得超出投入的资金和财物的盈余。企业经营的目的一般是追求营利。二是营利组织是具有一定经营性质的实体。由此可见，营利组织基本上是属于一个经济概念,而不是法律概念。从城市治理的出发点看,营利组织不仅要继续生产私人产品,同时也要进入公共产品范畴,也要参与政策的制定过程。

(三) 非营利组织

非营利组织具有组织性、民间性、公益性、非营利性、自治性、志愿性、盈余不可分配性以及可以享受税收优惠待遇等特征,是指以非营利为目的、具有民间性质但不为私人所拥有、独立运作但缺乏业主权益的正式组织结构,享有税法条款的优惠,必须在政府部门法律法规所规定的权利下运作,运用大众捐款、自我运营所得,以及政府部门的拨款和投资,提供组织宗旨规定的服务,使社会上多数人得到帮助。

非营利组织的类型繁多,它们各自的社会功能不一,但作为一个整体共同构成与企业和政府功能互补的第三部门。非营利组织的产生与兴起由来已久,可以追溯到政府产生之前的社团组织。政府失灵、市场失灵、合约缺陷、多元价值、利他主义、团结一致、互益互惠和历史传承等因素共同作用,为非营利组织提供了生长的沃土。非营利组织在社会中主要扮演服务提供者、先驱者、价值维护者、社会教育者、改革与倡导者等角色。尽管非营利组织自身也存在失灵问题,但由于其资源配置主要按照帕累托改进标准进行,因而在现代和谐社会构建中作用极大,与企业和政府共同构成驱动和谐社会建设的三个方面。

(四) 城市市民

城市的发展关系到城市公民的切身利益,公民是城市社会最重要的组成要素,是构成城市社会的细胞。城市市民是指长期或固定生活、工作在城里,以非农产业为劳动对象的居民,具有城市户口,收入来自城市产业,具有意识、行为方式和生活方式与城市文化相连的特点。即从地域上看,市民是指居住和生活在市辖区或城区范围内的居民;从职业上看,市民是指从事非农业生产劳动的职业群体;从生活方式上看,市民是指具有城市文化征象的居民。

二、城市治理参与主体定位

城市治理归根到底是价值和利益的体现,参与城市治理的各个利益主体,有着不同的利益追求,在城市治理体系中,各主体扮演不同的角色,因此,各利益主体有各自不同的定位。

(一) 城市政府定位于服务型政府

服务型政府是科学发展观在政府管理领域的具体体现,也是城市治理理念的必然要求。城市治理体系中,政府目标是构建服务型政府,按照服务型政府的要求,要改革政府职能,从"全能政府"向"有限政府"转变;处理好政府和营利组织的关系,让营利组织成为城市治理的重要主体,充分发挥市场在资源配置中的作用,政府只起弥补市场失灵的作用;处理好政府和非营利组织的关系,非营利组织介于政府与市场之间,在政府和市场同时失灵的时候,就是非营利组织发挥作用的时候;处理好与城市市民的关系，让市民有序参政，提高市民素质，解决市民参与不足的问题，同时防止参与过度的情况发生。①

（二）营利组织定位于责任型企业

责任型企业应处理好以下关系：

第一，企业与利益相关者的关系。企业社会责任的对象是与企业经营活动有关的所有的利益相关者：包括股东、员工、债权人、供应商、顾客、消费者、社区、非政府组织以及生态环境等，利益相关者实际上是不同身份的人的集合。因此，企业的生产经营活动不仅要关注人们现实的需要和利益，同时还必须关注未来的需要和利益。

第二，要处理好企业活动和可持续发展的关系。企业活动的内容相当广泛，不仅涉及经济、法律、伦理、慈善等方面，也涉及人权、民主、社会质量等方面，企业的一切经营活动必须符合法律规范、相关者利益、可持续发展、社会主流道德，也就是说，企业的经营活动必须与可持续发展理念保持一致才是有社会责任的企业。

第三，处理好法律责任和道德责任的关系。企业的法律责任是企业最基本的强制责任，即企业在生产经营过程中必须自觉遵守政府有关法律法规，并接受政府的依法监督管理。法律责任是所有企业最基本最起码的责任，所有的企业均要在遵守法律法规的基础上，追求并实现经济利益。企业的道德责任则是一种自愿责任，即在经营活动中企业必须明辨是非，在社会主流道德与伦理的要求下，从事使社会变得更美好的事情，而不做那些有损于社会的事情。因此，在城市治理理念下，企业应在遵守起码的法律责任基础上，积极地履行道德责任。

实践证明，当大多数的企业社会责任水平不高时，公共政策问题就被提上了议程，社会需要借助一些政策工具激励企业改变生产和消费方式。因此，在城市治理体系下，营利组织必须以责任型企业为目标。②

（三）非营利组织定位于协调型组织

协调型组织主要指非营利组织在社会各阶层、各团体间所起的中介、联络、协调作用。作为协调型的非营利组织，具有两大特点：一是补充提供社会公共产品与服务。非营利组织主要从事政府和私营企业不愿做、做不好或不常做的事，在提供公共产品与服务方面，介于政府与市场之间发挥补充功能。二是反映社会各方需求与信息。由于非政府组织扎根于社会基层，组织形态多种多样且运作灵活，了解来自社会基层的各种需求，因此，在参与相关制度制定时，可以充分反映社会各方信息和需求，促进政策制定的合理性。由于非营利组织具有上述特点，其在城市治理中的定位更趋向于协调，即在社会公共产品提供和与社会各方联络方面，能起到必不可少的协调作用。

（四）城市市民定位于参与型市民

参与型市民，是指城市市民个体以及市民团体在国家法律法规赋予的权利和手段条

---

① 参见黄鹰、安然《城市治理主体的职责定位》，载《开放导报》2015年第3期，第13～15页。
② 参见黄鹰、安然《城市治理主体的职责定位》，载《开放导报》2015年第3期，第13～15页。

件下，按照法定程序，通过一定的渠道参与城市社会、政治、经济生活，进而影响政府公共政策或公共事务的行为过程。随着我国社会经济的发展和民主政治的推进，市民参与公共政策的制定日益受到社会各界的关注。在城市治理模式下，城市市民定位是参与型市民，这体现了国家权力向社会基层的回归，城市市民则通过参与公共决策的制定来达到城市治理的目的。

公共政策与市民的切身利益息息相关，公共政策制定中，市民的有序参与不仅是社会主义政治文明的标志，也是公共政策科学化、合理化、民主化的客观要求，是确保社会资源和社会价值公平分配的重要途径。[①]

三、城市治理参与主体职责

（一）城市政府的职责

在多元参与城市治理体系中，城市政府主要履行以下职责：

（1）经济宏观指导。对社会经济总的发展方向进行指导，通过运用经济、政策和法律手段，通过产业规划、政策指导，引导和调控经济运行，并促进经济结构调整和优化，从而保持经济持续快速协调健康发展。

（2）城市合理规划。设计科学合理的城市整体规划蓝图——一个环境优美、功能齐全、设施完善、生活方便且独具特色的宜居城市。

（3）市场监督管理。依法对市场主体及其行为进行规范、监督和管理，形成统一、开放、竞争、有序的市场体系。

（4）强化社会管理。通过制定一系列法律、法规和政策，通过有效、可行的手段，对社会组织进行规范和管理，依法管理社会事务，化解社会矛盾，维护社会秩序，建立一个和谐稳定的社会环境。

（5）健全保障制度。健全社会保障立法，做到社会保障制度有法可依；建立与经济发展相适应的保障水平和保障体系，渐进式发展；加强对社会保障基金的管理，提高保障基金的收益；发挥经济杠杆作用，确定合适的保障范围、保障水平和保障规模；健全城市居民社会保险制度，包括最低工资标准、下岗生活救济金标准、最低生活标准等，保障市民起码的生活水平。

（二）营利组织的职责

在多元参与城市治理背景下，责任型营利组织主要履行以下职责：

（1）进行私人产品生产与服务。在社会责任的指导下不断创新，继续提供私人产品的生产与服务，满足社会各方面的需求。

（2）参与公共产品生产与服务。参与公共产品或公共服务生产可以通过制度安排来实现，如合同承包、特许经营、政府补助、自由市场、志愿服务、自我服务等方式。由于追求利润最大化是企业的目标，因此在企业参与提供公共产品或服务时，必须强化

---

① 参见黄鹰、安然《城市治理主体的职责定位》，载《开放导报》2015年第3期，第13～15页。

企业的社会责任。

（3）参与公共政策决策。参与相关政策的制定与决策过程，城市的建设、经济政策、产业政策、税收、优惠政策等均与企业直接或间接相关，可通过委派营利组织代表的形式，参与相关政策或制度的讨论与决策过程。

（三）非营利组织的职责

非营利组织的主要职能就在于弥补市场和政府部门的不足，完成市场、企业和政府部门不能有效完成的社会职能，具体包括以下三个方面：

（1）提供社会公共服务。非营利组织通过各种方式提供公共服务参与到城市治理中；也可通过接受政府委托或参与政府采购，参与到政府公共服务体系中，拓展组织的公共服务空间，从而形成与政府在公共服务领域的互补、合作关系。

（2）协调社会各方关系。一方面，通过有组织的社会动员，能够帮助市民表达意愿和诉求、参与各种社会事务治理；另一方面，通过对话、谈判、调节等方式协调平衡不同利益团体间的关系，促进社会的和谐发展。

（3）参与公共政策决策。一方面，通过动员社会资源、提供公益服务、推动社会协调发展，来影响政府立法和公共政策的制定；另一方面，也可以通过委派组织代表的形式，参与相关政策或制度的讨论与决策过程。①

（四）城市市民的职责

作为城市经济发展的推动者和受益人，城市市民不仅是公共物品的消费者，也是城市治理公共事务的参与者，②主要职责如下：

（1）对城市政府进行监督。市民作为城市治理的主体，具有知情权、选择权、监督权等，对治理主体的监督是城市市民最为主要的权力，也是市民参与城市治理的重要途径。不论是城市政府，还是企业组织、非营利组织或其他市民，其行为是否符合法律、制度、政策的要求，是否违反法律法规和相关制度，市民均有权进行监督和制止。只有城市市民充分发挥出良好的监督作用，城市治理才能有序进行。

（2）参与公共政策决策。参与公共政策制定和决策过程，是城市市民的职责之一。一般城市市民通过以下方式参与政策决策：一是通过民意调查表达对政策或措施的意见与建议；二是通过公开的新闻媒体发表意见，从而对政策制定过程进行影响；三是通过听证会制度，对政策进行影响；四是通过公民请愿、公民投票、协商谈判制度等充分表达民意。③

---

① 参见黄鹰、安然《城市治理主体的职责定位》，载《开放导报》2015 年第 3 期，第 13～15 页。
② 参见张长立《合作主义视域中的城市多元主体治理解读》，载《南京社会科学》2013 年第 11 期，第 79～84 页。
③ 参见黄鹰、安然《城市治理主体的职责定位》，载《开放导报》2015 年第 3 期，第 13～15 页。

第二节 城市治理参与方式

一、决策性参与

决策性参与是指政府在公共决策过程中,引入民主参与机制,就公共政策、法律法规等制定过程中的重要事项进行共同商议。决策性参与要通过政府的制度设计和安排来实现,一般形式为商讨会。在我国基层开展的决策议事会、重要决策论证会等便是这类参与。

从理论上讲,决策性参与十分重要,是公共决策过程中政府汇集民智,民主表达的重要机制。经过共同协商而制定的决策,更容易得到公众认同,因而在政策执行过程中所遇到的阻力也较小。决策性参与有直接民主性质,而且参与协商所形成的决定往往具有直接的社会效应。

当然,决策性参与的效果不仅取决于政府的制度规定,而且与参与主体的自身素质密切相关,参与决策的参与主体必须具备参政议政能力和较高文化素质,能够理解政府公共政策的问题指向,能够提出解决该类问题的意见和建议。目前,这类民主参与在我国应用范围不广,沿海地区政府采用较多,内陆地区较少,这主要是因为相对来说,在发达的沿海地区,参与主体文化教育程度普遍较高,行政参与意识较强,政府与参与主体之间能实现较好的良性互动。

二、听证性参与

听证性参与是指政府通过举办各种听证会,吸纳社会多元主体听取决策制定过程,是我国各地政府目前采用最广泛的城市治理参与形式。听证性参与与决策性参与的区别在于前者着眼于参与主体听取政府决策过程,而不发表意见建议,是消极性参与;后者则是参与主体与政府互动协商,就决策问题发表观点和见解,是积极性参与。

听证会主要围绕着与城市社会生活密切相关的政府公共政策或政府解决各种社会矛盾的管理措施展开,体现了政务公开、民主参与和多方协商的原则。这种听证会实际上是政府与社会多元主体之间的交流和协商,往往围绕着具体的政策或决定展开。在实践中,行政决策听证、价格听证等就属于这种听证性参与。听证性参与很容易变成基层政权提升其公共决策和公共管理的合法性的工具和手段,民主治理主体在这种参与中应有的主动性会被削弱,从而大大影响了听证性社会多元主体参与的民主性和权威性。

三、咨询性参与

咨询性参与是指政府为了解社会利益诉求,解决公共问题而向社会多元主体咨询问政,掌握民意取向的协商形式。与前面两种参与的区别在于,咨询性参与与决策无直接关系,主要用于征求大家的意见或者集中大家的智慧,以发展城市公共事务,增进公共利益。

这类参与涉及的议题往往比较长远和宏大,如关于经济发展的思路问题、公共财政的安排问题、社会治安的改善问题、社区文化发展问题。对政府来说,它既是了解社情民意,也是聚合民智民心;对社会多元主体来讲,它既是有序的民主参与,也是利益意见的表达。所以,咨询性参与方式在体现民主行政的同时,也能促进官民间的沟通。在我国,政府网站、网络问政、民主沟通会等就属于这类参与形式,目前运用范围较广。

四、协商性参与

协调性参与是指政府通过对话商谈的方式化解与参与主体之间,或者参与主体个人之间的矛盾的民主参与形式。这种参与方式既不涉及公共决策,也非民意表达,而是用于利益矛盾的协调,确切地讲,这类参与是政府运用职能中协调职能的具体体现。通过这种参与机制,利益冲突各方可进行必要的沟通和妥协,以达成某种共识,实现共赢。

这种参与形式中,双方主体为政府与参与主体,或者由政府充当中间者,调解参与主体个人之间的矛盾,其组织形式和运行方式非制度化、非固定化,多在解决具体问题时运用。协调性参与是一种通过面对面的信息、利益和意见的沟通,来消除信息不畅、不对称所产生的各种隔阂,从而在互惠共赢的原则下解决利益矛盾和冲突的有效形式。[①]

第三节 城市治理参与机制

一、动力机制

城市治理参与既是目的,又是手段。基于目的视角,民主参与强调价值理性,即参与本身就是目标;基于手段视角,其强调工具理性,即通过参与来实现公共利益和相关利益主体的正当利益。城市治理的善治目标和可持续发展则是城市所有主体的共同需要,因此,它们兼具推力与拉力双重动力。城市治理的动力机制是以城市善治的目标为直接目标,以城市可持续发展为导向,相关推力因素与拉力因素共同发挥作用的整合机制,其具体构成因素如图5-1所示。

（一）城市治理参与的动力机制

城市治理中民主参与的推力机制是基于社会多元主体层面能够使其愿意参与城市公共事务之相关动力因素的集合。该机制以治理主体地位提高推动社会多元主体关注城市发展、民主参与意识强化的内在驱动为基础,以社会多元主体追求城市治理中的民主价值实现和分享公共权力为核心,并涵盖社会参与主体的需求表达、整合、实现以及他们的城市归属感强化和社会资本提升等因素所形成之动力。

1. 治理主体地位提高

在传统的城市治理模式中,政府通常被认为是城市治理的唯一主体。在市场经济体制下,社会更加开放,城市治理主体呈现多元化趋势。政府不再是城市治理的唯一主

---

① 参见马琼丽《当代中国行政中的公众参与研究》(博士学位论文),云南大学2013年,第70~72页。

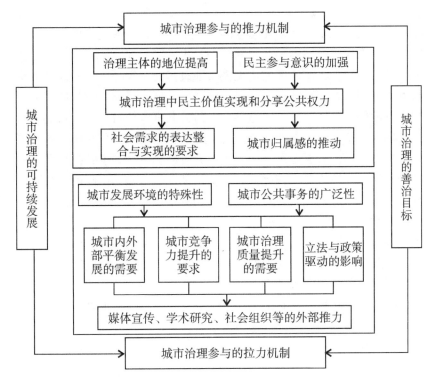

图 5 - 1 城市治理参与的动力机制

体,除政府外,企业(如城建公司、物业管理公司等)、民间社团以及城市居民都是城市治理的重要主体,治理主体的地位大大提高。在目前情况下,政府在城市治理中无疑还起着主导作用,与此同时,政府应该积极引导、鼓励其他社会主体参与城市治理。鼓励引导多元主体参与城市治理涉及制度、渠道等多方面因素,但参与主体的积极性与自觉性是很重要的,而这在很大程度上取决于参与者对参与程度的感知。只有实质性参与才能让参与者感觉到自己是所生活城市的真正主人,从而发自内心地以主人翁的姿态参与城市治理。①

2. 民主参与意识的加强

参与意识是民主意识的组成部分,其前提是具有参与方的主体意识、权利意识和责任意识。主体意识是基础,权利意识是激励,而责任意识是保障,参与意识则是最终实践取向。我国宪法一直明确规定着人民的主体地位,而且公民的知情权、参与权、表达权和监督权已得到国家层面的认可,民主参与也已被确立为我国社会管理的重要战略。基于此,民主参与意识的基本前提条件均已具备。随着我国城市治理模式的转型及优化,政府在公共事务的管理中将更加关注人的发展,基于以人为本理念的民主主体地位、权利本位将得到进一步确立。由此,民主参与意识得到激发,社会多元主体参与城市公共事务的内驱力得以产生。

---

① 参见张超《城市管理主体多元化模式探讨》,载《学海》2006 年第 6 期,第 125～129 页。

3. 民主价值实现和分享公共权力

首先，民主权利实现是社会多元参与的直接动力。社会多元主体参与城市治理的民主价值实现具体表现为多元主体参与公共管理的机会得到保障，其知情权、表达权、参与权和监督权得到实现。民主广度的实现需要通过多元主体参与来提高公共决策等事务的实际参与者占应参与者人数的比例；民主深度的实现则要通过参与使多元主体可以比以往获得更充分的信息、更直接的表达诉求，对公共事务执行更具有控制力。其次，实现社会多元主体对城市公共事务的影响力、分享公共权力是民主参与的直接动力。由此，将使公共权力不再由政府专有，多元主体亦可因拥有公共事务执行所需的资源等而获得相应的公共权力分享机会。在此基础上，一部分公共权力由政府转移到社会多元主体手中，从而使多元主体得以实现对公共权力的分享。

4. 社会需求表达、整合和实现的要求

城市治理涉及分布在多个领域、多个部门的数量众多的参与主体。民主需求存在较大的差异，且因其个体主导性而可能会经常性变动，因此其具有复杂性。基于社会需求的复杂性，其表达、整合及实现都面临诸多困难。单一的公共部门、私营部门以及个体是无法取得其全部信息和独自拥有解决该问题的所有工具的。加之城市治理相关主体之间是相互关联和相互影响的，因此必须要通过合作，使社会多元主体参与到公共事务之中，同时确保信息畅通，从而实现自身需求信息的有效表达、整合和最终实现。

5. 城市归属感的推动

城市归属感是个体对所居住城市的文化、生活等的一种认同，也是个体对自我与社会的从属关系划分。相对于"过客"而言，一个具有城市归属感的人更能感受到城市的温度，而这种微妙的感受是"过客"没有办法体会的，换句话说，这就是一种情感的投入和表露。因在当地生活、工作、开展公共活动等形成的归属感，社会主体会使自己形成对该地区的情感依赖，这都会促使他们关注当地的发展，并强化参与相应目的的公共事务的意识和动机。民主诉求被接受表明其被接纳，可强化其融入感；参与主体的信息、资源等的投入会增强其认同感和成就感等方面。

（二）城市治理参与的拉力机制

城市治理参与的拉力机制是基于城市公共事务执行、城市整体发展角度，其最终责任者政府部门愿意接纳多元主体参与的相关动力因素的集合。该机制以城市发展环境的特殊性和城市公共事务的广泛性为前提，以实现城市内外部平衡发展、城市竞争力提升、城市治理质量提升的要求或需要为基础，以立法与政策的驱动力为直接动力，并包括媒体宣传、学术研究、社会组织等的助动力。

1. 城市发展环境的特殊性

首先，城市外部环境的复杂性和不可控制性要求多元主体的参与。城市外部环境涉及多元化因素，而且城市治理相关主体往往无法对其掌控而只能适应之。基于此，城市治理必须随时对外部环境做出及时、准确的感知和应对，而这仅靠政府自身是难以实现的。作为分散在各个领域和部门的多元参与主体，是外部环境影响及其变化的直接感知者。而且，其对外部环境感知较为敏感，而且是多向度的。基于此，使更多主体参与到

城市公共事务的管理和服务中来，充分利用其对城市外部环境变化的感知，政府才能够保证城市治理的过程和结果符合外部环境及其变化的要求。

其次，城市构成要素、利益主体及其利益诉求的复杂性和分散性亦要求多元主体的参与。城市是一个具有多边性、不确定性、动态性和冲突性的系统，其发展是一个充满变化性、不确定性而又缺少预测性的复杂过程。在这样一种复杂环境中，政府要对公众需求及其因内外部环境变动而产生的变化做出及时回应，这也必须要通过社会群体的参与才能够实现。参与能够使公众的需求得以直接表达、整合，由此，政府才能够对这些需求及其变化进行及时、准确的了解和掌握。

2. 城市公共事务的广泛性

城市治理是一个范畴广泛的概念，其包括对多个领域、多个空间的不同性质的多元化事务的管理。基于此，城市治理需要多种类型资源的持续性投入，诸多公共事务不是仅通过一次或少数几次行动就能完成的，而是一个持续性进程，因此，其需要连续性甚至是全时性的资源投入。

另外，城市治理中许多公共事务的存在空间是跨界性或当地全覆盖性的，其中甚至会涉及很多私人空间，因而其所需资源特别是涉及私人空间的资源更不可能是由政府来承担。更重要的是，城市治理中的许多事务本身就是要以社会多元主体为载体才能够存在的，如环境整治、社会治安、文化传承等。可见，政府需要依靠多元主体参与才能够有效地执行这些公共事务。

3. 城市内外部平衡发展的需要

城市治理是内部导向与外部导向共同支持的整合性系统，其应实现的是内外部平衡的整体利益。也就是说，城市治理要从整体性视角对本地的不同资源、不同活动、不同利益及其主体进行整合，创造一个能够同时满足各方需求并确保可持续发展的独特系统。城市治理多元主体（特别是市民）参与公共事务，所实现的正是城市治理内部导向以及公众主体和主人地位的强化。基于此，政府为推动城市治理内部导向的强化，进而实现城市的内外部平衡发展，也需要积极推动社会群体的多方参与。

4. 城市竞争力和治理质量提升的需要

竞争力是城市治理发展目标实现的前提和基础。城市竞争力属于综合性竞争力，其涉及城市内外部的多方面因素。一个具有竞争力的城市，必须要征询多元化主体的意见，让民主原则成为社会主导原则，倡导交流与协商，建立便于和鼓励社会多元主体对规划和开发提出建议的长效机制。此外，提升城市治理的质量水平也需要多元化主体共同参与。让多元治理主体真正体会到自身在城市治理中的主体地位，树立主人翁责任感，从而支持和配合政府的公共管理活动，并主动创造与维护高质量的城市发展环境。

5. 制度层面立法与政策的驱动

我国宪法对公民主体地位的界定是非常清晰的，这表明公民本就应是公共事务的主体以及公共管理的行动者。基于集体选择层次，国家宏观战略和规划也对公民民主参与进行了确认。国内许多城市政府针对上述法规在当地的实施也提出了当地民主参与的具体操作机制。如上海市制定了控制性详细规划收集公众意见的实施办法，增加了公众意见表、网上收集意见等参与方式，广泛听取了公民的意见和建议。

6. 媒体宣传、学术研究、社会组织等的外部动力

媒体宣传是国内听证会等公众参与活动得以实践的主要推动力。媒体宣传不仅是一种公共舆论的传播机制，更是一种公众力量的整合和放大机制。其能够使公共问题得到更多公众的关注，并使其中具有共同利益者有机会参与其中，从而实现公众利益的"组织化"。尤其是互联网的迅速普及及其功能的不断增强，使媒体宣传对公众参与的实际驱动力大大扩张。媒体宣传既能激发公众的参与动机，也能增加公众的实际参与机会。而且，其还会对政府形成舆论压力或效仿学习的动力，从而推动其接受、支持以及开展相关的公众参与活动。

学术研究的驱动作用则更像是一种隐性机制。其一般不会直接激发公众参与的具体行动，但其在多个方面会形成对公众参与的驱动力。首先，学术研究能够为公众参与提供理论基础，能够推动政府和公众的观念转变，提高他们对公众参与的认知与理解。其次，学术研究能够为公众参与实践提供具体的技术支撑。社会组织也是民主参与城市公共事务的重要推动者。其一般是凭借自身参与或组织市民参与的经验，宣传介绍、直接组织或指导当地开展相关的民主参与活动。

二、实现机制

建立城市治理参与的实现机制，要明确建立什么样的机制的问题。简而言之，城市治理参与的实现机制是关于政府与社会主体如何通过合理、合法、公平的渠道就城市治理问题进行协商、协调和协作的机制。

政府在保护并尊重社会的主体地位以及社会自身的运作机制和规律基础上，出于治理需要，通过发挥主导作用，构建制度化的沟通渠道和参与平台，既加强对社会的支持培育，又与社会一起，发挥社会在自主治理、参与服务、协同治理等方面的作用。在此过程中，政府还需改变传统一元主体背景下自上而下、管控式的治理方式，综合运用行政管理、居民自治管理、社会自我调节以及法律手段甚至市场机制等多种方式，从而形成政府主导、社会协同、共治共建共享的社会多元治理新格局，实现善治和可持续发展的城市治理目标。城市治理参与实现机制的具体构成因素如图5-2所示。

第一，政府需要营造与社会共同享有的城市治理目标，即营造一个和谐有序、可持续发展的城市环境。而且，这种目标的达成，既无法完全依靠政府之力，也不可能完全依赖社会自治，而必须来自政府与社会的治理合力。显然，在社会力量相对比较弱小的情形下，成功实现这一目标的关键在于政府必须建立或完善对于各类社会主体的支持培育机制。

第二，为了培育发展社会主体并发挥其在社会治理中的作用，一方面，政府必须转变传统的一元主体和以行政控制为主的社会管理理念，树立多元治理、共治共建共享的新理念，综合运用行政管理、法治手段、道德约束、市场机制以及社会政策等多种管理方式和手段，给社会力量的发育成长留出空间；另一方面，政府必须积极建立健全社会在社会治理过程中的制度化沟通渠道和参与平台，主要包括：①充分赋予并自觉尊重基层自治组织以及各类社会组织的相应权力，推动社会主体实行自我组织、自我教育、自我服务、自我管理等自主治理；同时，政府必须切实履行自身职责，扮演好引导监督的

第五章 城市治理参与

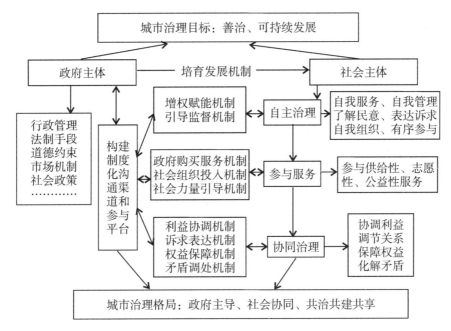

图 5-2 城市治理参与的实现机制的具体构成因素

角色。由于社会主体具有贴近公众、身处基层的天然优势，能够更好地发挥其在各领域的自主治理功效。②尽快规范建立政府向社会组织购买服务机制等培育发展机制。首先，必须建立或完善公益创投基金等社会组织投入体制，保障资金来源渠道多元化，提高资金使用效率。其次，需要规范管理社会组织，尤其是在放宽准入条件、引入社会组织各种社会资源，从而在满足公民的异质性公共服务需求基础上提高服务供给的效率。③在政府引导、社会力量参与、专业化社会工作者操作、公众监督、法律保障的原则下，着重建立健全社会管理领域的各种利益协调机制、诉求表达机制、权益保障机制以及矛盾调处机制等，并始终以各种具体机制安排保障社会主体协同管理的常态化运行，充分发挥其在化解社会矛盾、调节社会关系、规范社会行为等社会管理方面的重要作用。

第三，社会发挥自主治理、参与服务和协同治理等方面的作用无疑离不开政府的制度支持和保障，同样地，政府构建社会在社会治理中的各种各样制度化沟通渠道和参与平台本身也并非政府单方面作为的结果，而需要充分借鉴并吸纳社会的各种反馈信息与意见建议。与此同时，社会主体实时提供的这种关于沟通渠道和参与平台建设的信息反馈，再加上社会情势和社会问题的发展变化又恰好构成了所构建制度化沟通渠道和参与平台的一种动态更新机制，从而确保了制度与现实环境相适应，提高了制度本身的效用。

总之，只有以上一系列制度安排及其相互之间的互动关联，才能促进政府主导、社会协同、共建共享的社会治理新格局的形成，进而保障构建善治、可持续发展的城市治理目标的实现。同时，上述分析表明，建立城市治理参与实现机制的核心在于构建社会在社会治理中的制度化沟通渠道和参与平台。这意味着,政府要加强对社会的培育发展机制,必须通过深层次的制度强化、制度改革和制度建设来实现。

三、保障机制

整体来看,我们要实现城市治理的多元协同参与,需要社会多元主体愿意且有能力参与,以及最终能够取得相应的参与结果。城市治理中社会主体参与要达到上述要求就必须要超越象征性参与而实现组织化参与和制度化参与。但是,目前在我国城市治理的实践中,民主参与尚多是象征性参与而组织化参与不足、制度化参与不健全,参与的常态化、规范化和制度化还远未实现。基于此,我国城市治理中协同参与的实施尚需针对上述限制性因素构建有效保障机制(见图5-3)。

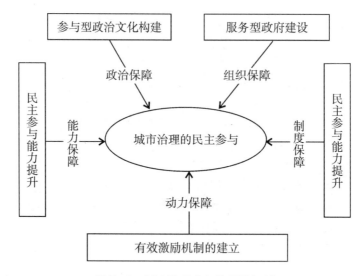

图5-3 城市治理参与的保障机制

(一)基于参与型政治文化构建的政治保障

政治文化是社会在特定时期流行的一套政治态度、政治信仰和感情,其是由一个国家或地区的历史和当代社会、经济和政治活动进程共同作用的结果。我国传统的政治文化属于服从型,官本位、集权是其特征。改革开放以后,我国一直在构建理性、民主、开放的政治文化,但传统政治文化中的许多深层因素还依然存在,因此,当前我国政治文化的转型在很大程度上仍局限在表层。可见,当前我国参与型政治文化尚未有效形成。[①]

参与型政治文化的构建属于综合性范畴。城市治理加强参与型政治文化构建的关键点有三个:合理扩充社会主体参与权的实践范畴、加强对社会主体的宣传与教育、践行有效的社会主体参与实践行动。

---

① 参见王京传《旅游目的地治理中的公众参与机制研究》(硕士学位论文),南开大学2013年,第216页。

首先，在社会主体参与权层面，我国政府已经提出的公民参与权的构成内容是知情权、参与权、表达权、监督权，确保这些权利的实现是强化参与型政治文化构建的基本要素。

其次，在社会主体宣传与教育层面，城市治理参与型政治文化构建要以教育为途径，强化社会多元主体在城市发展过程中的主体意识、权利意识以及责任意识。

卓有成效的民主参与实践是城市治理中参与型政治文化构建的最直接途径。参与实践本身就是对社会主体最好的教育，行之有效的民主参与实践最能够推动城市治理参与型政治文化的构建。基于此，社会主体参与城市公共事务实践本身就是城市治理中民主参与有效实现的保障因素。

（二）基于服务型政府建设的组织保障

治理和民主参与是要构建政府、私营组织、非政府组织、公众之间的新型协作关系。治理是增强民主制度一项改革战略，其目标是要使政府更具开放性、回应性、责任性和民主性。

首先，政府的认可和接受是城市治理中社会参与的前提条件。政府不仅要接受社会参与，更要基于价值理性与工具理性的整合性视角来科学认识社会参与的价值。只有形成对社会参与的全面认识，政府才可能在城市治理中真正成为社会多元主体参与的推动者、协调者和行动者。

其次，政府信息公开是城市治理中民主参与的基本保障，若社会主体无法从政府那里获取与城市公共事务相关的信息，他们就难以有效参与。

最后，政府正式渠道的有效提供是城市治理中民主参与的途径保障。在此，正式渠道是指政府根据相关法律法规或工作需要而开设的民主参与渠道，其是政府自上而下所提供的民主参与途径。同时，政府组织或回应民主参与的能力是城市治理中民主参与取得成功的重要保障。

一般来说，自上而下的公众参与需要政府具备组织民主参与的能力，自下而上的民主参与则需要政府具备引导、回应社会参与的能力。这就要求政府既要根据现行法律法规的要求而开展其已有明确要求的、与城市公共事务执行相关的民主参与，又要能够科学判断还有哪些城市的公共事务需要民主参与，以及如何选择参与者、参与层次和参与方式。

但是，目前我国政府还普遍缺乏组织和应对民主参与的能力，而且目前我国法律法规对公众参与的相关规定尚不完善，加上城市政府多是仅对上级政策进行简单复制而创新不足。这直接导致各级政府特别是城市政府对社会参与的组织或回应大都仅局限于法律规定的范围和方式，而且主要为简单的信息输出。很多城市政府面对自下而上的民主参与时经常是被动的。其往往是对社会参与先采取压制、回避或应付的方式，在无效的情况下，则或者更严厉地打击，或者无原则地妥协。这些方式都不利于社会参与的有序和有效实施，而且往往会导致社会主体对参与的漠视，甚至会导致社会参与的无序以致发展成群体性冲突事件。

(三) 基于民主参与能力提升的能力保障

社会主体必须要具备一定的参与能力才能做一个称职的参与者，但目前我们社会主体参与能力局限的困境突出显示了参与能力取决于公民精神、公共精神、相关知识等。公民精神是指好的或积极的公民应具备的特征，即公民能够理解一国的政策与法律、相信本国政体的价值、能承担个人的道德责任、具有容忍与宽容的品德；公共精神则是指公众要基于社会嵌入而不是自利而参与公共事务并在认可公共价值、维护公共原则的基础上积极参与公共事务；相关知识主要包括民主参与的基本知识、具体参与对象的有关知识。

具体来说，首先，民主参与能力的提升需要强化社会主体的公民精神，使他们成为积极公民。积极公民强调的是社会主体是城市的所有者而不是过客，参与城市公共事务是公众权利与义务相统一的体现。

其次，民主参与能力的提升还需要在具体参与过程中强化社会多元主体的公共精神。这既是民主参与意识形成的动力，也是民主参与能够取得结果的核心条件。公共精神强调社会主体要认可公共价值，而不是仅局限于个人的自利。其核心是社会主体通过参与来塑造公共空间，进而实现或维护公共利益。

最后，民主参与能力的提升还必须要以对社会主体进行相关知识的教育培训以及强化组织化参与为保障。为保障民主参与的有效实施，政府要以信息公开为基础向社会提供与参与对象相关的信息，从而使其获取知识或能够将自身已有知识与参与所需知识有效对接。政府部门既要开展对社会主体进行参与公共事务所必需的相关知识与技能的教育培训，又要对其进行关于作为参与对象的公共事务的知识教育，从而减少知识与技能对公众参与行动的限制。同时，基于多元主体知识水平的多样化以及他们学习机会与能力的不同，有可能即使是接受了相关教育培训也难以保障公众普遍性地具备相关的知识与技能，而组织化参与可以成为对此的有效保障。政府引导其他相关领域的非政府组织基于城市发展视角来关注相关公共事务，是城市治理中组织化参与有效实现的重要保障。

(四) 基于民主参与制度完善的制度保障

制度化参与是民主参与有效实施和实现常态化、正规化的重要保障。而实现制度化参与所必需的就是完善的民主参与制度。没有完善的制度保障，民主参与就难以启动或即使启动也难以持续，更不可能取得任何实质性结果。这是因为，没有制度保障的公众参与即使得到实施也会存在两个方面的风险：一是因其随机性而难以保证参与的持续性，这往往会使民主参与仅表现为偶然性的行动而难以得到多元主体的信任；二是会因其缺少严格的实施程序而难以对参与过程进行有效组织，这往往会导致参与者机会不公平、参与者目标分散、参与过程无序而最终使参与行动失败。

根据奥斯特罗姆的观点，制度包括宪法、集体选择以及操作三个层次。其中，宪法层次的核心就是对民主参与权的确认，即要在宪法层面确立参与权的基本构成。这包括两个方面：一是宪法层次确立并保障当前我国国家层面的法律、法规、战略等已明确提出的知情权、参与权、表达权、监督权;二是宪法层次扩充民主参与权的内容,知情权、听证权和监督权等构成的更加全面的民主参与决策层次,即对知情权、听证权和监督权的实现做出原则性规定与约束,并通过法律法规等形式对公共事务执行中的民主参与做出明确的要求。此外,政府要在城市治理领域进行制度创新,即根据城市公共事务的特征而创新已有社会民主参与制度所规定的具体实施程序和制定。

(五) 基于有效激励机制建立的动力保障

社会主体参与城市公共事务的管理和服务是要付出时间、劳动或物质资源等多种形式的成本的,加上在很多情况下,社会主体参与城市公共事务中所追求的公共利益往往难以迅速、直接地得以展示并为社会主体所具体感知。因此,民主参与实践还面临着一个关键的问题,即在社会主体所得利益尚未显现之时,其如何产生并保持较高的参与热情。这就要求社会在参与实践中建立有效的激励机制,通过政府回应、影响力预期、奖励等多种手段来使社会主体能够拥有持续参与的动力。

首先,政府回应和对参与过程或结果具有影响力是城市治理参与最根本的激励因素。社会主体参与城市治理的过程不仅是诉求表达、资源输出的表现,更是其对城市发展认可、重视和支持的体现。如果社会主体参与未得到政府重视或者公共事务执行未对民主参与做出任何反应,那么社会主体就难以继续投入更多的热情。民主参与的前提是权力分享与让渡,有效参与是以政府让渡公共权力为基础的,因此,民主参与的有效实施是要以产生影响力为前提的。也就是说,政府要想获得某种特定水平的民主参与,其必须提供与之相当的影响力作为激励方式。

其次,奖励、提供便利条件、补偿等都是城市治理中民主参与的直接激励措施。奖励是指对在民主参与实践中参与并做出一定贡献的参与者的精神奖励和物质奖励。其所体现的是政府对社会参与的积极性及公众所投入资源的重视、肯定与鼓励,是使正在参与者保持或激发未参与者热情的直接手段。奖励应坚持精神奖励与物质奖励相结合的原则,注重精神奖励的附加价值,即奖励给获奖者所带来的自我约束、社会责任感以及对他人产生的引导与示范效应。这主要是指政府应积极为自下而上的社会参与实践提供所需的信息咨询、教育培训、舆论支持、活动场所、设施设备以及必要的经费资助等。

同时,社会参与城市公共事务是要付出时间等多方面的成本的,因此,有时还必须要考虑以报酬或经济补偿作为激励社会主体来参与的重要方式。要注意的是,上述激励手段均应属于辅助性手段。在城市治理实践中,无论是奖励还是资助、补偿的额度都不宜过大,以避免社会主体仅仅是为获得奖励、报酬而参与;对政府来说,则不能仅仅根据自身意愿与目标而仅在部分公共事务执行中选择性地采用这些激励手段,以避免使民主参与变为政府为获取资源的"利用性参与"。[①]

思 考 题

1. 简述城市治理参与的定义与基本内容。

---

① 参见王京传《旅游目的地治理中的公众参与机制研究》(硕士学位论文),南开大学2013年,第124~227页。

2. 尝试分析多元主体参与在城市治理协同中的作用。
3. 公众参与对完善我国城市治理参与有何现实意义。

案例分析

城市治理引入信用体系

近日我们看到两则消息，都与联合惩戒有关。一则，28个部门联合印发了《关于对严重危害正常医疗秩序的失信行为责任人实施联合惩戒合作备忘录》的通知，对"医闹"行为的限制措施涉及人们工作生活的方方面面。另一则，住房和城乡建设部日前起草了一系列管理暂行办法的网上征求意见稿，拟将101种行为列入住房城乡建设领域的失信联合惩戒名单，开始向社会公开征求意见。

事实上，在联合惩戒的背后，是关于信用的大格局。早在2014年，我国就发布了《社会信用体系建设规划纲要》，其中提出，到2020年前，"基本建立健全社会诚信制度"。要实现这个目标，需要有公开透明的奖惩制度，让守信者一路畅通，让失信者寸步难行。"联合惩戒"就是在此时进入公众视野的，其最初针对欠债的"老赖"，进而慢慢向多领域渗入，将一般性的失信、失德、不文明等行为纳入其中，目前已形成多部门、多行业、多手段共同发力的联合信用惩戒体系。

随之而来，信用也就越来越"有用"。它不仅是每个人的另一张"身份证"，是其日积月累形成的"无形资产"，也是经济良性运行的前提、社会稳定有序的基础。对每个个体来说，具备信用，就有了无须付现即可获得商品或服务的可能；对整个社会来说，重视信用，就有了蓬勃向上的活力，有了良性运转的润滑剂。

对于一个城市来说，如何有效治理是城市管理的难点，在这方面，信用能够帮上忙。信用可以"当钱用"，信用良好的人，在医疗、交通、政务等公共服务和城市生活领域，可以享受先服务后付费、信用认证免跑腿，由此带来的便捷舒适体验增强了他们对城市的归属感，帮助其更快地在城市站稳脚，城市也会因此吸引和留住更多的人才，不断提升核心竞争力。不守信用特别是屡犯不改的人，绝不会有这样的体验，他们面对的只会是"一处失信、处处受限"的局面。

此外，我们也不妨将城市治理中多发、疑难、久拖不决、难以根治、市民关切的一些问题，纳入社会信用共享体系，以提高城市管理执法效能，提升城市文明程度。目前，已经有地方做出了尝试。比如，江苏省常熟市就出台了《常熟市城市管理失信行为管理办法（试行）》，第一次将社会法人、自然人不遵守城市管理相关法律法规的行为纳入信用管理体系，让城市治理成为与信用体系结合于一体的复合式管理。同时，这也是在强化信用体系建设，有助于进一步整合政府部门之间、政府与社会之间以及各社会单元之间的信息和资源，提高办事效率。

我们生活在这个城市，需要养成良好的守信习惯，只要在个人生活、生产、经营、交往等方面"注意一点、文明一点、规矩一点、尊重一点"，就能让所在的这座城市多一分靓丽。

——节选自牛瑾《城市治理引入信用体系》，载《经济日报》2018年11月14日。

案例思考题

1. "联合惩戒"相关政策出台的原因是什么?
2. 结合本章知识,谈谈你对城市治理引入信用体系的看法。

第六章 城市治理结构

城市治理是治理理论在城市管理领域中的应用。城市治理近年来成为城市管理学等学科的一个研究热点。本章从分析及论述城市治理结构的内涵、本质入手，系统阐述城市治理结构的新的制度框架——三维框架，并由此出发，讨论城市治理的制度安排。

第一节 城市治理结构本质

城市治理结构是指参与城市治理的各个主体之间的权责配置及相互关系，主要解决如何促成城市政府、社会和市场三大主体之间的相互合作问题。城市治理结构属于城市治理的宏观层面，从深层次上制约着城市治理的状况和水平。在很大程度上，正是城市治理结构的设置及其特征，决定了城市治理产生的空间与机理。

首先，城市治理结构是城市发展中的一种制度安排。城市治理主要是要协调城市主体或城市利益相关者之间的关系，是城市发展中的一种制度安排，这种制度安排决定了城市利益相关者之间的利益分担和参与城市决策的能力。作为一种制度安排的城市治理，将随着城市的发展而不断演变和创新。

其次，城市治理本身是指一个体系结构。它包括以下关系：市民与城市政府的关系，主要指委托代理关系，这是城市治理应解决的最基本的问题；城市政府内部科层组织内的关系，主要指政府内的委托代理关系；城市政府在多层级政府体系中的关系，主要指城市内市政府与辖区政府、城市政府与上级政府及与中央政府的关系；在城市化和城市郊区化发展的过程中，城市体系内城市间的关系；城市政府与跨国公司间的关系；等等。在经济全球化与信息化的背景下，如何形成良好的关系、建立一种城市主体间的新型运行规则，成为城市发展必须要考虑和解决的问题。

最后，城市治理结构是一种城市治理机制。其包括政府的职能治理、组织治理和对行政团队的激励及约束机制的建立；城市市民参与城市政府的决策机制；城市政府与非营利组织间的运行机制，即非营利组织如何有效地参与城市政府的决策和促进城市的发展；城市政府在多级政府中的运行机制和城市与相关利益城市的关系。诸如此类的问题，都是城市治理机制所要重点解决的。

第二节 城市治理结构框架

一、三种角色的互动关系

城市政府的主要职能是提供公共产品或公共服务。而城市公共服务领域经常是由若干从各种各样行业的"交易者"构成的。在城市治理过程中，这种结构体现在城市公共服务的提供者、生产者和消费者之间的关系上,包括:①公共服务提供者与生产者的关系;②公共服务生产者与消费者的关系;③公共服务提供者之间的相互关系;④公共服务生产者之间的相互关系。城市治理是一个持续不断的过程,在这个过程中,既可以是对立的或各异的利益主体彼此适应,也可以是各利益主体采取合作的行动。但是,不管怎样,好的城市治理结构,就意味着好的关系,意味着更高的效率。

城市公共服务结构有一些类似产业和市场的特色,因此,政府各个部门间的互动将会产生令人满意的结果。奥斯特罗姆及其合作者把公共服务产业链上的参与者分为三类:一是服务的生产者,二是服务的消费者,三是连接生产者和消费者的提供者或者集体决策单位。他们认为,有效的公共服务来自服务决策者、服务提供者、服务消费者在构建良好的制度关系中的相互作用。城市公共服务产业链中三个角色之间的关系如图6-1所示。

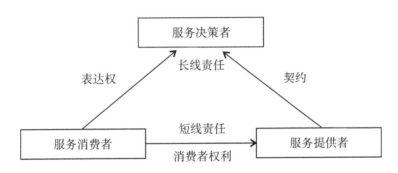

图6-1　城市公共服务决策者、服务提供者和服务消费者的关系

城市公共服务产业链的三组参与者构成了一个三维分析框架——服务决策者,作为行政或立法的代理人(或两者的结合),设置供公共服务提供者操作的根本的实施规则;服务提供者,可能有多种类型,每类提供者提供着同样的服务;服务消费者是最终决定政策制定和服务的直接委托人。我们利用这个三维框架不仅可以更直观地观察城市公共服务效率,更重要的是,通过它们之间的互动关系,可以构筑新的城市公共服务治理结构的基本轮廓。

在图6-1的服务链中,还存在着"长线"和"短线"两种关系。其中,所谓长线责任,是指公共服务的消费者影响决策者,再由决策者影响服务提供者。在这一服务链条上,如果出现任何断裂,或消费者未能影响决策者,就可能导致服务供给的失败。鉴于长线关系的缺陷,那么,加强短线行为,改善消费者与提供者的关系,就更值得考虑。所谓短线行为,是利用政府作为规则的监督者和强制执行者,对公共服务供给进行直接协调和推动,而不管谁将最终成为直接提供者。

传统城市治理结构的一个重要特征,是普遍存在低效率的情况,这种低效率存在的原因不仅是缺乏规范的公共选择机制和公共服务需求的有效表达机制,更重要的是缺失"短线"机制。由于没有一种机制能保证由公共服务的消费者进行选择,并以此来向服务提供者施加影响,因此,在一定程度上,城市公共服务供给主要体现的是政府及职能部门的需求偏好,而不是广大消费者对公共服务的需求,结果注定是低效率的。

因此，在三维分析框架下，我们把城市公共服务的行为主体分解为服务链中的三个角色——提供者、生产者和消费者，研究三者构建的制度关系和良好的互动过程，探讨每个角色对不同的制度激励的回应，进而考察提供公共服务的不同机制或可替代的制度安排，形成城市治理结构研究中的一个新的制度框架。

二、三种角色关系的良性互动

（一）决策者－提供者

在现代城市治理结构下，我们可以把公共服务的决策者与提供者之间的关系视为一种契约关系。在这种契约关系下，重要的是决策者和提供者之间要分离，并且存在一个清晰的规则。为了使双方的利益关系得到协调，决策者希望设计一种合约机制授权给服务提供者以助其从事某种活动，并要求提供者为决策者的利益而行动。也就是说，这种合约机制就是要促使提供者采取适当的行为最大限度地实现决策者的效用。当然，服务提供者在实现决策者的效用最大化的同时，也要实现自己的效用最大化。只有将有效的契约安排变为一种激励，才能将参与公共服务供给的个人或团体的努力变成城市公共服务体制的一部分。

在"决策者－提供者"关系中，另一个重要问题是如何选择合适的提供者。竞争通常有助于做出选择。也就是说，决策者在确定服务的方向时，可以在政府部门、自治组织、非政府组织、营利组织等提供者之间进行选择，以充分发挥竞争的作用。事实上，这种竞争是对契约的竞争，即服务契约可能是上下级政府之间签订的合同，也可能是与非营利组织或营利组织签订的合同。对契约的竞争将会吸引更多的服务提供机构，从而改善和提高公共服务的质量和效率。

在"决策者－提供者"关系中，还有一个关键要素是信息。监督契约的履行需要更多的资讯。但是，在服务契约的签订与执行过程中，可能存在着信息不对称的情况，而信息的不对称会引起投机行为，提供者可能会凭借自己知道而决策者不知道的信息获益，从而使决策者的利益受损。如果没有确立抵制性制度来处理信息不对称的情况，各种逆向选择和道德风险问题就会发生，从而极大地增加交易成本，由此增加的成本会影响公共服务的提供或生产活动的进行，因此，必须要以某种方式来监督提供者，并将信息反馈给决策者。

（二）消费者－提供者

在现代城市治理结构下，改善城市公共服务意味着让服务提供者更关注公共消费者的利益。同时，让消费者发挥积极的作用——让他们成为购买者、监督者和合作生产者。

公共服务消费者在加强服务的供给方面可发挥两种重要的作用：表达他们的服务需求和监督服务提供者。那么，怎样才能加强消费者在反映需求和进行监督方面的作用呢？答案是增加消费者在服务提供中的选择和参与的机会。在完全竞争的市场上，需求及其偏好是通过价格机制反映出来的。而公共服务需求的表达一般来自非市场机制的投票规则。一种直接表达其需求偏好的方式,我们常称之为"以手投票",即通过民主政治过程来决定公共服务的需求与供给,它是将私人选择转化为集体选择的一种过程。但是,当公共服务消费者可以选择服务提供者时,还存在另外一种表达公共需求偏好的方式,即公共服务消费者可以通过进入或退出决策来表达其需求偏好,我们常称之为"以脚投票"。"以脚投票"强调公共服务消费者在可替代的公共服务提供者之间进行选择。多个公共服务提供者的存在给公共服务消费者提供了更多的选择机会。由于同时存在多个选择机会,公共服务消费者就可以与不同的提供者确立或终止联系。

由此,由消费者的选择所创造的竞争就可以有效地约束服务提供者的行为。因此,促使服务提供者对消费者负责的最直接方式就是使服务提供者从服务交易中获取的所有收益都取决于他们是否能满足消费者的需求和需要,或者说,他们从提供服务中获取的收益都应依赖于享受公共服务的消费者。

(三) 决策者-消费者

首先,城市公共服务消费者对需求偏好的表达和政治参与,将他们与服务决策者联系了起来。当决策者的政策效率没有显著地改善消费者的福利时,公共服务消费者便需要施加影响力以保证决策者对消费者的偏好做出及时的反应。

其次,消费者对决策者关于需求的表达是公共服务提供中最复杂的责任关系,要真正做到对消费者的需求做出回应并不容易,当决策者和消费者联系较弱时更是如此。这是因为决策者的言行等和实际之间有较大差距,所做的改进公共部门绩效和使其更具回应性的努力也常常不起作用,强调民主和参与不会自动导致决策者对消费者的服务需求做出直接的回应。

此外,消费者表达其需求偏好对服务的影响还取决于决策者与服务提供者之间的契约关系。如果这种契约关系很弱,那么,即使是强有力的表达也不会让消费者得到满意的服务。

三、提供者与生产者分离的革命性意义

在私人经济交换过程中,很少有人关注供给者、提供者与生产者之间的差别,这很可能是因为三者之间的差别太明显了。在私人领域,个人与家庭决定他们要为自己提供哪些私人物品或服务以及如何提供这些物品或服务。然而,在公共领域,供给、提供与生产的区分是相当重要的。

城市公共服务的生产能够与公共服务的提供区别开来,是基于生产与提供的过程的不同。一般来说,生产是将投入变成产出的更加技术化的过程,而提供则是消费者得到产品的过程。通常,提供指的是通过集体选择机制对以下问题做出决策:

(1) 由指定的一组人提供各类服务。
(2) 所提供的服务的数量与质量。
(3) 与这些服务有关的私人活动被管制的程度。
(4) 如何安排这些服务的生产。
(5) 如何对这些服务的供给进行融资。

（6）如何对生产这些服务的人进行管理。

显然，提供的组织过程基本与消费、融资、安排服务的生产与监督有关。只要服务是由一个集体来供给的，那么无论它是公共部门还是一组私人用户，都必须进行这些活动，认识到这一点是非常重要的。

提供与生产的区分，使得城市公共服务的参与主体变得多元化了。如果存在足够的公共服务参与者为城市服务，那么，就能够利用这一丰富性或交叠性，利用一个提供者作为买者的协作者，与其他公共部门或私商签约，以生产不同的公共服务。

提供与生产，是整个城市治理结构概念的核心，而对于它们的区分则是政府角色界定的基础。对许多公共服务来说，政府本质上是一个供给者或提供者，是一种社会工具，用以决定什么应该通过集体去做、为谁而做、做到什么程度或什么水平、怎样付费等问题。政府可以做出用公共开支来"供给"某种服务的决定，但不意味着必须依靠政府来提供或生产这种服务。

在这种情况下，城市治理结构有一些类似于产业和市场的特色，以至于各个行为者之间的互动可能产生让私人获利的机会。我们通过组织安排把公共服务供给结构概括为"产业"，就可以运用市场分析的大部分工具来考查公共服务的制度安排结构，就能够像对市场结构中的私人企业行为进行预测那样预测公共服务参与者的行为。

最关键的是，在制度安排的构想中，一旦这些类型的参与者在概念上得以区分，在城市任何特定的服务领域中就都可以对它们进行鉴别。同时，我们也可以运用一定的方法观察提供者和生产者的联系，提供者与消费者的联系，以及一项服务的生产者与其他服务的生产者之间的联系。而公共服务参与者之间的内在联系，可以用于说明在许多不同的城市区域内每一项有益的公共服务的制度安排的结构，反过来，通过对公共服务供给的契约结构与不同类型参与者行为的分析，可以增加我们对制度安排的效率与合理性的认识。

第三节　城市治理结构要素

一、多样化的行为者

在城市治理结构中，提供城市公共服务的行为者是基本的分析单位，而且行为者之间构成利益相关者，它们的行为虽然相互独立，但能够相互调适。它们能够计算受风险和不确定性因素影响的潜在收益和成本，它们会进行战略机会的选择。在一系列同时发生的博弈中，每一个选择都是其中的一次行动，这些选择的依据是其潜在的收益。

由于公共服务参与者的多元化和其所具有的平等地位，这些潜在的制度安排总是以契约的形式出现的。每一个政府部门首先是一个公共服务的提供单位，一些提供单位可能组建它们自己的生产部门，或者它们也可能选择与其他公共机构签订合同，或者与生产特定物品和服务的私人公司签约。这意味着在政府和公共服务生产者之间以及参与者本身之间可能存在着多样化的关系。从多样化的生产者中进行选择，使得在公共服务供给中利用规模经济成为可能，从而提供了减少交易成本的手段，进而提高了制度安排的效率。

二、基于契约的制度安排

在多样化的行为者或参与者之间存在着若干潜在的制度安排，从而形成了一种多中心的制度结构。竞争机制的引入，使得许多城市公共服务都可以通过契约的方式提供。根据公共服务和生产的区别及其所产生的生产机会，我们可以确定城市公共服务的不同契约的制度安排，如表6-1所示。

表6-1 城市公共服务的制度安排

供给者	决策者（安排者）	
	公共部门	民营机构
公共部门	政府计划型	政府出售型
民营机构	半市场提供型	民间协作性

制度安排有所不同的原因在于，政府既能作为一个安排者，也能作为一个生产者，民营机构也一样，由此形成制度安排的四种基本类型。

1. 政府计划型制度安排

城市公共服务主要是通过公共行政体系的一体化命令结构来组织并完成的。城市政府作为服务提供者，通过融通资金，组织公共服务的生产；或者从另外的公共或民营供给者那里购买服务。这种提供机制在某种程度上是对市场关系的替代，但是，如果能够将投入生产者组织在一个相互依赖的关系中，政府能够有效地监督生产者的行为，那么，政府与合作生产者投入组合就极有可能是有效的。然而，由于信息不对称，在公共服务提供中监督成本是很高的。同时，提供者也缺乏动力去密切监督投入行为、选择有效的协作生产组合，再加上投入组合难以变更、难以直接刺激投入绩效的刚性，这实际上也导致了某些低效率状况的产生。

2. 半市场型制度安排

在一定范围内，公共供给者和民营供给者的投入在生产关系上是可以相互替代的，这种生产关系就存在着半市场关系的特点，这时就可以运用价格机制来引入有效的行为组合。如果存在着充分竞争的生产者，决策者就能够与他们进行谈判，以实现他们倾向的特定价格与服务特性的组合。因此，提高半市场型制度安排效率的关键是竞争。城市公共服务生产者之间的竞争，如同市场中企业之间的竞争一样，也可以产生实质性的收益，因为在整个服务体制的运作中引入了规范的倾向。公共服务决策者与供给者之间的契约性安排，为公共服务供给提供了竞争性选择。

3. 政府出售型制度安排

在这一制度安排类型中，民营机构或个人成了公共服务的安排者，政府是供给者，民营机构从政府部门那里购买公共服务。例如，民营机构可以购买水资源，租用政府的建筑物和土地。但是，政府出售与政府为其服务并强行收费的行为明显不同。当政府为其供水、供电或针对公共交通服务收费时,或者当政府强迫私人企业购买政府服务时(如从政府机构购买失业保险),政府扮演着服务安排者的角色。但在政府出售的过程中,民营机构或个人是服务安排者。

4. 民间协作型制度安排

在通过协作型制度安排开发公共服务的地区,民营生产者之间可以根据一定的组织安排,来减少市场型制度安排下的讨价还价成本。这些安排经常采取自主治理的形式。自主治理是针对某些小规模的公共服务项目而言的,一群相互依赖的提供者形成固定的组织,进行公共服务的生产,从而在面对搭便车、逃避责任或其他机会主义行为诱惑的情况时,能够取得持久的共同利益。在自主治理条件下,协作生产表现为一种民间协作性制度安排,这是行为者个体对于利益或收益的追求而使社会受益的结果。总之,基于契约的城市治理的制度安排,其核心是以效率为价值取向。也就是说,城市公共服务是由私人供给还是由政府供给,抑或是双方合作供给,这完全取决于效率。

三、冲突解决机制

城市公共服务的提供与生产过程必然涉及具有共同的、互补的或者相互冲突的利益的行为者。而多中心体制与公共服务的多种属性相结合,必然影响公共服务参与者之间的协作、竞争和冲突模式。

没有适当的机制来处理冲突和监督公共服务经济的运作,协作型安排中的契约交易就会成为实施形式最粗俗的、政治腐败的机制。与那些有寻租动机的政府官员签约,契约制就有可能成为其吞食公共资金和化公为私的工具。因此,在缺乏来自其他提供者和生产者的竞争性压力的情况下,这类契约能够提高效率是大可质疑的。如果没有适当的公共政策以及实施这些政策的制度作为保障,没有任何经济关系体制能够运转良好。

解决冲突的方式是由城市总体的治理结构所决定的。在传统的管理模式下,人们总是试图通过囊括单一的、综合性的治理结构中的所有当事人的方式来解决冲突。但是,在契约服务体制下,冲突的解决机制却完全不一样。当冲突表面化后,相关方应该通过正式或非正式的冲突解决机制来管理冲突,以避免冲突升级进而威胁整个契约关系。①

思 考 题

1. 如何理解城市治理结构?
2. 城市发展与城市治理结构有何关系?
3. 简述城市治理结构框架三种角色的关系。

案例分析

城市治理不能光靠"市长"

城市治理需要推动政府、社会、市民同心同向行动,使政府有形之手、市场无形之手、市民勤劳之手同向发力、形成合力,共同增加城市发展正能量。在上海,街道社区

---

① 参见冯云廷《城市管理学》,清华大学出版社 2014 年版,第 73~79 页。

建立协商治理制度；在湖北武汉，工地模拟法庭请律师为农民工讨薪；在广东佛山，社区成立公共决策咨询机构……观察各地的城市治理创新，自下而上的参与越来越多，政府与社会的合作越来越多。也就是说，城市治理正从行政主导结构向着多元主体的治理结构转变。

中央城市工作会议提出了创新城市发展方式，一个关键点，就是"统筹政府、社会、市民三大主体，提高各方推动城市发展的积极性"。可以说，针对城市发展遇到的新问题、新矛盾，中央不仅指明了方向，而且也明确了创新路径，接下来，要考验的就是地方城市政府改革创新的决心、智慧尤其是胸怀，调动各方面参与城市治理的积极性、主动性、创造性。总之，城市治理既要"市长"也要"市场"。

大拆大建、交通拥堵、环境污染……产生"城市病"的原因很多。一方面，是城市治理体系滞后，突出表现为城市治理主体的过度集中、单一。小至行道树的树种选择，大到交通路网城市地标以及城市风貌管控，几乎完全取决于城市政府主管部门甚至个别领导的个人品位、知识、经历背景甚至一时兴趣。这或许能带来决策的高效，但也会导致决策随意性、随机性的问题，老百姓称之为"一个市长一种广场"。另一方面，行政主导的一元化治理结构也难以解决城市治理的统筹难题，具体而言就是部门垄断和归口隔绝。著名城市研究专家简·雅各布斯（Jane Jacobs）在其《美国大城市的死与生》中就曾经专门论述过政府机构在城市管理中的这种"横、纵不协同"的普遍问题。事实上，为解决诸多城市顽症，我国政府做了很多创新探索，如成立领导小组、建立联席委员会等方式，都是为了解决部门不相协同的问题，也取得了看得见的实效。但在一些地方，问题依然存在，除非更高层级的领导出面，否则由于孤立决策和行政区隔造成的城市病可能仍会存在。

因此，创新城市发展方式、提升城市治理能力的关键，在于如何让治理决策做到统筹科学，这就离不开一个兼顾多方利益诉求的治理体系。主体的主动性和开放性是当代城市治理的一个重要命题，一个好的城市治理体系一定是一个包括政府部门和市民等社会力量在内的多元共治的协商、对话、妥协体系。可以说，在当时的历史阶段，行政主导的一元化治理体系在城市秩序、城市形象和城市基建以及设施数量等方面发挥了显著的效率优势，但随着城市人口膨胀、城市迅猛发展，这样的治理体系已经难以适应发展需要。换句话说，城市治理需要推动政府、社会、市民同心同向行动，使政府有形之手、市场无形之手、市民勤劳之手同向发力、形成合力，共同促进城市积聚正能量。

城市是现代社会进步发展的载体，也是考量政府现代治理水平和能力的大平台。现代城市治理也不再是单向度的行政管理，而是应该吸引社会公众有序参与，这既是"人民城市为人民"的宗旨体现，也是实现城市治理现代化的必要途径。

——节选自张毅《城市治理不能光靠"市长"》，载《人民日报》2016年5月23日。

案例思考题
1. 为什么城市治理不能光靠"市长"？
2. 改革城市治理与优化城市治理结构有何关系？

第七章 城市治理工具

城市治理工具的获取、选择和运用直接关系到城市治理的有效性。治理工具的选择行为、准入秩序和运作构成了重新审视和思考治理工具本身的分析框架。本章对城市治理工具内涵、构成要素、类型、标准和选择依据进行的分析,有助于厘清城市治理工具的目的与内容。

第一节 城市治理工具的内涵与特点

一、城市治理工具的内涵

治理工具又被称为"政策工具""政府工具",最常见的定义是萨拉蒙所提出的:"一个行动者能够使用或潜在地加以使用,以便达成一个或更多目的的任何事物。"[1] 欧文·E. 休斯(Owen E. Hughes)认为,治理工具是"政府的行为方式,以及通过某种途径用以调节政府行为的机制"[2]。迈克尔·豪利特(Michael Howlett)则认为:"政策工具是政府赖以推行政策的手段,也可以称为政策手段,是政府在部署和贯彻时拥有的实际的方法和手段,在政策实施过程中,政府需要在其中选择合适的手段。"[3] 陈振明和薛澜认为:"政策工具,又称为治理工具或政府工具,是指政府为了解决公共问题而采用的可辨别的集体行动机制,其研究核心就是如何将政策意图转变为管理行为,将政策理想转变为政策现实。"[4] 综合以上学者的观点,所谓的城市治理工具是参与城市治理的各主体(尤其是政府或公共部门)为了实现治理目标而采取的行动策略或方式。

二、城市治理工具的特点

城市治理工具作为一种行动策略方式,具有以下五种特性:

第一,治理工具是有主体的,以政府为主,但不单一,包括公共部门以及公共部门以外的其他部门。

第二,治理工具是有对象的,有主观针对和客观适用的目标群体,但群体的规模、性质、构成随具体目的和工具的选择而不同。

---

[1] L. M. Salamon. *Tools of Government: A Guide to the New Governance*. Oxford University Press, 2002: 21.

[2] [澳] 欧文·E. 休斯:《公共管理导论》,彭和平、周明德、金竹青等译,中国人民大学出版社2001年版,第99页。

[3] [加] 迈克尔·豪利特、M. 拉米什:《公共政策研究——政策循环与政策子系统》,庞诗等译,生活·读书·新知三联书店2006年版,第141页。

[4] 陈振明、薛澜:《中国公共管理理论研究的重点领域和主题》,载《中国社会科学》2007年第3期,第140~152页。

第三，治理工具是有工具属性的，是手段、途径、方法、技术等的综合及总和，而且相关主体在实施时对若干工具是有选择意识及选择行为的。

第四，治理工具是有目标的，治理工具一定是为了帮助治理主体实现某种改变、达成某种形态。

第五，治理工具是有效率意识的，必须考虑成本、效益和效果。①

第二节 城市治理工具的类型与标准

一、城市治理工具的类型

"公共管理者被要求去寻找新的创新途径来得到成果或者将先前由政府履行的职能民营化。"② 市场方式被引进城市治理工具之中以治疗公共管理机制僵化的痼疾。城市治理重视放松管制，拓宽治理主体参与城市治理的渠道，刺激城市治理工具的创新；重视非政府组织的作用，致力于建立良好的公私伙伴关系；重视信息沟通和有效协商，建立政府、市场和公民社会互信与互动的愿景。

简而言之，这些治理工具总体上具有倾向市场与公民社会的作用，强调公私伙伴关系，强化诱导和激励。从类型上划分，城市治理工具主要有以下三类：

第一，企业化城市治理工具，如特许经营、质量管理、成本管理、顾客管理和战略管理等。

第二，解制型城市治理工具，其放松管制主要在于经济和公共事业领域，主要集中在证券、铁路、航空、通信、能源、银行等行业，所使用的工具包括公私伙伴关系、半公半私企业经营、催化非政府行业、改变公共投资政策、股权投资、种子资金、重新构造市场等。在放松管制的同时，西方国家的城市政府建立了对其产品和服务的自我约束和责任制度，如产品责任制度、消费者权益保护和服务监督制度等，以保护社会公益和市民的权益。

第三，顾客导向型城市治理工具，力图制定提高顾客满意度的计划。其测算顾客满意度，分析和分解城市各部门的顾客，根据顾客满意度进行标尺竞争以提高政府各部门的服务水平，城市之间也进行标尺竞争；采用权力分解、志愿者服务和社区自治的工具，将政府权力下放到社区和基层一线政府，以充分赋权为基础，"让管理者来管理"③。

二、城市治理工具的标准

城市治理工具的选择是复杂的，它涉及各城市历史背景、文化、制度等因素，任何

---

① 参见马海韵《新型城镇化视角下地方城市治理工具创新研究——以南京江北新区为例》，载《行政论坛》2017年第6期，第35~42页。

② [美] 珍妮特·V. 登哈特、罗伯特·B. 登哈特：《新公共服务：服务，而不是掌舵》，丁煌译，中国人民大学出版社2010年版，第11页。

③ 谢嫒：《当代西方国家城市治理研究》，载《上海经济研究》2010年第4期，第82~89页。

一种工具的选择都是多种价值和标准权衡的结果，没有哪一个价值能够起决定作用。城市治理工具的标准以下六个方面。

（一）有效性

有效性是判断城市公共事务管理活动是否成功最为重要的标准，也就是我们经常所说的社会效益。有效性能够表明一项公共行动是否达到了目的，虽然成本也将成为一个考虑的重要标准，但是有效性常常可以独立于成本。如果一项公共行动没有达到预定的目的，即使所付出成本很少，这项公共行动也没有任何意义。按照这项标准，最好的城市治理工具是能够解决公共问题的工具。

不过，判断城市治理工具是否有效，这是很困难的，一方面，由于很多项目其目的性本身非常模糊，我们不可能通过具体指标来评价某项公共行动是成功还是失败；另一方面，不同的工具适应不同的环境，不同的工具有不同的制度基础，我们具体地判断哪一种工具是否具有有效性会有一定的困难。

（二）效率

有效性主要关注结果，效率主要关注成本，最有效率的城市治理工具是成本最少的工具。城市治理工具的成本不仅包括政府的直接成本，即政府运用工具完成公共行动的成本，而且包括政府的治理工具对非政府部门造成的成本。

例如管制，不仅包括政府管制委员会付出的成本，而且包括政府管制使私营部门产生的成本。不过，政府一般不将后一部分成本列入预算。但政策分析应该综合考虑各方面的成本，从而决定应该采用哪一种政策。科斯（Coase）教授在其《社会成本的问题》一文中提出的主要观点就是要考虑政府管制的社会成本。他关于外部效应是应该通过市场还是政府来解决主要是要考虑其总成本，而不仅仅是单方的成本。我们在评价各种城市治理工具时，也应该考虑城市治理工具所产生的社会成本，通过社会成本的比较来权衡各种工具。

（三）公平性

公平性包含三层含义，首先，是个人贡献与其收益相等，这种平衡又称为财政平衡，它构成了交换经济的基础。公平概念认为，谁从服务中获益，谁就应该承担该项服务的财政负担，而且谁获益较多，就要付出较多。这个概念本质上表现出的内容是，公共服务的收益与提供该服务的成本之间的财政平衡。其次，是罗尔斯（Rawls）所说的要将基本权利平均分配给社会上所有个人，这样在全国范围内看来是比较公平的。最后，还有一层含义是再分配，即将一些利益分配给那些最需要的人。这事实上也是政府之所以存在的道德原因。道德市场的供给总会因为交易成本的过高和正外部效应而供给不足，因此，政府作为替代选择，能够扩大供给，从而为更多需要帮助的人提供服务。

如果按照这一标准，最好的城市治理工具是那些能够满足公平要求的工具。例如，社会保险可能会被认为是最好的城市治理工具，因为它既能够保障所有的个人，又能够保障那些处于弱势地位的人群。

（四）适应性

适应性在现代社会中具有越来越重要的地位，诺斯通过对适应性效率的研究指出制度在经济生活中具有十分重要的意义，从而对古典经济学进行了修正。埃莉诺·奥斯特罗姆通过对基础设施的研究指出："如果制度安排不能对变化的环境做出反应，那么基础设施的可持续性很可能遭到破坏。"[①] 城市治理工具的适应性是指城市治理工具不仅能够适应当时的环境，而且能够随着环境的变化而变化。如果按照这一标准，那么最好的治理工具是最能够适应环境变化的工具。那些不能适应环境变化的工具，即使静态效率很高，也不是最好的城市治理工具。

（五）可管理性

除了有效性、效率、公平和适应性之外，最近的研究表明在项目执行中管理性越来越重要。工具越是复杂，所涉及的参与者越多，管理的难度便越大。有些工具的难度可能会比其他工具在操作方面更难。虽然有些工具在理论上向我们许诺会带来更大的利益，但是实践上往往会因为管理方面的原因而失效。正是基于这个原因，有学者甚至把可执行性作为项目设计的第一标准。如果按照这一标准，那么城市治理工具最好的是那些最简单和最直接的操作工具。

（六）合法性和政治可行性

工具的选择还要受到政治可行性和公共行动的合法性影响。同样一项城市治理工具即使其效率很高，效果也很好，但是如果没有政治的支持，那么这项工具不可能被采用。这事实上又回到了公共行政责任的问题。正如布鲁金斯研究所关于新公共管理的研究表明，新公共管理关注绩效，而不是财政和公平，关注结果，而不是过程。因此，新公共管理与民主价值发生冲突，新公共管理如果要取得合法性必须重建其伦理和民主价值层面。如果按照这一标准，那么最好的治理工具理论是最具有政治合法性的工具的选择。[②]

第三节　城市治理工具的选择

城市治理工具的选择，是以城市政府为主的治理主体搜寻、发现、确定和运用能够最大限度地实现治理目标的治理工具的过程。城市治理工具的选择是理性行为，并非随意地进行，是一个有目的的、系统思考的复杂过程，旨在完成一定的使命，实现特定治理目标。

---

① ［美］埃莉诺·奥斯特罗姆、拉里·施罗德、苏珊·温：《制度激励与可持续发展》，陈幽泓、谢明、任睿译，上海三联书店2000年版，第204页。
② 参见毛寿龙、李梅《公共行政学概论》，中共中央党校出版社2005年版，第58～61页。

一、城市治理工具选择的制约因素

制约城市治理工具选择的因素较多,这里主要从治理目标、工具环境、行动者、信息传播媒介等方面进行分析,这些是城市治理工具选择的最关键因素。

(一)治理目标

治理目标是城市治理工具选择的出发点与归宿点,因此是城市治理工具选择的重要因素之一。城市治理总体目标是提供公共产品或公共服务,最终是为了实现"善治"。从宏观上来看,其可以是促进社会公平正义、维护社会稳定;从微观上来看,对于每一项具体的公共事务来说其目标各不相同,如对环境治理来说,其目标是保护生态环境、维护生态平衡。治理目标的选择具有一定的主观性,主要源于现实社会中需要治理的问题,是对现实社会问题进行选择的结果。当然,社会问题大量存在,不是每一个问题都可以或必须被纳入城市治理范围之内的。一般而言,政府只提供纯公共物品,对于纯私人物品和服务问题,政府都无须采取行动,因为在这方面,个人、企业凭借市场机制即可获得最大效率的解决。政府自身能力包括财政、人事、专业等能力,是确立治理目标的重要制约因素。当政府能力有限时,就不能对治理目标定位太高,防止目标与现实、手段与结果之间出现大的落差。

(二)行动者

行动者是城市治理的主体,也是那些参与城市治理工具选择的所有机构和人群,包括城市政府、非政府组织、公众等。行动者的第一大类型是城市政府。当然,城市政府不是治理的唯一行动者,但它是必不可少的行动者,在整个治理工具选择中发挥着主导性作用。当然,城市政府作为行动者,实际上是政府内部的行政人员以城市政府名义在进行活动。因此,行政人员的个人素养、专业水平直接决定了治理工具选择的匹配性与实效性。行动者的第二大类型是标的群体,即城市治理行为所针对的那些人。传统公共政策研究中,许多学者经常把标的群体作为政府行为的一个外在变量。随着"第二代政策执行理论"的出现,标的群体的重要性逐渐为人们所认识。现在,人们在观念上逐渐已经接受,标的群体不仅是城市治理行为的被动接受者,还积极参与城市治理行为(尤其是政策制定和政策执行)。行动者的第三大类型是利益相关者,他们可能是个人、利益团体、非营利组织或企业。利益相关者在治理工具选择中的重要作用也日益彰显。

(三)制度环境

制度是制约城市治理工具选择的核心因素。制度的范围非常广,几乎涵盖了所有具有约束性的制约,包括正式制度和非正式制度。B. 盖伊·彼得斯(B. Guy Peters)给制度下了一个最低限度的定义:制度在某种程度上是社会或政治的结构性特征,制度总是在一段时间内保持稳定性,制度一定会影响个人行为,制度成员中会共享某种价值和意义。在新制度主义看来,所谓城市治理,其实质就是提供物品和服务的制度安排。因此,城市治理工具的选择,就是对物品和服务的提供和生产的那些制度安排的选择。同时我们也应注意到,制度也是对城市治理工具选择的约束,城市政府必须在遵循一系列制度(尤其是国家制度)的情形下考虑治理工具选择的问题。因此,制度作为一种约束,在城市治理工具选择中发挥出了两方面的功用:一是制度约束行动者选择治理工具的行为,二是选择治理工具就是设置一系列制度约束。

(四)信息传播

信息在城市治理中发挥着重要作用,在治理过程中,行动者正是通过信息来相互交流和传递知识、主张、意见、情感,并且进行劝说、协商,最后最大限度地统一思想,做出治理工具选择等相关问题的决断,以推动治理的进行。在传统管理模式中,由于信息传播技术落后,信息不对称现象非常严重,很多重要信息的发送与接收成本高昂,行动者之间无法形成有效的交流沟通、协同合作,也就无法形成所谓的治理。受信息传播技术的限制,城市治理多以选择管制性工具为主,政府可以通过信息封锁、新闻审查,甚至制造与宣传虚假信息,对地方社会进行管控以维护社会秩序。随着信息技术的发展,信息传播方式与途径已经发生了翻天覆地的变革,城市治理行动者之间几乎可以无障碍、无成本地随时随地进行沟通,信息封锁等手段在治理过程中已经失去意义,反而会助长行动者之间的不信任。因此,在大数据时代如何充分利用信息技术,进行有效信息交流与沟通,便成为城市治理能否顺利推进的重要制约因素。[①]

二、城市治理工具选择的主要维度

为了更好地了解各种城市管理方式或者说治理工具,我们对城市治理工具的分析不应该建立在单一维度之下,而应该建立在多视角之下,只有这样,才能更好地认识各种城市治理工具的利弊得失。不同学者从不同视角分析城市治理工具,从而得出了不同的政策建议。本部分内容主要从强制程度、直接程度、自治程度、可见程度来分析城市治理工具的选择。

(一)强制程度

一般人们最常用的分类标准是城市治理工具的强制程度,例如,将政府管理方式分为命令的、说服的和奖酬的三种。强制程度主要是判断城市治理工具限制个人和集团行为的程度。如果一项城市治理工具的强制性越强,那么个人和集团的自由的活动空间就越少。

强制性是人们经常运用的一项分类方法。强制性不仅是政府与其他组织之间进行区别的标准,而且是城市治理工具内部相互区分的一个重要维度。城市治理工具的强制性越弱,有效性也可能会越差,很容易形成"上有政策,下有对策"的状况。公平方面也会得不到保证,但是这种治理工具适应性较强,政治家也愿意接受该种治理工具。

强制性较为适中的是给予个体或团体以补贴或津贴,个体可以自由支配。这种方式

---

① 参见黎智洪《大数据背景下地方政府治理工具创新与选择》,载《湖南大学学报(社会科学版)》2018年第5期,第143~149页。

会产生很高的效率，因此在新公共管理中的很多措施，如契约外包、让管理者管理都属于这一类。但这种治理工具在有效性、公平性和政治合法性方面表现一般。

社会和经济管制的强制性较强，无论社会管制还是经济管制都是要限制那些政府所不期望发生的行为。城市治理工具的强制性越强，有效性越高，这样越容易实现再分配，因此公平性就越强。但是，由于政府要同时面临无数个体，从而会给政府的管理造成很大的困难。同样，政府的治理工具成本也会很高，适应环境的能力很差。

（二）直接程度

城市治理工具往往与公共服务的提供模式相关。政府提供公共服务的活动有很多种类。如奥斯特罗姆将公共服务的供给与生产分开。在生产、供给之外，其实还要加上公共服务的融资。提供者既包括政府，又包括私人，政府不仅有全国政府，还有城市政府；私人不仅包括营利部门，还包括非营利部门。融资方式既可以是通过政府来融资，私人来提供和生产；也可以是私人来融资，由政府付费。按照这两个标准，可以将公共服务的提供方式分为四类：A类表明公有公营（如国防），B类表明公有私营（如承包、租赁），C类表明公营私有（如政府向公民提供的收费物品），D类表明私有私营（如保安服务）。

国家不同，其选择的城市治理工具也不同。例如，美国通过管制和特许经营来解决自然垄断问题，而英国等国家却通过国有化来解决。城市治理工具越是间接性的，其获得政治支持的程度越高，自主性越高，效率也会越高，适应性也就越高，不过其公平性和有效性会较差；同时由于涉及主体较多，并不容易管理，这是很多政治家更愿意采取直接行政的原因。这表明政府间接行政有很多优势，例如，间接的治理工具可以让公民有更多的选择权，在公共服务提供者之间创造更多的竞争；间接行政让管理者有更多的自主权，从而能够处理各种复杂的事情；间接行政有较大弹性，政府易于控制，因此其政治支持性也较高。

政府的直接提供在有效性、公平性和管理性方面占有优势，而在效率性和适应性方面则较差，这也是现代社会遭受抨击最多的地方。不过这种模式的辩护者称政府直接提供可以保证民主社会的责任问题，现代经济学"委托－代理"的理论支持了这一观点，委托－代理理论认为，组织之间产生的委托代理问题比组织内部产生的委托代理问题更为严重。现代社会处于两难境地，一方面需要维护民主社会的责任问题，另一方面需要用更少的钱提供更多的服务。这也是间接工具以后会在政治方面遇到的最大问题，即责任问题。

（三）自治程度

第三个衡量城市治理工具的尺度是自治程度，即这种城市治理工具是利用已有的政府机构为公共提供服务，还是创建自己的机构为公民提供服务。例如，利用市场来提供公共服务，表明这种城市治理工具是高度自治的。事实上我们还可以利用法律系统、税收系统、私人组织来提供公共服务，这些都是具有一定自治性的城市治理工具。

城市治理工具自治程度较高的是那些利用非政府组织提供公共服务的工具，例如，侵权责任、税式支出、矫正税、合同等。这些城市治理工具的效率较高，适应性较高，但是公平性和有效性都较差。有学者甚至将政府提供公共服务的机构是否自治作为首要评价标准，认为依靠官僚制提供公共服务最终会导致失败。相反，那些自治程度较低的治理工具，则在公平性和有效性方面较高，而在效率、适应性方面较差。

（四）可见性

城市治理工具的可见性，即城市治理工具所需要的资源是否能够在政府预算上得到反映，能否进入政策辩论过程。那些可见性较强的城市治理工具往往是那些成本和收益比较清晰的工具，如政府公司。那些可见性较弱的治理工具则是如管制这类城市治理工具，其成本与收益不容易计算。

城市治理工具可见性较强的是直接贷款、凭单制、政府公司、补助金、矫正税，这些项目通常能够非常容易地在预算中反映出来，也经常是政策辩论的焦点。这样就能够保证效率和公平性，但是这些项目的适应性和政治合法性都比较差。而那些可见性不强的政府治理工具通常能够获得政府的政治支持，这些城市治理工具包括：经济管制、社会管制、标准要求、保险等，但这些治理工具的效率、公平性并不理想。

虽然城市治理工具可能产生的结果只是假设，但是作为城市治理工具，其无疑是解决公共问题的强有力武器。现代公共问题的治理面临着挑战，政策制定者迫于政治压力越来越会选择那些很难进行管理的城市治理工具，并且是否能达到目的也难以把握。事实上，公共问题的复杂性、对政府的可信性的质疑、人们对效率的关注使得政府越来越愿意选择那些间接性较强、自主性较强，不易在政府预算中反映出来的城市治理工具。这表明第三方政府正在兴起，但是我们也应该看到，第三方政府使问题管理更加复杂，责任问题日益突出，政治合法性受到怀疑。这些挑战主要表现为管理的挑战、责任的挑战和政治合法性的挑战。作为城市治理工具理论的新治道能否成为城市治理新的典范，在很大程度上取决于是否能够克服这三个挑战。只有我们成功地解决这些挑战，使城市治理工具从理论转变为解决现实城市公共问题的公共行动，城市治理工具才能真正地发挥作用。①

三、治理工具评估与选择标准

要对治理工具的有效性、匹配性进行准确评估，是非常困难的，因为每个治理行动者的价值取向、观察视角不同，这导致治理工具选择标准差异较大，从而出现治理工具评估与选择的多元化。例如，经济学以"资源配置最优化"作为最终和最根本的标准，政治和法律学科关心的则是公平与正义，而管理学偏重的是命令执行以及可操作性。

英国学者胡德（Hood）提出了治理工具选择的四项标准：①理性选择的标准。对所有能完成工作任务的被选工具进行比较审查，评估每种治理工具可能会带来的结果，最后选择那个最确定、能最大程度获益的治理工具。②分类选择的标准。针对治理对象和目标，根据工具的性能与分类来择优选择。③伦理道德的标准。治理工具的选择必须

---

① 参见毛寿龙、李梅《公共行政学概论》，中共中央党校出版社2005年版，第61~68页。

符合某些道德准则，如正义、公平等。④经济标准。治理工具的选择要以对政府资源最低程度的耗费来产出最大的社会效能，因此，应尽量使用如信息、资财等低约束的工具；尽量不使用如组织、权威等高约束的工具；尽量使用"方向性"的工具，而非"无方向性的"工具；等等。

美国学者萨拉蒙提出了治理工具选择的五项标准：效能、效率、公平、可行性、合法性。①效能标准。所谓效能主要是看一项治理工具在何种程度上实现了其预定目标。最有效的工具就是最有可能使公共行动解决了公共问题，实现了其预期目标的工具。②效率标准。效能只考虑结果，效率则将结果和成本综合起来进行考虑。最高效的工具就是达到了收益和成本优化平衡的工具。③公平的标准。政府存在的理由之一，就是要确保或弥补公平，因此，城市治理工具的选择要以公平为基础。④可行性标准。尽管有些工具在理论上的效能和效率很高，但是由于很难实行，这些工具也就成了海市蜃楼。⑤合法性标准。任何一项治理工具，都要符合政治与法律的要求，这得到了治理行动者的认同以及群众的支持。不具有合法性的治理工具，存在多种风险，其治理的结果也是非法的。①

思 考 题

1. 城市治理工具的含义是什么？有哪些构成要素？
2. 城市治理工具选择的标准有哪些？
3. 如何选择城市治理工具？

案例分析

社会影响力债券：城市治理的新工具

社会影响力债券虽以债券为名，但本质上属于非典型债券，其结构设计更类似于期权性质的结构性商品。当社会问题达到预设效果使公共预算得到节约时，政府履约付款并奖励一部分利润；而当社会问题未达到理想目标时，政府不付款，投资者的原始资金甚至可能全部亏损。明确的社会目标、跨部门协作机制和为成功支付成为社会影响力债券的典型特征。

2010年，全球首批社会影响力债券——彼得格勒社会效益债券于英国发行，英国剑桥郡彼得格勒镇为解决刑满释放人员再犯罪率高企的社会问题，成立位于伦敦的非营利机构"社会金融"，启动了全球首个社会影响力债券试点。该债券从17家基金会募集了约500万英镑（约合4800万元人民币）作为起始资金，用于投资"彼得格勒"项目，交付给具有专业干预犯罪经验的公益组织圣吉尔斯信托作为资金执行方使用。

最终，项目实施有效降低了彼得格勒地区刑满释放人员的再犯罪率，提升了城市治理水平。自在英国率先实践以来，社会影响力债券迅速扩展至美国、加拿大、墨西哥等世界多个国家。

---

① 参见黎智洪《大数据背景下地方政府治理工具创新与选择》，载《湖南大学学报（社会科学版）》2018年第5期，第143～149页。

截至目前，全球已发行60余单社会影响力债券，募集资金约2.16亿美元，除用于解决城市治安问题外，还涉及社会保障领域。

2016年12月23日，中国首单社会影响力债券——山东省沂南县扶贫社会效应债券在全国银行间债券市场成功发行。该债券采取非公开定向发行方式，募集金额为5亿元，期限10年，专项用于沂南县扶贫特色产业项目、扶贫就业点、扶贫光伏电站、扶贫公共服务和基础设施配套等"六个一"扶贫工程，预计惠及人口将覆盖当地125个贫困村的2.2万群众。这种通过债券工具吸引民间等社会资本参与城市社会问题解决的探索，开创了中国金融创新和社会创新的先河，值得深入研究其工具机理。

历经几十年的改革开放，中国在社会经济建设方面取得了长足进步，但日趋严峻的社会问题和巨大资金缺口之间的根本性矛盾，要求城市治理者采取新的战略、理念、创意和机制来应对解决。

山东省沂南县扶贫社会效应债券对加强市场和第三部门的优势互补具有重要作用，是城市治理发展到现阶段的新革命，其变革意义集中体现在以下几个方面。

首先，城市治理的协同机制。政府、市场和社会组织在应对社会顽疾时存在组织边界的分割，而社会影响力债券的出现融化了组织间强大的边界，较好地矫正了政府、市场和第三部门在社会领域的失灵问题。山东省沂南县扶贫社会影响力债券体现了多元主体基于协商合作的协同治理机制：就债券投资方而言，沂南债券的定向投资方为政策性银行和商业机构，区别于国外影响力债券资金多是公共属性的资本；就服务提供方而言，沂南县"六个一"扶贫工程由政府具体实施部门负责社会产品和服务的有效供给，有别于国外由社会企业、社会组织作为提供方的形式；就参与主体方而言，不仅包括传统的权威主体，即国家和政府，还涵盖市场机构、商业银行和非营利社会组织等新的治理角色。

其次，资金运作的伙伴模式。从筹资生态链考量，社会影响力债券产生于筹资者与投资者，但债券发行、投资者注入资金、服务者使用资金和购买社会项目需要系列转化和资金运作过程。沂南县立足脱贫攻坚的民生需求，依法与债券发行方签订了"六个一"扶贫工程政府购买服务协议，约定在存续期内定期向债券发行方采购扶贫服务；同时，沂南县城乡建设发展有限公司作为债券发行方和项目管理方，向5家定向投资机构筹资5亿元，由青岛银行和中国农业银行作为主承销商，由沂南县"六个一"扶贫工程部门作为资金使用者和生产者提供社会公共产品和服务；此外，中国扶贫协会作为债券募集资金扶贫效果第三方评估机构对项目的社会效益进行评估；最后，沂南县人民政府作为结果型购买者根据第三方评估效果实行阶梯定价、购买支付。这些分布于供给侧、中介方和需求侧的各类机构形成的多伙伴治理关系，构建了资金流通更公平、更有效率且可持续发展的创新生态。

再次，影响力测量的量化。作为一种"为成功付费"的新型筹资模式，社会影响力债券收益水平与社会效益挂钩。为了核算这类综合性的成果指标，债券投资者或项目管理方通常会聘请相对客观中立的第三方对服务提供者提供的产品和服务的绩效（即目标关联性、成本、产出、结果和影响）进行量化和估值。对公共产品和服务影响力的量化测量是社会影响力债券的关键。山东省沂南县扶贫社会影响力证券中，中国扶贫协会作为第三方机构评估债券资金扶贫效果,债券收益根据评估结果相应浮动,浮动区间在 3.25%～3.95% 之间。这种基于成果支付的结果导向方式,以创新、严密的合作形式达到了多方的共赢:服务提供方(政府业务部门或社会企业)可获得初始资本启动产品生产和服务供给,投资方可获得社会影响、履行社会责任及经济回报,第三方审核加强了项目透明度和结果真实性,结果型投资者依据成果支付转移了投资风险。

最后,激励管理创新。社会影响力的量化测量意味着对那些旨在解决社会问题的产品和服务的绩效(即目标关联性、成本、产出、结果和影响)进行量化和估值,并发布绩效信息。政府可以据此建立购买服务的标准体系和价格体系,实现绩效监管或完成投资决策;投资者可以据此确定合理的投资回报率,为资源的合理配置提供决策的信息基础;服务提供商可以在实现了绩效目标的前提下,通过技术革新、管理创新等手段,将企业家精神引入公益事业和公共服务提供中来,节约成本的同时还提高了服务质量。

公开成本约束是社会影响力债券激励创新的关键。比如,英国政府建立了公共服务的单位成本数据库,囊括了犯罪防治、教育和医疗等数百项公共服务的单位成本数据。建立成本数据库和绩效信息数据库,可以深化公共服务需求显示、购买、评估、付费和监管等环节的分工,为政府转变职能,向社会和市场分权提供了基础,从而有助于提高整个社会的运作效率。

社会影响力投资在中国方兴未艾,它不仅是一种全新的融资机制,更是一种新型城市治理工具。它以城市治理的协同理念、资金运作的伙伴模式、结果导向的资源配置机制以及可量化的影响力测量,成为推进城市治理体系和治理能力现代化的重要力量。

——节选自曹堂哲《社会影响力债券:城市治理的新工具》,载《中国城市报》2017 年 4 月 10 日。

案例思考题

1. 社会影响力债券属于何种城市治理工具?
2. 谈谈你对社会影响力债券的看法。

第八章 城市治理评价

城市治理评价是对城市治理实践可行性、有效性和合法性的直观测量。城市治理评价的基本框架应当兼顾城市治理主体结构和城市治理行为结构,需要体现政府行政治理主体的作用,也需要体现城市治理体制机制的运作过程,体现城市治理业绩效果的差异。本章从分析城市治理评价的内涵入手,探讨城市治理评价的目的、功能、方法和程序等内容,为我国城市治理改革与创新提供理论参考。

第一节 城市治理评价的意义

一、城市治理评价内涵

城市治理评价是对城市治理实践可行性、有效性和合法性的直观测量。城市治理评价有反映现实、服务改善、探索规律、促进发展等多方面的作用。作为城市治理评价的基础工程,城市治理评价的主要目的和基本要求包括:反映城市治理现状,甄别城市治理特色和差异;分析城市治理绩效,诊断城市治理问题和障碍;研判城市治理发展趋势,探索城市治理规律;推动城市治理创新实践,促进城市治理现代化。同时,我们要淡化评价的甄别与遴选功能,助推城市治理的健康成长。

二、城市治理评价目的

第一,服务于政府的城市宏观治理体系和治理能力建设。城市治理评价通过采集、分析和传播评价信息,为政府城市治理实践的全面、协调、持续和特色发展提供基础支持,进而发现可资借鉴的发展理念、建设目标、体制机制、实现路径、经验教训等。

第二,服务于城市社区的微观治理活力和效果建设。为基层社区的治理组织建设、集体协商、民主评议、多元治理等提供标杆式的参考和发展借鉴的框架。

第三,服务于社会组织参与或评估城市治理的实践。为城市治理相关的各级各类社会组织参与社会治理实践提供理论模型、操作工具、分析方法和研究案例,以利于其联合有关机构,拿出更高质量的关于城市治理体系和治理能力的描述、评价、监测、预测的成果。

第四,服务于企业选择投资布局和经济"走出去"预警。城市治理评价信息是企业了解投资环境和选择投资方向的重要参考。城市治理评价要满足国内战略布局和国际战略方向选择的需求,更直接地为市场提供城市治理绩效的投资参考。

第五,服务于市民了解和参与城市与社区治理的需要。城市治理评价要为市民城市治理的信息获取、流程监督、意见表达和参与治理提供认知框架和实践参考。

城市治理评价的目的是突破传统意义上城市治理评价工作的边界和节奏,不是仅仅把评估数据采集、分析和发布看作一个城市治理评价完整过程的结束，而是着眼于把评价范围延伸到服务对象，把更多的工作内容聚集到城市治理评价结果应用、后产品发展及其相关信息服务领域中，更为直接和紧密地服务于我国城市治理实践。这些后期工作包括：在传统评价工作的基础上进一步根据城市治理体系与治理能力测评的线索，深入研究国内外城市治理案例，发现、总结和概括不同类型城市治理的特色模式；发展服务于不同目的的城市治理评价工具，拓展城市多元治理的研究领域；通过城市治理的定向数据挖掘、信息管理和知识推送等决策支持服务，引导城市的政府、社区、社会组织和市民关注、支持、参与、研究和优化城市治理实践。

三、城市治理评价功能

（一）深化管理体制改革，有效转变城市政府职能

现代无论是国家的竞争还是地区的竞争，政府管理能力都是一个重要方面，正是因为政府的管理方式和管理绩效对社会经济发展产生的影响十分巨大，才使城市治理评价水平成为决定一个城市社会发展快慢的重要因素。由于我国正处在从计划经济体制向市场经济体制转轨的过程中，随着我国经济体制改革的不断深入，随着人民群众对政府管理能力和公共服务质量的要求的提高，政府需要及时转变职能，按照行政职能的要求建立以绩效为导向的城市治理体系，通过绩效评价把握政府履行法定职责的范围，有效地纠正政府越位、错位、缺位等的现象。

（二）合理进行资源配置，有效监督城市政府行为

随着人民生活水平的不断提高，社会财富的增多，政府所拥有的公共资源也日益增多，它的公共资源管理责任也在增大，政府必须对公共资源负有以下责任：一是政府的支出必须获得公民的同意并按正当程序支出，二是资源必须被有效率地利用，三是资源必须被用于达成预期的结果。这就必然要求政府有效地管理公共资源，要求公务员有效地履行行政责任、法律责任、道德责任。由于城市治理评价强调以公众的参与来监督政府，以政务的公开来约束政府，从而有效地增大了对政府行为尤其是资源配置行为的监督力度，加大了政府资源治理过程的透明度、公开度，最大限度地避免了政府资源配置行为的随意性和公务员行使权力的腐败现象。

（三）强化激励约束机制，有效提高城市政府绩效

城市治理评价有两个基本目的：一是客观评价政府工作绩效，二是提高城市治理整体工作效能。我们通过对城市治理实际进行科学的评价并以评价的结果作为政府部门及相关人员的任用、奖惩依据，可以促使政府不断提高工作业绩、提供优质公共服务的激励机制建设。同时，由于对具有垄断性质政府的行为进行制约的因素相对较少，要想保证一个政府的行为符合经济和社会的发展需要，符合公众的利益，必须通过建立严格的、客观的、不以政府自身利益为核心的绩效评价体系来有效地完善政府管理的制衡机制。因此，城市治理评价已成为城市政府建立有效约束机制的重要途径。

（四）形成公众服务意识，有效树立城市政府形象

由于政府绩效评价确立了"为公众服务，对人民负责"的管理意识，城市治理评价成了城市政府建立公共责任机制、解决各种社会危机、表现各类公众利益的重要途径。为实现"更有回应性、更有责任心和更富有效率"的政府形象目标，许多政府通过重塑政府角色、界定政府职能、提高服务质量、强调顾客至上等方式，有效地改进了政府与公众之间的关系，赢得了社会公众对政府的信任，增强了政府的号召力和社会民众的凝聚力。①

第二节 城市治理评价的基本内容

一、城市治理评价主体

城市治理评价主体是指组织和参与评价活动的人或组织。由于我们过去城市治理评价的主体大多都是上级政府部门，导致一些政府部门只唯上不为目的的现象，不仅无助于城市治理绩效的提升，反而还损害了城市政府的形象。因此，根据国外城市治理的经验和我们城市治理的现实特点，在确定城市治理评价主体时，应该建立多重评价的多元化主体体制，形成包括城市政府（含部门）自我评价，上级评价，党委组织、纪检、监查部门评价，人大、政协评价，行政管理和服务对象评价，社会公众（含舆论）评价，专家评价等的评价主体范畴，综合各利益相关者全面对城市治理进行真实、公平、准确的评价。②

二、城市治理评价要求

（一）城市治理评价的建构要以我国为主，兼顾国际

一方面，城市治理评价的内容建构要反映我国城市治理的现实需求；另一方面，也要参考目前国际城市治理评价有影响力的成熟体系，融合本国特色和国际学术的探索成果，形成独立自主、特色鲜明的城市治理评价框架。兼顾国际城市治理评价体系不仅有助于借鉴国外研究成果，开拓学术视野，增强中国城市治理实践的国际影响力，同时，借助这种微观层面城市治理评价的交流，还可以为中外同行开展国家治理评估的深度合作，广泛凝聚学术共识，以及提高中国城市治理模式影响力开启新的空间。

（二）城市治理评价的范围要以城市为主，兼顾上下

城市治理评价的领域首先要聚焦城市治理，保持自身的特点，这不仅表现在评估对象上，而且在评价的内容设计上也要形成适宜于城市的独特框架。另外，城市治理评价

---

① 参见雷仲敏、徐倩、董华《城市经济管理部门绩效评价探索》，中国言实出版社2007年版，第2～5页。
② 参见雷仲敏、徐倩、董华《城市经济管理部门绩效评价探索》，中国言实出版社2007年版，第6页。

也要保持行政管理和社会治理内容的对接和一致，以使评估结果能够立体地反映城市治理的真实情况和突出特点。

（三）城市治理评价的重点要以过程为主，兼顾结果

城市治理评价的过程指标主要是体现治理结构运作方式的评估内容。我们可通过收集和分析过程指标在客观反映城市治理影响因子基础数据方面的变化情况，来发挥其鉴别城市治理特色、预测城市治理走向、印证城市治理理论和干预治理走向的多重作用。城市治理评价的结果指标主要是体现治理能力发挥水平的内容。结果指标的数据形式既包括客观指标也包括主观指标，具有检测城市治理水平和遴选城市治理先进者的作用。过程指标和结果指标间存在明显的平衡和互动关系，然而，为了更好地发挥城市治理评价的科学研究和预测导向作用，应相对侧重过程指标，适当淡化结果指标。

三、城市治理评价方法

城市治理评价的方法主要包括比较法、因素分析法、公众评价法、成本效益分析法和综合评价法等。

（1）比较法。这是指通过对绩效目标与绩效结果、历史情况和评价期情况、不同部门和地区同类支出的比较，综合分析评价绩效目标完成情况的评价方法。

（2）因素分析法。这是指通过分析影响目标、结果及成本的内外因素，综合分析评价绩效目标完成情况的评价方法。

（3）公众评价法。这是指对无法直接用指标计量其效果的支出通过专家评估、公众问卷及抽样调查，对各项城市治理内容完成的情况进行打分，并根据分值评价绩效目标完成情况的评价方法。

（4）成本效益分析法。这是指将一定时期内的支出与效益进行对比分析，来评价绩效目标完成情况的评价方法。

（5）综合评价法。这是指为了进行全局性和整体性的评价，对评价对象构建指标体系，并根据所给的条件对每个评价对象的各指标赋予相应的值，通过相应的评价模型得到综合评价结果，据此进行择优或者排序的评价方法。

（6）其他评价方法。

第三节　城市治理评价的程序

一、城市治理评价指标选取

（一）城市治理评价指标选取的原则

城市治理评价指标对城市治理绩效进行科学度量，其直接关系到绩效评价的结果和评价目标的实现程度。为更加全面地反映政府、企业、公众、非政府组织对城市治理能力的影响，我们在城市治理能力评价指标体系构建过程中，主要应遵循以下三个原则。

1. 科学性与适用性

指标选取应具有科学性与适用性。首先，城市治理能力评价指标的选取要结合城市治理能力当前发展的状况，北京作为我国典型的特（超）大城市，其城市发展具有独特的发展特征，因此，指标的选取应充分反映特（超）大城市的发展现状及治理现状。其次，选取的城市治理能力评价指标应该能够充分反映不同治理主体在城市治理过程中所发挥的效用，因此不能采用以往测度政府治理绩效的指标体系去评价城市治理能力，而是应当建立起一套能够全面反映政府、公众、企业、非政府部门在城市治理过程当中所负担的职责以及发挥的作用的评价指标体系。最后，选取的评价指标应该便于数据的获取，以便完成综合评价得分的计算。

2. 定量与定性相结合

定量分析具备科学性、准确性的特点，评价方法的科学性保障了评价结果的准确性。定量分析将各城市的客观指标数据进行量化后根据所建立的城市治理能力评价模型进行计算。定性分析主要根据分析者的学识、经验等，主观地对评价对象做出评价。目前，学者大多由于采用定量分析方法建立城市治理评价模型对城市治理能力进行综合评价而忽视了公众、企业、非政府组织对城市治理能力的主观评价。现代城市治理是政府、公众、企业、非政府组织的共同治理，虽然基础设施类、经济类指标等信息可以通过定量方法进行分析，但是反应公众对城市治理能力的满意度、城市治理公众参与程度等的指标却只能通过定性法进行分析。因此，城市治理能力指标体系的建立离不开定性与定量分析方法的结合。

3. 典型性与导向性

反映城市治理能力的相关指标众多，但在选择具体评价指标时，并非纳入越多指标越好，而应选择最具有典型性和代表性的指标来构建评价模型，减少指标间的交叉重复，才能更好地完成对城市治理能力的综合评价。除此之外，指标的选取还需具有导向性，通过评价模型得到的评价结果不但要能反映出城市治理能力的现状，还要能对城市治理能力的提升起到促进和推动作用。[1]

（二）城市治理评价指标的分类

城市治理指标分为共性评价指标和个性评价指标。

（1）共性评价指标是适用于所有城市的治理指标，主要包括以下类型：绩效目标完成程度、预算执行情况、财务管理状况、经济和社会效益、资产的配置和使用情况等。

（2）个性评价指标是针对不同城市和部门的特点确定适用于不同城市的治理指标。

（三）城市治理评价指标的构建过程

城市治理评价的一般思路主要包括评估的理论准备阶段、指标体系初建和筛选、指

---

① 参见卫梦婉《北京城市治理能力评价与提升研究》（硕士学位论文），首都经济贸易大学 2017 年，第 18～19 页。

标的采集和无量纲化、确定权重及确立函数式计算分值等步骤。同时，我们还需要不断地反馈与修正，逐步完善综合指标评价体系的开放性。城市治理指标构建的逻辑过程如下。

1. 指标的初建

城市治理评价指标体系的初建有多种方法，如综合法、分析法、目标层次法、指标属性分组法等。以城市治理能力现代化作为城市治理的目标选择，是指标体系的目标层，城市治理的二级指标围绕目标层确立分目标，因此，城市治理指标体系的初建以目标层次法作为建构方法，计算简便、实用性强，既有利于确立城市治理目标结构，又可以减少指标之间的交叉重复。

2. 指标的筛选和优化

城市治理指标的构建要兼顾指标的全面性和代表性，使指标体系得到精简，抓住核心指标，剔除冗余指标。一般来说，指标的筛选需要定性分析与定量分析相结合。定性分析法主要考虑指标可获取性、指标计算方法、内容的科学性，以及指标之间的协调性、必要性和完备性等；定量分析法则主要通过统计方法，将具有统计显著性的多个指标进行缩减，保留核心指标或统计上易获取、科学性更强的指标。指标体系的优化是对指标建构的整体检视，检查评价目标的分解是否完备，避免目标交叉而导致指标体系结构混乱，分析指标体系内部各层元素的重叠性与独立性。

3. 指标权重的确立

城市治理指标权重体现出城市治理中的价值导向和评价者对该指标重要性的认识，它直接影响到综合评价的结果，关系到城市治理评价结果的真实性、公正性和合理性。城市治理评价指标权重确定方法有主观赋权法、客观赋权法和组合赋权法等。

4. 指标的标准化

在城市治理指标体系中，由于各指标的单位不同、量纲不同、数量级不同，不便于分析，甚至会影响评价的结果。因此，为统一标准，我们要对所有的评价指标进行标准化处理，以消除量纲，将其转化成无量纲、无数量级差别的标准分，然后再进行分析评价。将不同量纲的指标，通过适当的变换，转化为无量纲的标准化指标，称为指标的标准化。

二、城市治理评价数据收集与整理

城市治理进入测评阶段的关键是数据采集，它是检验指标体系真实合理的基础性工作。对于客观量化指标，这些指标以原始数据形式出现，不需要进一步转化，数据直接进入指标录入系统。一般而言，这类数据多是统计数据，可以直接从统计部门或政府职能部门获取。

主观考察指标中一类是政策性评价指标，这类指标考核的依据主要是材料审查，一是出台相关法律法规、政策措施的数量构成、时间进度，形成具有约束性的衡量标准，由调查员或者专家进行等级判断；二是材料抽样性分析，如在公共信息公开状况方面，不可能对政府所有公共信息全部进行审查，我们可以采用抽样的方式进行检查并赋予相应等级的分值。政策评价类指标的量化可采用等级评价。主观考察指标中另一类是城市居民的主观感受指标，这类指标可以通过量表的形式对感受的程度进行排列并赋相应的值。调查问卷是收集主观感受指标较为有效的手段和方法，鉴于城市治理评估指标体系中主观感受指标不多，而且调查对象为城市居民，所以适宜采用计算机辅助电话访问进行数据收集。①

三、城市治理评价数据分析与结论

我们根据评价资料收集和现场调查结果，就可以对全部信息进行系统分析，从而得出评估的结论。主要分析内容包括：评价实际结果分析与评价，前评估与后评估的对比分析，评价未来发展预测分析。其中，评价实际结果分析与评价主要包括评价成功度及原因分析、评价成本收益分析、评价目的的实现情况和评价成功与失败的主要经验分析等。前评估与后评估的对比分析主要是对比两者前后的差异，分析造成差异的原因等。对评价未来发展的预测分析包括可持续发展评价、评价经验教训分析与评价未来发展的对策研究等。

四、城市治理评价成果报告

评价结果的汇总与撰写应当客观分析评价问题，认真全面地总结经验教训，恰当地给出评价后续发展的对策与建议。评价报告不但应有报告的功能，还应具备绩效评价的功能，以及改善评价后续发展和提高组织未来决策质量的作用。

评价报告应有相对固定的内容格式，一般要求报告的文字和数据精确清晰，并尽可能不用过分专业化的词汇。报告应包括摘要、评价概况、评价内容、主要问题、原因分析、经验教训、结论和建议、评价方法说明等。这些内容既可以形成一份报告，也可以单独成文上报。②

思 考 题

1. 简述城市治理评价的定义与基本内容。
2. 为什么要进行城市治理评价？
3. 如何进行城市治理评价？
4. 谈谈如何提升一个城市的治理评价水平？

案例分析

《桂林市城市管理绩效考评办法》实施一年城市面貌持续向好，
"大城管"模式显现成效

升级版的《桂林市城市管理绩效考评办法》实施一年了，昨天，市城市管理领导小组办公室发布了2018年12月考评"成绩单"，并对过去一年的城市管理绩效考评工作进行了年度总结。记者了解到，去年全市城市管理工作以"创城固卫"为牵引，认

---

① 参见顾辉《综合评价法在城市治理评估指标体系中的应用》，载《江淮论坛》2015年第6期，第21～25页。
② 参见朱衍强、郑方辉《公共项目绩效评价》，中国经济出版社2009年版，第173页。

真落实"四合一"会议工作要求,不断强化城市管理考核,不断细化责任范围,不断创新城市管理方法,不断提升城市管理水平,城市面貌持续向好,城市管理绩效考评工作取得了不错的成绩。

1. 各县区部门积极做好城市管理工作

在2018年12月的城市管理绩效考评中,七星区以85.36分名列两县六区的第一名,市总工会、桂林供电局分别排在市直单位、中区直单位的首位。

2018年12月是新一轮全国文明城市创建的关键时期,全市城市管理工作以美化城市环境、提升城市文明程度、提高市民文明素质为目标,积极开展各项城市管理工作,进一步强化长效管理机制,不断提升城市形象,以良好的市容市貌迎接改革开放40周年和自治区成立60周年。

两县六区主动作为,扎实抓好城乡环境综合治理,市容环境明显改善;市直、中区直各单位以数字化案卷为导向,扎实开展好城市管理工作。六区两县及各单位精心组织、强化管理、全员出动,认真做好环境卫生保障工作,做到了责任全覆盖、卫生无死角、管理无盲区;高标准、严要求,各部门配合紧密,全面开展市容秩序整治工作;不断强化拆违控违力度,严厉打击"两违"建设;加强渣土监管力度,重视源头治理,有效改善了市区空气质量。

此外,2018年12月,各单位应处置案卷数为48160件,按时处置数为48106件,按时处置率为99.89%,数字化城市管理系统总体运行平稳良好,为城市管理提质增效。

2. 构建全市"大城管"新格局

《桂林市城市管理绩效考评办法》从2016年7月正式实施,之后,为了进一步做好城市管理工作,全面提升城市管理水平,根据市委、市政府的决策要求,升级后的《桂林市城市管理绩效考评办法》从2018年元旦开始实施。

秀峰区以92.73分在2018年度两县六区城市管理绩效考评中排名第一,叠彩区、象山区名列第二、第三名。2018年度市直单位、中区直单位排名首位的分别是市城管委、桂林供电局。

记者了解到,在过去一年里,各县区认真对照新办法的要求,加大投入、强化管理、补齐短板、弥补差距,城市管理精细化程度不断提高,城市管理覆盖面不断向背街小巷、城中村、城乡接合部延伸;市直部门、中区直单位积极跟进,从零基础到轻车熟路,从被动管理到主动作为,对责任范围内的城市管理问题的处置及时到位,形成了城市管理各司其职、齐抓共管的良好模式。

全市在市容整治方面,强力推进、攻坚克难。市容环卫管理常态化,严格落实市容环卫日常督查、检查、考评工作制度,发现问题及时处理解决;城市深度清洗工作扎实有效,市区主要街道整洁干净。渣土治理、洒水降尘工作稳步推进,注重加强渣土处置日常管理,重点检查各类渣土违规运输行为,使渣土撒漏污染环境现象大幅减少,空气质量显著提高。全市开展处理陈年建筑垃圾专项行动,集中整治建筑垃圾、陈年垃圾乱倾倒问题。严格查控"两违"行为,六城区全年累计拆违276.64万平方米,年度任务完成率为108.53%,市"两违"办和各县区城管部门不断加大交叉巡查力度,严厉打去新增"两违"建设。

市城市管理领导小组办公室相关负责人说，2018年，全市城市管理工作以"创城固卫"为牵引，认真落实"四合一"会议工作要求，城市面貌持续向好。特别是将两县六区、14个市直单位、6个中区直单位列为城市管理绩效考评对象，对全市城市管理起到了很好的引导与推动作用。城市管理范围进一步扩大，城市管理职责进一步明确，城市管理工作进一步细化，"大城管"模式显现成效。

——节选自桂林生活网，见 http://news.guilinlife.com/n/2019-01/08/429080.shtml。

案例思考题

1. 运用本章知识，概括桂林市城市管理评价工作的内容和过程。
2. 桂林市出台《桂林市城市管理绩效考评办法》政策有什么现实意义？
3. 谈谈你对进一步完善桂林市城市管理评价体系的看法。

第九章 中国城市治理的现实图景与国外城市治理的经验借鉴

城市治理作为一种新的制度结构,为我国城市管理体制改革带来了新的理念指导。本章首先描绘了我国目前的城市治理现实图景,接着介绍西方一些比较经典的城市治理经验,在借鉴其经验的基础上,对我国的城市治理建设提出几点建议。

第一节 中国城市治理的现实图景

一、治理难题日趋多样化

近些年来,逐渐优化的城市治理顶层设计和不断加大的城市治理资源投入,为城市治理结构的改善和效能的提升提供了保障,我国城市治理取得了一定的成效。城市治理尚面临难题不断累积、风险不断积聚的困境,根本原因之一就是传统城市空间的迅速解构。城市空间的解构,导致原有地理空间承载的社会关系发生剧烈震动,不同阶层间的居住分异和空间隔离日渐清晰,原本无形的社群、阶层边界显性化,城市内部的诸多问题在空间上高度集聚,城市治理充满了不确定性风险。[1]

（一）城市治理任务激增

社区是城市治理的基本单元,社区治理成效直接关系到城市治理的绩效。传统城市社区治理中,单位和邻里在城市社区的稳定有序运行中发挥着重要的功能和作用。单位制社区作为依托生产单位而建立的居住空间,社区治理的问题和矛盾基本都由单位解决。传统邻里街区居民彼此间交往密切,非常熟悉,矛盾和纠纷基本在街区内得到化解。由于城市化进程的快速推进,内生的社区共同体被不断地撕裂。近些年来,大规模的城市街区改造,不仅破坏了原有的社会关系结构和邻里关系格局,也使得大量原本由单位和内生治理秩序主导的城市治理任务,全部交给了城市基层政府和社区,城市治理任务随之增多、难度加大。雅各布斯指出,在城市里,不管是街区还是地区,如果经过长时间发展起来的公共关系一旦被破坏,各种各样的社会混乱就会发生,有时似乎再长的时间也难以改变这种局面。而重建具备强内聚力的社会结构和邻里关系格局尚待时日,失去内生规范约束的新型城市社区的治理成本显著上升,城市治理风险凸显。

---

[1] 参见陈鹏《城市治理困境的生成与消解——基于城市空间的视角》,载《安徽师范大学学报（人文社会科学版）》2018年第4期,第105～110页。

第九章　中国城市治理的现实图景与国外城市治理的经验借鉴

（二）城市治理难度加大

城市治理是对特定空间内社会群体的治理，社会群体相互联系、相互作用形成的结构形态，直接关系到城市治理的难度大小。彼特·布劳（Peter Blau）认为，社会结构就是指人们在不同方面的社会位置中的分布——反过来，位置也会反映和影响人们的角色关系和社会交往。我们要讨论社会结构，就要讨论人们的社会分化。城市空间表象上是特定的地理区域和物理空间，背后其实充满了权力和社会关系的作用，空间在构建社会关系的同时社会关系也持续地对空间进行生产和再生产。市场化的住房供给方式，在赋予城市居民自由居住空间权利的同时，也使得社会经济地位的差异在居住空间上得以彰显，富人居住在有很高社会声望的住宅区里，而穷人则住在不受欢迎的地方，城市最大限度地反映了社会分层，或者说社会空间内接于实体空间。

布劳将社会分化认定为异质性和不平等两种形式。布劳非常看重不同群体和阶层的个人之间面对面的交往对于社会整合的重要作用。他根据共同的群体成员资格和相近的地位促进社会交往这个假设，认为异质性和不平等都会给社会交往设置障碍。目前，城市的居住空间已成为身份象征，社群间边界显性化特征愈发明显。城市不同阶层群体在居住空间上的分离，使得城市不同社群间的交往频率大幅降低，群体内团结和群体外对抗的状态渐趋明显，诱发了很多城市治理中群体间的对抗和冲突。2018年年初，某小区出现的商品房与自住房业主之间就设立与拆除横亘在商品房区域与自住房区域间的隔离栏而产生的纷争，就是居住空间分异诱发城市治理困境的典型例子。①

（三）城市治理风险集聚

城市群体在城市空间中的归属与群体利益获取之间存在紧密的关联。在布迪厄（Bourdieu）看来，不能局限于从生产方式界定阶级，还应该从一整套有关选择和排斥的次级原则，包括地理空间的分布来界定社会地位。他将城市空间产生的利益分为地点利益、位置利益和职业利益，不同的空间承载的利益差异甚大。城市中个体、群体的生存和发展状态，固然与该个体和群体自身具备的能力、知识和技能等人力资本密不可分，但与该个体和群体居住空间承载的社会资本状况也有很大关联。人力资本指涉的是个人的能力，而社会资本涉及的是机遇。当人力资本对于成功是肯定必要的时候，如果没有社会资本的际遇，人力资本也不能被运用起来。

在传统城市空间的解构过程中，城市低收入群体的居住空间被置换到城市的边缘地带，而主要的特别是优质的教育、医疗和文化等公共服务资源仍位于传统城市空间，致使最需要公共服务资源的城市低收入群体反而难以有效获取。在公共服务比如基础设施和停车场、教育以及社会医疗等服务方面的撤资对不同的地方产生的影响是不均衡的，穷人比那些能够负担得起在私有市场寻求满足其需求的项目费用的人更加依赖这些公共服务。城市空间与不平等紧密相连，居住空间边缘化和公共服务资源配置的失衡，造成

---

① 参见陈鹏《城市治理困境的生成与消解——基于城市空间的视角》，载《安徽师范大学学报（人文社会科学版）》2018年第4期，第105～110页。

了低收入群体面临地理空间和社会空间的双重边缘化,致使城市贫困孤岛现象日益凸显,社会排斥现象随之加剧,城市治理面临着更多不确定性风险。①

(四)城市治理底线被不断挑战

人们进入城市的首要目的是获取就业机会以满足基本生存需求,在居民生存权面前,城市治理的道德底线正被不断挑战。传统城市空间中诸多沿街商业门面和摊点使得小商贩能够获得较多的经营空间而只需付出较低的经营成本,这为很多缺乏资本和技能的人提供了就业机会,也满足了城市居民的日常生活需求。但近些年来,在大规模的老城区改造和城市新区建设过程中,由于过于注重景观,城市街道两边和居民区四周基本被围墙和绿化带覆盖,沿街商业用房供给严重不足,租金不断攀升,使得小商贩的生存空间不断被挤压。而城市商业空间的高端化和以互联网企业为代表的新零售业的崛起,更加剧了街区商业的萎缩。同时,为保持城市道路的整洁干净有序,很多地方提出了"无摊城市"目标。面对日益攀升的经营成本和不断强化的城市管理,商贩为了自己的生存权与城市管理者展开了抗争,其背后是城市管理权和商贩就业生存权的博弈。如果两者之间冲突日渐增多,将会使城市治理成本和风险不断攀升。

(五)城市治理成本上升

城市治理除了自上而下的政府推动外,更需要自下而上的市民主动参与。市民精神和社区共同体意识培育,对于调动市民参与城市治理特别是其所在社区的治理非常重要。无论是在传统的城市中心,还是在新的发展模式下正在扩展中的城市周边地区,认同感和社区意识等问题很大程度上仍然决定着哪些地方将取得最后的成功。城市居民共同意识的培育和维系需要规划设计合理的公共空间。恩格斯(Engels)在《英国工人阶级状况》中记录了曼彻斯特和英国其他城市的空间结构,对当时工人在城市居住空间的状况进行了细致的分析,指出了城市从本质上来说是人们为共同利益而聚到一起的公共空间。在传统城市空间结构的解构过程中,逐利性日益强盛,城市的公共性逐渐丧失,城市空间俨然成为资本主导的场域,封闭社区逐渐成为居住空间的主流形态。封闭社区表明社会片段化和公民社会萎缩,已经成为当下社会的普遍问题。公共空间的供给严重不足,制约了城市不同经济群体和社会群体之间的交往,严重影响到市民参与城市社区治理的热情。缺乏市民参与的城市治理成本不断提升,城市治理绩效更加模糊不定。②

二、治理重心向基层下移

物理学上的重心是指物体各部分所受重力之合力的作用点。重心位置对于保持物体的稳定性具有重要意义,例如,起重机要正常工作,其重心位置应满足一定条件;舰船

---

① 参见陈鹏《城市治理困境的生成与消解——基于城市空间的视角》,载《安徽师范大学学报(人文社会科学版)》2018年第4期,第105~110页。

② 参见陈鹏《城市治理困境的生成与消解——基于城市空间的视角》,载《安徽师范大学学报(人文社会科学版)》2018年第4期,第105~110页。

的浮升稳定性也与重心的位置有关；高速旋转的机械，若其重心不在轴线上，就会引起剧烈的振动等。一般来说，物体的重心位置越低，物体的稳定程度越高。而"管理重心"则是一种比喻，借指在具有一定纵向规模的组织体系中，管理的主要资源和权责所集中的位置和层面。

城市治理是国家、城市政府等多种主体，依法对城市的经济、社会、文化和生态等方面进行引导和规范，最终实现公共利益最大化的过程。对于一个中央集权的超大城市来说，这种城市治理重心下移的方式以及随之形成的权责结构形式具有内在的合法性与合理性：一是提高效率，基层最靠近社会大众，能够及时快速了解社会需求并迅速予以回应，这种"短通路"具有天然的效率优势；二是降低成本，如果具体的城市管理事务都要上升到省一级甚至更高层级政府才能得以解决，其成本必将大得难以承受。高层级政府必然会保留监督权和干预权，但并不可能频繁使用；三是化解风险，重心下移使得中央政府能够有效阻止各类社会问题和矛盾向上集中，始终将它们分散控制在局部环境之内，进而有利于提高组织的整体功能、绩效和应变力，最终保持整个系统的稳定和持续性。

正因为如此，中国自古以来就非常重视属地管理的作用，县政始终是政区的基础性地域层级单元，县域治理也成为国家治理的"枢纽"。2000多年来，县一直是国家与社会、政权与民众的"接点"部位，所谓"郡县治则天下治，郡县安则天下安"，国家治理的成败就在于县治。自隋、唐之后，县政的范围日益广泛，功能越来越强，明清时代"知县掌一县治理，决讼断辟，劝农赈贫，讨猾锄奸，兴养立教。凡贡士、读法、养老、祀神，靡所不综"①。可见，大量与民众有关的教育、法治、治安、农业、风尚等事务一般都在县级层面完成，个体性事务进入省级乃至中央层面的都是极为少数的个案。

中华人民共和国成立以后，受到高度集中的计划经济体制的影响，我国城市管理实行的是以"单位制"为主，以"街居制"为辅的"双重治理结构"。城市治理和公共服务的主要承担者不是"街道"，而是一个个相对封闭且为国家所有的"单位"。正因为大部分社会成员的个人事务，如就业、教育、婚育、医疗、矛盾调解、思想教育均在单位内完成，可以说，城市治理的重心在单位而不在属地街道和居委会。这种"分散化重心"结构形态使得国家很少与公民个体直接发生往来，而主要借助"单位"实施城市管理。

从整体上看，除了与经济基础高度契合以外，这种治理结构赖以稳固的客观条件有三个：一是管理的高度组织化。计划经济体制下个人对单位有高度的依附性，因此，单位对个人有着较强的影响力和控制力，大量社会问题和矛盾实际上是在单位这个空间中，以组织化的方式而不是以法治的方式予以解决的。二是人口流动的低度化。强大的户籍制度、城乡二元体制和毕业分配制度，起到了将人口固定在户籍地的作用，进一步强化了单位这个"熟人社会"的控制力。三是社会领域的封闭化。在全能型国家的框架下，完全脱离国家和政府的社会组织与社会空间实际上不存在，或者无法以组织化的形式存在，社会空间的狭窄反过来又强化了国家及其单位的管理地位与能力。可以说，

---

① 《清史稿》，卷一百十六，志九十一。

这种以单位为治理重心的制度安排为中华人民共和国成立后30年的社会主义建设，特别是工业化初期发展提供了重要的社会保障和资源保障，是近代中国走出积贫积弱、一盘散沙状态，迈向现代化轨道的社会基础。

改革开放以来的经济变革不仅塑造了经济发展奇迹，也深刻改变了计划经济体制下的社会结构及国家对城市的治理机制。原有的"双重治理结构"在三种巨大力量的冲击下逐步瓦解。第一是市场化的力量。国有企业改制和民营经济快速发展解构了"单位"一统天下的局面，造就了大量的、国家行政控制之外的"单位"。经济独立使得这些"单位"不再承担计划经济条件下国有企业所承担的管理和服务职能，而以"社会化"的名义将之让渡给城市政府系统承担，因此，个人对国家单位的依附性开始降低。第二是城市化的力量。20世纪80年代以来，中国城市化以每年一个百分点的速度快速推进，原有的僵化的户籍制度随之转型变革，大量人口特别是流动人口向城市聚集，人口密度迅速提高，社会管理任务和难度呈几何级数形式上升，而"单位"已无法再吸纳和化解这些人口和事务，客观上要求本处于从属地位的属地组织（街居）去担负更多社会管理责任。第三是社会化的力量。国家允许并扶持各类行业协会、学会等社会组织发展，甚至通过购买服务等方式帮助其生长壮大，原来被封闭的社会空间逐步打开，公民通过新的载体——社会组织参与到公共事务和社会治理中来，社会治理的主体也由单一的国家（包括政党与政府）扩展为多种社会主体。

"双重治理结构"的解体客观上要求国家在基层治理方面寻找新的组织化方式，以街道和居委会为主体结构的基层政权正好担负起了这样的历史责任。从民政这条线来看，正是从20世纪90年代中期开始，加强社区管理和服务能力成了国家基层政权建设的核心内容。虽然街道这个最基层的行政管理单元不是一级政府，但"街道社区实际上已承担着基层一级政府的职能"，可以说，面对越来越复杂的社会事务和不断增长的城市管理职能，街道组织和社会面临着一系列新的问题和挑战，如何调整新功能与旧体制之间的矛盾和错位，正确处理行政性管理和社会化管理的关系已经成为"当务之急"。

在同一时间，城市管理的资源、权力和责任开始向区政府及其以下层面移动。这个过程首先以开展社区服务为主要举措，民政部门进行了许多社会福利性的济贫解困和方便生活的工作；其次是以创建文明小区为主要举措的阶段，注重发挥和提高绿化、环卫、治安、文化教育等小区的综合功能和整体环境质量；最后是以理顺社区组织体制为主要举措，直至提出探索和完善"两级政府、三级管理"新体制。"不设区的城市和设区的大城市，如果不能充分发挥其下的准行政区划——街道的作用，在行政管理方面就会颇感力不从心。"[①] 可以说，城市治理重心下移是20世纪90年代以来，国家治理体系因应社会转型和社会结构变迁所采取的一种组织性调整。

20年来，"单位重心"向"基层重心"的转换一直在持续，"街居制"的职能、责任、规模、人员和财力都在不断扩大，其在基层治理中的作用相比计划经济时代有了重大提升。但如果仔细来看，这一过程也并非线性的；以保证基层"有权、有人、有力"为目标的治理重心下移并未如预期那样完全到位，基层政权"小马拉大车"、人才缺

---

① 丁水木：《论街道社区和社区行政》，载《社会学研究》1997年第5期，第16~20页。

乏、组织虚弱涣散的现象其实并不鲜见。在许多大城市的城乡接合地区，甚至会出现基层政权超负荷运作、社会脱序以及公共服务资源严重匮乏（"黑车""黑诊所""黑幼儿园"等非正规经济扩张似乎是正规经济和服务不足的直接原因）的现象。深层次来看，这种"逆下移"局面的出现也有着体制性的逻辑：一方面，科层体制有权力向上集中的本性，伴随权力的"磁力效应"，各类资源如人才、资金等也会向上集中，这与重心下移在本质上是一个相反的过程；另一方面，相对于街道扩张而言，城市的要素（包括人口）聚集效应过强，特别是北京、上海这样的大都市，城市化区域的人口密度超过理想标准（每平方千米10000人）数倍，社会难题也会大量增加，运用传统方式治理的街道即使扩张了编制和人员，在一定程度上也可能满足不了形势的变化和要求。①

三、社会协同治理逐步形成

社会治理主体是多元主体的复合，它包括在党委领导下的政府责任、社会协同和公众参与，即在社会治理中，充分发挥党、政府、市场、社会组织、公民等多元主体的综合作用。社会治理主体的这种多元复合特征，一方面，对于激发社会活力，综合利用多方力量与优势进行综合治理、系统治理具有积极作用；但另一方面，社会治理主体的多元博弈、多向互动，也使得社会治理比以往的社会管理变得更加复杂，其中的利益关系也更难处理。② 10多年来，中国城市政府本着改善社会治理的目标，推出了围绕社会协同治理要素的创新性改革，特别是那些率先实行改革开放、经济较为发达的沿海地区，如浙江、广东、福建、上海等地，政府更加热衷于社会治理的创新，进行了许多实验性探索，这些探索可以在一定程度上反映中国社会协同治理的特点。

（一）努力打造社会协同治理格局

中国的社会治理努力追求这样的目标：一个富有领导力的政党凭借其不断的创新能力引领社会；一个有效的政府提供足够的制度供给和信用保障；所有企业和经济组织不仅追求自身利益的最大化，还要具有社会责任的担当和贡献；每个公民应当通过社会组织参与到社会生活、社会管理以及社会公益活动中来，贡献自己的爱心。总之，各地政府力求使不同力量和要素得到有效整合，使政府机制、市场机制、社会机制各司其职，共同分担社会功能，实现有效的社会治理。例如，上海市闵行区于2015年开始推行"平安小区建设协同治理模式暨平安家园工程"，全面推广平安小区协同治理的"田园模式"。该模式展现的三种机制和功能包括：①"政府"机制。政府财政1080.1万元用于小区技防、物防设施建设，增强社区防范能力。②"企业"机制。全区1027个居民小区投入社会资本（小区维修资金、公共收益等）1970.4万元，改善社区公共设施。③"社会"机制。该区广泛增设业委会（新设21个，还有48个进入了筹备程序），完

---

① 参见容志《推动城市治理重心下移：历史逻辑、辩证关系与实施路径》，载《上海行政学院学报》2018年第4期，第49~58页。
② 参见邸晓星《社会协同治理的法治意涵探析》，载《山西大学学报（哲学社会科学版）》2017年第6期，第40~45页。

善居民自治组织，提升自治水平。

（二）充分发挥党组织的引领作用

政党就是密切联系群众的组织，它在社会治理中发挥的主要作用在于：①政策动议，利用执政权力，推动社会治理政策的产生和实施；②组织动员，实现组织全覆盖；③行动引领，通过党员责任制等形式，保证社会治理行动的有效实施。浙江省宁波市提出"以党建引领社会治理"的口号，并采取了行之有效的做法，为社会治理提供了很好的示范经验。在宁波市的探索中，各级党组织通过制度创新和技术创新，加强组织建设和功能转变：在组织上，通过协商共治制度，扩大党组织的覆盖面，通过运用移动互联网等技术，加强绩效考核，激活各级党组织；在功能上，通过为党员和民众提供服务来转变党的工作重心，重塑党组织的公信力和领导力；在沟通上，通过区域化党建联席会议搭建对话平台，打破基层党组织各自为战的分割状态，提升基层党组织政治整合、政治动员、政治协调能力，凝聚各方力量，引领区域社会整体发展。实践表明，区域化党建片区联合体，有利于实现区域资源共享、党员共管、事务共商，有助于化解基层治理的突出矛盾。

（三）以发展公益组织和公益事业抑制公害事务

以公益化公害、以公益治公害，这是中国社会治理中的一条重要经验。我们在社会治理中应如何打破集体行动困境？各地政府的普遍做法是，培育和支持民间公益领袖，鼓励他们创设公益组织，然后吸纳其组织加入社会管理和社会服务的过程。例如，广东省深圳市于2001年成立了"深圳孤独症人士家长资源中心"这一社会公益组织。2009年，这一组织入选"壹基金典范工程"，并在2011年承担了华南区枢纽机构的角色，使广州、东莞、深圳等地自闭症服务机构的1000多名自闭症人士直接受益。从2009年起，具有官方背景的深圳市社会福利基金会开始与该组织合作，开展慈善项目。深圳市社会福利基金会捐助了345万元，资助项目涉及硬件改善、康复费用补贴、教师福利补贴、教材编写、文体活动经费资助等。据统计，2009—2012年间，深圳市社会福利基金会通过公益组织资助自闭症儿童约2000人次，资助自闭症教师约1400人次，建成设施完善的康复场所1300平方米。

（四）推进社会事务管理的信息化和网络化，为协同治理提供硬件平台

信息化和网络化是改善社会治理与公共服务绩效的有效手段。近年来，各级政府加大信息化和网络化投入，消除了信息"孤岛"状况，努力在基层事务管理中实现网络化信息化管理。例如，福建省从2012年年底开始推出"社区信息化平台"，推广到全省2238个城市社区和675个街道、乡镇、农村社区，发布信息30多万条，累计访问量达6200多万人次。通过社区信息化，基层社会治理实现了社区服务便民化、社区管理规范化和沟通渠道多元化，在提升民生服务能力和推进社区发展等方面起到了积极作用。

(五) 以问题为导向，实现治理方式全面创新

针对不同类型、不同性质、不同层级的社会事务，采用不同的治理方式，是实现社会有效治理的前提。针对政府传统管理模式应对社会需求和变化的种种低效、失灵困境，中央政府提出建设"服务型政府"和"法治政府"的目标和要求，以推进市场化、法治化、民主化、社会化进程来改善社会治理。

各级城市政府也积极谋求治理方式创新，形成了许多值得推广的经验。归纳起来，各地治理方式创新的主要途径包括：①通过规范政策标准和政府行为来改善社会治理；②通过改善公共服务（加大公共投入、推行政府购买等）来改善社会治理；③通过制度供给创新来改善社会治理；④通过信息公开和程序透明来改善社会治理；⑤通过提高法治执行力来改善社会治理；⑥通过疏通民意表达渠道、吸纳公民参与来改善社会治理；⑦通过矛盾调解和扶贫济困的政策创新来改善社会治理。

在法治化、民主化、社会化、市场化治理方式创新方面，浙江省宁波市提供了较为完整的案例。宁波市建立了"81890"信息服务系统，提供便民服务。该市还通过乡贤恳谈会、民主议事厅、民意裁决团等多种形式的制度创新，以及协商共治平台搭建的制度供给保障协同治理。例如，宁波市下辖各街道通过居民会议、民主评议或民主听证等多种方式，扩大群众参与社会决策范围，以实现对决策过程的监督。宁波市鄞州区、北仑区等，让街道牵头搭建了各种社区自治平台，包括社区民主议事平台（实现社区的协商民主）、社区民主监督平台（实现社区自治中权力的相互制约）、社区矛盾调处平台（减少或化解居民之间不必要的矛盾与冲突），确保基层社会治理中的稳定与和谐。宁波市还引进商业保险机制，对各种社会风险进行保险治理。

总体来看，中国各级政府全力推进社会治理创新，一方面，开发既有的正式制度和机制的潜力，让政党、政府等国家权力机关以及传统的群团组织发挥新的机能；另一方面，激活企业、社会组织、社区的功能，让它们在社会治理中发挥应有的作用，鼓励公民组织起来，加入各种公益性、权益性、兴趣性社团组织，实现"组织全覆盖"，保障公民有序参与。[①]

四、技术治理变革方兴未艾

技术治理是国家现代化的理性形式，是权力和资源的组织方法，指向"清晰化"治理。借用黄仁宇的说法，这要求"数目字管理"，即将社会整合为数字记录系统，实现基于精确计算的流动和交换，减少不确定性，推动权力集聚、财富创造和有效管治。根据斯科特（Scott）的研究，国家治理对清晰化的追求自古已有。比如，运用固定姓氏、人口登记、语言统一等手段编制下辖领土的人口、土地、粮食、财富等信息。

近年来，中国政府日趋重视信息科技与社会治理的融合。2017年，全国社会治安综合治理表彰大会提出，"要有大战略眼光、大机会意识，满腔热情学习应用人工智能，打造具有中国特色、引领世界潮流的社会治理新模式，探索社会治理现代化的'中国路

---

① 参见燕继荣《中国社会治理的理论探索与实践创新》，载《教学与研究》2017年第9期，第29～37页。

径'"。中国的技术治理实践主要有以下三个阶段：

第一，技术治理的雏形阶段（20世纪90年代至2010年）。国家通过机构设置、政策规划和设施建设为清晰化打造基础。首先是机构建设。1996年我国成立国务院信息化工作领导小组及其办公室，2008年国务院机构改革设立的工业和信息化部（以下简称"工信部"）成为互联网行业主管部门。其次是政策规划。2000年"十五"计划明确将"信息化"作为国家战略，提出"大力推进国民经济和社会信息化"。再次是设施建设。国家持续推进信息高速公路基础设施建设以匹配政务应用技术需要。比如，2007年，电子政务网络中央级传输骨干网网络正式开通，国家电子政务网络框架基本形成。最后是治理应用。起初，我国以不同层级政府、职能部门之间独立推进门户网站建设为主；2008年，国家主席同网友在线交流标志着互联网作为信息渠道受到高层重视，各地开始建立网络平台强化政民互动。

第二，技术治理的萌生阶段（2010年至2014年）。信息社会进入数据时代，清晰化体现为"大数据+治理"。首先，制度支撑上，国家颁发信息技术发展政策，特别是2010年以后物联网技术开始发展，2012年工信部发布《物联网"十二五"发展规划》、科技部发布《中国云科技发展"十二五"专项规划》。其次，技术保障上，企业大数据研发同国家的自主技术开发并行，为政府与市场的结合提供了基础。最后，运作过程上，中央与地方陆续出台鼓励大数据治理的政策。2014年，国务院政府工作报告首次提到"大数据"并将其部署应用于疾病防治、灾害预防、社会保障、电子政务等领域。

第三，技术治理的涌现阶段（2014年以后）。信息社会开始迈向人工智能时代，城市基层清晰化构建依托智能化平台。首先，制度设计上，2014年中央政法工作会议召开后，城市社会治理智能化明显提速。习近平在会议上强调借助现代科技建设"平安中国"。2015年，国务院《促进大数据发展行动纲要》提出"将大数据作为提升政府治理能力的重要手段"。2017年，国务院《新一代人工智能发展规划》提出"推进社会治理智能化"。其次，大数据、云计算、物联网深入发展，图像识别、算法判断、机器决策等人工智能技术萌生，为提高城市社会治理智能化水平提供了技术保障。最后，运作过程上，地方治理探索陆续涌现。2014年，广东省在全国率先建立省级大数据管理局，部署社会治安防控网、平安建设信息化综合平台建设等任务。以"智慧××（地名）"为名的社会治理智能化探索遍地开花。

在顶层设计上，"十三五"规划提出"以基础设施智能化、公共服务便利化、社会治理精细化为重点，运用现代信息技术和大数据建设一批新型示范性智慧城市"，将社会治理纳入智慧城市建设统筹；党的十九大报告关于"打造共建共治共享的社会治理格局"的内容框定了社会矛盾预防和化解、公共安全保障、社会治安防控、社会心理服务和社区治理等领域。现实应用上，各省市党政部门都在探索技术治理，主要实践集中于政法综合治理领域，包括社会矛盾预防和化解、公共安全保障、社会治安防控的智能化平台建设。其中，省市政府着力于宏观统筹、综合协调和重大活动总体指挥，县区镇街着力于社会矛盾预防和化解、社会治安防控、应急管理等常规事务。

"雪亮工程"是国家推进技术治理的统一举措。"雪亮工程"以县、乡、村三级综合治理重心为指挥平台，结合综合治理信息化、网格化管理、公共安全视频监控联网应用,将民众纳入社会治理智能化平台建设群防群治的治安防控体系。比如,广州市政法委推动"雪亮工程"示范城市建设,经过三轮信息化工程,完成了城市主要道路、重点部位、重点区域、重点场所等公共区域的高清摄像头覆盖,并开放部分公共路段摄像头促进公众参与社会治安联防,打造新时代"枫桥经验"。

在上级统一部署下,地市结合实际探索社会治理智能化。"智慧综治""智慧城管""智慧社区"等陆续出现。比如,深圳市"智慧城管"将交委、水务、电力、市政、轨道交通等城市管理问题数据整合进统一平台,实现对城管执法环节的协同处置。目前,基层技术治理的成效难以被全面评估,但在推进共建共治共享方面已在发挥作用。随着人脸识别、虹膜识别、算法判断等技术日趋成熟,社会治理问题监控和风险稳控越来越精准高效,智能化推动社会治理领域"机器换人"成为可能,但它也将带来隐私权、责任归属及伦理问题。

总的来说,在推进中国国家治理现代化的过程中,城市从传统走向现代治理的刚需不断扩展,而原本外部主体协同和内部力量整合的治理更新仍不足以应对基层社会的复杂性,因此,中国城市基层治理现代化运用技术治理创造了相应条件。这一过程中,信息科技特别是大数据、人工智能等技术发展为相关治理提供了前提,而从"管人""管物"到"管数"的转变强化了基层治理者对队伍和风险的可读性,提升了对公共秩序和社会不稳定问题的调配处置能力。这一过程的核心是技术治理改变了复杂性导致的模糊治理,国家力量经由"数字公民"和"数字疆域"的虚拟创设将管理触角延伸入社会领域,使得城市治理迈上了新台阶。①

第二节 国外城市治理的经典案例

一、美国纽约的城市治理

纽约市是国际大都市,也是世界经济、文化的中心,同时也是美国东部城市群的中心。纽约市拥有相当的经济实力,对区域经济有带动作用;交通发达,拥有优越的区位条件;具有优良的现代化城市基础设施;具有广阔的辐射面,并向外发展形成了一个都市圈(带)。这些城市功能并非纽约天生具备的,而是随着城市化的进程,经历了城市经济产业升级和政府有效治理而形成的。纽约市的发展轨迹对我国城市建设具有借鉴意义。②

(一)依法治市,营造良好的数据开放环境

纽约市的城市治理是一种法治治理,是一种规则之治,这是纽约市城市治理的基

---

① 参见陈晓运《技术治理:中国城市基层社会治理的新路向》,载《国家行政学院学报》2018年第6期,第123~127页。
② 参见刘玲《大纽约城市经济发展对我国大都市经济规划的启示》,载《经济问题》2013年第6期,第125~129页。

础。纽约市的城市治理依赖于一整套法律法规体系，囊括了城市生活的各个方面。2012年，纽约市颁布了地方性开放数据法案——《纽约市开放数据法案》，通过法律促进政府数据开放，以营造良好的数据开放环境。该法案规定，到2018年，除了涉及安全和隐私的数据之外，纽约市政府及其分支机构所拥有的数据都必须通过政府开放数据门户网站实现对公众开放，并且要求使用这些数据不需要经过任何注册、审批程序。2013年，纽约市市长布隆伯格（Bloomberg）颁布了"306号行政命令"，提出数据驱动的城市服务目标，要求各政府部门必须配合政府首席数据分析官，确保城市机构实现开放数据法案的承诺，以打破部门壁垒，开发和构建一个全市的数据交换平台，归集和更新来自不同机构的数据或其他来源的数据。①

（二）畅通民主参与渠道，推动公民参与

纽约市城市居民介入城市治理的程度较深，参与渠道畅通，政府的城市治理事务也很透明，不仅从法律上确定了公众参与公共行政的合法性，而且从制度和程序上保障了公众参与政府治理权利的实现。美国纽约州的一个小镇召开了一次关于页岩气开发对当地居民健康造成影响的听证会。随着页岩气开发在美国的发展，越来越多的人开始关注开采过程中产生的污染，包括废液、放射性污染、饮用水污染、噪声污染等产生的负面影响，尤其是对当地居民健康造成的影响。这个听证会就是由纽约州环境保护部门组织的、与页岩气开发有关的扩展压缩泵站项目的听证会。任何可能受到该项目影响的个人、组织、企业或政府部门都有权利参与听证会，并向纽约州环保部门提供书面或口头意见。在听证会现场，纽约州环保部门工作人员根据事先登记的发言人信息，通知各发言人进行3分钟发言。环保组织、学者、企业领导、当地居民、政府工作人员，还有靠着该项目生存的一些普通工人都参加了听证会。他们都希望对环境项目做出尽可能全面、综合性的决策，这次公众参与非常有意义。②

（三）创新技术和平台，研发数据融合共享系统

纽约市十分注意利用现代先进的科技手段进行城市治理，而且注重秉持为民众服务的精神不断推出服务民众的人性化措施。由于纽约市各部门合计有几百个IT（信息技术）系统，储存着纽约不同类型和不同年代的城市数据。为了能够运行数据模型和挖掘数据价值，它需要在数据隐私相关法律的约束下，汇聚来自40多个机构的数据，形成一个聚合的数据库。纽约市数据分析团队基于已有的技术和资源，建立了DataBridge（数据桥）和DEEP（数据元素交换项目）两大核心系统。其中，DataBridge系统是由刑事司法系统中用于跟踪囚犯的数据传输系统——DataShare和"311数据库"的闲置能力构建而成。DataBridge拥有数据库管理以及统计分析工具，并向纽约市其他部门的分

---

① 参见陈志成、王锐《大数据提升城市治理能力的国际经验及其启示》，载《电子政务》2017年第6期，第7～15页。

② 参见孙彩红《国外公民参与城市治理的案例与借鉴价值》，载《中共天津市委党校学报》2016年第1期，第65～71页。

析师开放。DEEP 系统将各部门的系统相互连接起来，使得城市机构能够安全地进行信息交换，取代费时又低效的电子邮件、传真等数据传输方法。①

（四）制定推进城市治理的最佳实践

在具备强有力的组织架构、技术和工具的基础上，纽约市建立了运用大数据处理城市特定治理问题的工作流程和最佳实践，其团队还帮助各个部门建立自己的数据分析力量，使得各个部门能够独立、持续地开展相关数据治理创新。

在市场监管领域，纽约环境部门负责维护纽约市长达 6000 英里②的下水道，政府部门一直想找到向下水道非法倾倒食用油的人，因为半数以上的下水道堵塞都由这些凝固油脂产生。但问题在于如何找到这些违法者，传统的解决办法是由环境部门派出监察员，到各个街区路口守株待兔，以碰巧遇到某个向下水道倾倒废弃食用油的餐馆小工。但纽约市有 2.5 万个餐馆，这样做显然成功率不高，效果不明显。纽约市通过 DataBridge 从企业诚信委员会获得所有餐饮企业为合法处理废弃油脂所支付的服务费数据，比较得出那些没有支付服务费的企业在地图中所处的位置，将那些不在册的餐馆列入"重点怀疑对象"，排查准确率高达 95%。

在灾害预防领域，"311 城市热线"每年能收到 25000 多条关于违规建筑的投诉，纽约市大约有 100 万幢建筑，而政府从事建筑巡查的工作人员仅 200 人左右，基于传统的巡视，预测准确率仅为 25%。相关团队通过与消防员、警察、巡视员等人员沟通，得到甄别危险的指标，根据房屋是否存在拖欠税款，是否有人投诉，是否是 1938 年后按建筑规范进行建造的，以及房屋年龄、房屋污水排放量等建立预测模式，对每天需要排查的建筑列出优先级别，使火灾预测的准确率从 25% 提高到 70%，并使巡查人员的工作效率变为此前的 5 倍。

在相关团队的推进下，纽约市在数据开放促进社会化应用方面也取得明显成效。到目前为止，纽约市已经开放了 12000 多组数据，涉及健康、商业、公共安全、城市治理、教育、环境、住房与发展、创新等诸多领域，并基于此开发了大量社会化应用。例如，其开发了提示公众避免进入犯罪高发区域和提高警惕的 App（手机软件），从而降低了犯罪发生的概率。交通领域的 App 为公众出行提供了实时建议，并为地铁系统在客流高低峰时段、热点站和普通站之间的调配提出更优的方案。③

二、英国伦敦的城市治理

伦敦是英国的首都和政治、经济、文化中心，也是世界著名的金融中心、创意中心和旅游胜地。伦敦在第二次世界大战（以下简称"二战"）时，中心城区人口超过 800 万，伴生一系列卫生、交通、环境等大城市病。此类问题促使伦敦较早地开始思考应对

---

① 参见陈志成、王锐《大数据提升城市治理能力的国际经验及其启示》，载《电子政务》2017 年第 6 期，第 7~15 页。
② 1 英里 = 1609.344 米。
③ 参见陈志成、王锐《大数据提升城市治理能力的国际经验及其启示》，载《电子政务》2017 年第 6 期，第 7~15 页。

措施,率先形成了现代城市规划理念、技术标准和法律规范。伦敦在"二战"后重建时提出了限制城市蔓延的思路,在空间结构优化、功能结构调整等方面提出了不少有效措施。伦敦城市建设和治理的主要经验,概括起来有以下五个方面。

(一)优化城市空间形态布局

城市的空间形态与城市的运转效率之间存在着较大的关联性。一般来说,在一个国家城镇化和现代化的发展过程中,会有大量的优质资源集中,因此,伦敦经常面临着人口规模激增的巨大压力。"二战"后的发展过程中,伦敦制定了著名的"阿伯克龙比规划",即通过多种途径引导伦敦空间形态的优化和有序拓展。

伦敦曾在较为适当的距离内建设若干规模较大、功能完备的新城以分担中心城区的功能。为疏解中心城区的人口与就业,英国政府在1946年曾颁布《新城法》,到1980年为止,伦敦共建设了11个新城区,外围周长共计129千米。其通过建设"反磁力中心"城市,推动了伦敦中心的人口、就业问题在更大的范围内实现平衡布局。

伦敦加强了城市增长边界的管理,在增长边界内规划建设,追求高效率增长。设定城市增长边界,依托自然环境与生态环境建设在城市外围构建绿色空间,是伦敦用以控制建成区无序蔓延的重要手段。自1944年实施《绿带法》以来,大伦敦规划始终坚持"绿隔理念",坚持建设环城绿带,保护区域生态景观。目前,伦敦绿带囊括了周边总计8个城镇,总面积约350平方千米。

(二)推动产业结构和就业结构的转型升级

推动产业结构和就业结构的不断转型升级、不断向高端结构发展,有助于带动城市人口布局合理化,提高资源利用率,进而缓解城市在人口聚集、交通治理等方面的压力;同时,也有助于提升城市的核心竞争力。

伦敦注重调整产业结构,疏解一般制造业和服务业,大力发展高端生产服务业、高新技术制造业,以提高自身的综合竞争力。在全球化不断推进的背景下,在一定程度上,城市将代表一个国家的形象去参与地区事务,甚至是全球治理。其需要通过构建合理的城市产业结构体系,形成全球竞争力。其在全球经济方面的控制力和影响力集中体现在金融业、商务服务业、科技服务业、信息服务业、教育服务业等现代服务业,而一般性制造业和低端服务业则在城市发展的过程中逐步向外围城市转移。世界上许多城市都把产业结构转型升级作为城市发展的重大战略,伦敦在"二战"后也经历了两次成功的产业转型。

第一次转型主要是在20世纪70年代至80年代,由于劳动力成本优势的不断丧失和世界航运由河运向海运发展的趋势,伦敦的制造业与港口运输业产生了严重衰退。针对这一衰退的形势,英国先后进行了两次金融改革。在这两轮金融改革的作用下,伦敦的就业结构发生了相应的变化,逐渐转向以金融、商业、房地产业等为主导的服务业部门,重塑了伦敦作为全球金融中心的地位。

进入20世纪90年代以后,伦敦进行了第二次产业转型。1988年出台的《英国创意产业路径文件》提出了发展创意产业的战略思路。在这一战略的引导下,伦敦充分发挥了其既有的人才优势,利用已有的金融优势,实现了创意产业的大发展,使自身获得了世界"创意之都"的美誉。

伦敦对不同产业在城市空间上进行合理布局,形成了城市产业协同发展的趋势。20世纪,伦敦共建设了三代新城。第一次世界大战(以下简称"一战")前,第一代新城规模仅有几万人;第二代新城是"二战"后"阿伯克龙比规划"中提出的8个人口规模10余万的新城,但后来都证明无法承接伦敦人口和功能的疏解,新城自身也难以实现职住平衡;第三代新城的建设想法于20世纪六七十年代提出,伦敦提出依托交通廊道建设3个规划人口达到25万~30万人的第三代新城。在第三代新城建设的过程中,伦敦所实施的合理的产业空间布局,不仅有助于疏解中心城区的人口和功能,而且形成了现代服务业和制造业的有机联系、协调发展的空间关系,能够极好地促进产业体系的良性发展。总体来看,伦敦城市布局的特点有:在中心城区综合性商务中心或是郊区的专业化商务中心集中发展高端生产服务业,形成相互协作的多核心结构;在接近外围城镇或近远郊地带,选择高速公路沿线或港口地区,依托大学城、科技园区、产业园区等发展现代制造业和高新技术产业,实现产学研相结合的发展模式。

伦敦根据城市定位和时代发展潮流不断更新着产业发展战略。随着全球化、信息化的不断推进,具有世界影响的伦敦资源配置显得愈发重要,并发生着日新月异的变化,而城市的全球竞争力内涵也在不断变化。

近年来,伦敦产业发展的趋势是:更加注重发展绿色经济、知识经济,更加强调城市文化内涵。伦敦大力发展低碳、可再生能源和环保产业,2011年,其低碳和环保商品以及服务部门的产值高达254亿英镑,建立了9200多个绿色产业,雇佣员工超过16万人。伦敦正在建设东伦敦科技城,力图将伦敦打造成为全球最好的科技企业孵化器。2004年以来,伦敦先后出台了4份文化产业战略文件,提出要把伦敦建设成"卓越的国际创意与文化中心"。

(三)打造高效便捷的公共运输体系

城市交通运输体系为城市经济社会运行提供了基础性的支撑,对于城市形象的空间格局有着重要的影响,是决定城市功能效率的重要因素。伦敦职住分布很不平衡,从而导致交通非常拥堵。2014年,伦敦金融城的职住比达到57倍。为缓解交通拥堵,伦敦大力推广公共交通,积极限制小汽车出行。2012年,伦敦公共交通出行率高达44.2%,而同时期英国全国平均水平只有15%,曼彻斯特都市区仅为14%。伦敦把提升城市交通运输能效作为城市治理的重要内容,主要经验有以下四个方面:

第一,把"公交优先"作为交通发展的基本原则。由于具有极高的集约性,公共交通成为众多城市的主要交通方式。目前,全球大都市公交系统承载的居民出行比例高达75%。公共交通的主要方式包括城际铁路、城市轨道交通和常规公交等。

第二,多层次的轨道交通对应不同的通勤需求。伦敦的区域交通包括至少三个层次:①中心城区内的交通,以市民日常出行为主;②中心城市与周边城镇联系往来的交通,主要以通勤为目的;③与城市群其他城市节点间的城际交通。世界上主要城市的轨道交通具有较为明显的圈层分布特点:在城市中心区(约15千米半径范围内),交通出行主要依靠高密度的地铁路线;在首都圈 70 千米范围内,主要通过市郊铁路或区域快线提供都市圈通勤服务;70 千米以外则以大站距的高速铁路来满足城市群主要城市间的出行需要。目前,伦敦已经建成总长 402 千米的地铁网,其中包括 11 条线路和 270 多个营运车站,日均载客量高达 304 万人。同时,伦敦充分利用了原有中心城区的十几个火车站,与市内重要的商务、商业、行政中心紧密连接,减少了城际铁路与地铁的换乘压力,提高了换乘效率。

第三,发展具有复合功能的交通枢纽。交通枢纽在城市交通网络顺畅运转中发挥着极为重要的作用。随着区域一体化进程的加快以及高速铁路、城际铁路等交通通道的建设,城市与城市之间的经济联系会进一步加强。当大量客流达到交通枢纽节点时,如果能够实现快速有序分流,就会极大地缓解城市交通网络的压力。因此,包括伦敦在内的许多城市都花费了一定的力气建设具有高效集散能力的交通枢纽,配套设施包括常规公交站场、出租车和私家车停靠点以及地下通道等。

第四,尽可能提倡绿色出行。与公共交通相比较,小汽车在运行中所需要的人均道路面积以及占用的停车面积较多,效率最低。许多城市都通过提高消费税、停车费等措施限制小汽车的使用。伦敦从 2003 年开始对进入内环线的车辆收取拥挤费,方案实施后,约有 40 万人放弃私家车,改乘公共交通工具,区域内交通减少了 16%,平均车速提高了 37%,拥挤率降低了 40%。2012 年伦敦奥运会之前,伦敦又相继推出了自行车租赁计划、巴克利自行车高速公路等试点项目,规划了 12 条从中心城区至近郊的自行车道,着力打造长距离自行车交通和"城铁(地铁)+自行车交通"的出行新模式,以期彻底转变以小汽车为主导的城市交通体系。

(四)建立科学有效的产业及就业结构

城市在经济社会发展过程中,要实现空间、产业、交通等方面的重大战略目标,就必须依靠科学有效的管理来保障社会发展高效、平稳、有序地进行。伦敦的城市管理经验主要有以下四个方面:

第一,建立分工明确的城市管理体制。城市作为国家治理与地方治理交织重叠的特殊区域,公共事务繁杂,要实现良好治理,就必须明确中央政府和城市政府的公共治理权责关系。从伦敦的相关经验来看,政府部门分工明确在很大程度上提高了城市管理效率。相关法律清楚界定了各级政府部门的职能,有效杜绝了机构重叠的低效运行现象。

第二,依靠健全的城市管理法律体系实施城市管理。伦敦建立了健全的城市管理法律体系,大到政府治理、经济发展、社会活动,小到市场、公共卫生,都有相应的制度规定。通过以强制力保障的规范形式来开展管理,成为城市政府的基本价值理念。同时,其行政执法部门在具体的管理过程中,能够讲究技巧、宽严相济,体现疏堵结合、以人为本的管理理念。

第三,综合运用多种管理手段来实现空间格局优化、实现城市可持续发展等目标。城市要推动空间布局优化调整、实现产业结构升级,必须依靠有针对性的政策和管理手段来实现目标。1956 年,伦敦颁布《清洁空气法案》,划定了烟尘控制区,倒逼燃煤电厂和部分重工业设施关闭或迁出伦敦,以推动功能疏解和产业升级;1995 年,伦敦颁布了《环境法》，制定了 78 个行业标准，使市内高耗能和污染性行业几乎全部迁出。

第四，实施科学化与精细化管理。伦敦在城市管理中，不仅重视资金和人力投入，也高度重视通过科学管理方式提升城市管理效率。其城市管理部门也会针对各类公共事务开展精细化管理。

（五）以规划调控引领城市实现良好发展

跨区协同、高位统筹、立法保障、动态调整是伦敦发展规划区别于一般普通大城市区域规划的主要特点。主要经验有以下三个方面：

第一，城市发展规划宜通过立法的形式予以明确并保证其权威性。为保障城市发展规划能够顺利实施，英国政府将规划的核心内容都通过立法予以明确，并根据规划的实施情况对法案进行阶段性的修改。其主要依托《大伦敦城市政府法》《绿带法》《新城法》《城乡规划法》《内城法》《卫生法》和《工厂法》等一系列法案共同落实大伦敦规划。

第二，运用大都市区范围内的协同规划统筹安排首都圈范围内的空间布局、基础设施建设等事项。随着伦敦与周边区域的经济社会联系日益紧密，单纯在伦敦行政区域内进行规划治理往往不能取得良好的效果，只有在更大区域内进行统筹规划才能有效地缓解城市压力，实现功能布局优化，并带动周边地区发展。

第三，根据不同阶段的发展需要对城市发展规划的目标、内容和实施重点进行适当、适时的动态调整。英国大伦敦规划自"二战"后重建至撒切尔政府废除大伦敦议会期间经历了两次大的规划思路调整。在城镇化的中前期，首都圈规划的重点主要是控制人口增长、引导区域分工。进入城镇化成熟阶段之后，首都圈规划的目标向提高新城的自立能力、促进旧城再生、应对环境保护挑战等方向转变。近年来，伦敦的规划重点已放在进一步强化国际竞争力，保持多元文化的和谐，建设创意城市、低碳城市、安全城市等方面。[1]

三、日本东京的城市治理

在构建世界城市的过程中，东京城市发展的战略目标并不是一切以现代化为唯一导向，而是以若干理念为依托，谋求传统与现代、软件与硬件、效率与文化的协调。首先是街区分工理念。街区分工理念要求不设置街区的统一、标准范式，不向一个确立好的模式看齐，而是保证城市发展的多样化、个性化。其次是原始理念。这是指坚持某些传统的东西不动，保持其原有风貌。坚持原始理念，其目的是保护城市原有风貌、塑造高品质的人际关系，保护城市传统的魂。最后是人本理念。城市的发展是以人为本的，这既是一种理念，也是一种思路，更是一种普遍适用的操作方法。[2] 具体而言，日本东京的城市治理经验有以下五个方面。

---

[1] 参见黄嘉瑜《伦敦：功能布局合理综合交通便捷》，载《前线》2017 年第 1 期，第 84～88 页。
[2] 参见北京构建世界城市的政府治理研究课题组《北京构建世界城市的政府治理研究》，载《法学杂志》2012 年第 9 期，第 21～29 页。

(一) 以城市群为代表的混合协同模式

日本东京城市群,包括东京、神奈川、千叶、埼玉等几个主要的县市。其现有人口3400多万,约占日本总人口的27%,经济总量约占日本全国的1/3,是日本产业聚集带以及经济最为发达的地区。东京城市群采用的是东京都政府主导,企业、非政府组织、公民等多元主体共同参与的混合协同模式。与大伦敦城市群的政府主导协同模式不同,混合协同模式更加强调政府之外的社会力量在城市群协同治理中的作用。

东京城市群的管理体制被称为"统分结合的管理体制",其主体管理机构是首都建设委员会。与"大伦敦市政权"以政府代表作为议事主体的人员构成不同,首都建设委员会虽然也包括众议院和参议院两院议员以及中央政府的建设大臣,但这些政府人士并不发挥主导性的影响,在委员会内部决策的主要力量以东京都知事、东京都议员以及相关社会人士为主。首都建设委员会的主要功能是制定区域内的战略发展规划。在制定政策的过程中,由于参与主体多元并且经过了充分的讨论协商,最后做出的决策规划通常能够有效避免决策主体与利益主体不符的现象。1956年,首都建设委员会升级为首都圈整备委员会,改由总理府直接管理。升级后的首都圈整备委员会成员范围更广,来源也更加多元化,参与主体除了政府代表,还包括商界及大学、研究所等领域的专家。委员会设有一个常规办事机构——规划协调部。该机构的负责人往往是大学教授或企业管理者。此外,东京都市圈还拥有一个民间协调机构——关西经济联合会。该联合会由关西地区850家主要公司和团体组成,其主要职责是充当政府与社会之间的信息沟通桥梁与中介。可见,东京城市群的管理体制,体现了鲜明的"官商学"一体化的特点,即充分发挥政府、社会组织和企业的作用,在多元主体的合力下促进日本城市群不断发展。

在城市群的协调运行上,一方面,东京城市群特别强调市场机制这只"无形的手"的协调作用;另一方面,其注重运用专项产业政策及法律手段实现区域内的有效协调。政府在有关产业分布及人口分布方面,通过发挥市场的价格机制,自动实现区域内的人口、资源的有效配置,以解决东京人口过度膨胀、城市负荷过重等问题,并与周边其他城市形成了有效的产业互补与错位平衡。例如,神奈川县基于自身的地理条件及产业优势,主要发展港口和机械、电子等产业;千叶县则着力发展机械工业,开发旅游资源等。在东京城市群的发展过程中,通过市场机制及区域竞合机制,中心城市与非中心城市形成了既竞争又有效合作的关系。在机制保障方面,与伦敦城市群一样,东京城市群协同治理之所以取得了成功,主要在于日本形成了较为系统和完善的法律保障体系。据统计,日本针对城市群治理的法律法规多达13部,包括《地方自治法》(1947年)、《首都整备法》(1956年)、《首都圈建设规划》(1958年)等多部法律法规,都被用来指导东京都市圈的协调发展,并为相关协同行动提供法律支持。[①]

---

① 参见蒋敏娟《城市群协同治理的国际经验比较——以体制机制为视角》,载《国外社会科学》2017年第6期,第47~53页。

(二) 注重长远规划，广泛调动社会力量参与城市治理

日本东京是人口密度较大的城市，其城市治理的特点体现在注重长远规划，广泛调动社会力量参与城市治理。东京在城市治理的基础建设上有长远规划，舍得进行投入。比如近年东京历时 7 年，耗资 3500 亿日元建成了总长度为 16 千米的"共同沟"，这是世界上规模最大的充分利用地下空间将各种基础设施融为一体的建设项目。"共同沟"是一条距地下 10 米、宽 19 米、高 5 米的地下管道井，把上水管、中水管、下水管、煤气管、电力缆、通信电缆、通信光缆、空调冷热管、垃圾收集管九种基础设施合理分布于其中，避免了乱拉线、乱挖路的现象，方便了管道检修，使城市功能更加完善。"共同沟"里，中水管是将污水处理后再进行循环使用，有效地节约了水资源。空调冷热管分别提供 7～15 ℃和 50～80 ℃的水，使制冷和制热实现了区域化。垃圾收集管采取吸尘式，以每小时 90～100 千米的速度将各种垃圾通过管道送达垃圾处理厂。为了防止地震对"共同沟"的破坏，其采用了先进的管道变形调节技术和橡胶防震系统。对新的城市规划区域来说，"共同沟"已成为现代都市基础设施建设的理想模式，同时又为科学治理城市提供了良好的基础。

(三) 建立环境影响评估制度，尽量降低城市建设运行对环境的影响

东京的环境影响评估制度在城市发展中发挥着重要的作用。任何大型的城市建设项目，在实施阶段必须就项目建成后其对环境的影响进行评估，并建议采取相应措施最大限度地减少对环境的负面影响，对评估结果进行公示，听取居民及相关城市政府对评估结果的意见。该制度于 1981 年实施，2002 年进行了修改。大型建设项目从规划阶段开始就进行环境影响评估，不局限于过去的项目执行阶段，在项目建设完工后还必须有相应的环境保护措施。负责项目审批的权力部门对评估结果十分重视，设立了专门的环境评估委员会，负责对环境影响评估执行情况进行监督。该制度对东京都生态环境的保护和城市的可持续发展发挥了重要作用。

(四) 充分调动政府以外的社会力量，完善城市治理的参与和监督机制

东京政府在城市运行环境管理的各个领域和环节都十分重视各种社会力量的积极参与。如在垃圾管理中，其制定颁布了《促进循环型社会建设基本条例》，以从源头上强化市民和各类社会组织的责任。不但市民必须在日常生活中履行环保责任，减少不必要的生活垃圾；企业也必须履行"生产者扩展责任"，即将解决垃圾问题延伸到产品生产制造阶段，在产品设计和制造的过程中强化环保概念，使产品使用后更便于回收利用，以减少垃圾量。在对城市绿地级公共园林的维护方面，东京政府很大程度上依赖于民间的志愿者。政府建立了绿地维护志愿者注册系统，统一对有志于参加城市绿地维护志愿行动的个人和团体提供指导和管理，并推行统一的培训计划。在环境影响评估体系中，政府设立了市民反馈意见提交程序，规定必要时可举办听证会，讨论市民对具体项目环境评估的建议。很多城市都在环境建设领域建立了信息公示、意见表达、监督反馈等机制，很好地发挥了非政府力量在城市治理中的作用。

（五）管理体制不断向扁平化发展

东京自1979年以来开展了5次行政改革，改革的主要特点就是不断科学规划机构设置和职能划分，总的趋势则是：机构设置扁平化，治理层级简约化，职能配置整合化。其目前实行都、区两级政府管理体制。东京都区制度的精炼且专业化的机构设置，清晰明确的职能分工等方面的经验对于城市管理问题的解决，具有重要的参考价值。东京有区议会，区议会可以制定与本区城市治理有关的法规。其制定的法规在广泛听取市民意见的基础上，具有针对性强、实施容易、效果较好的特点。[①]

四、新加坡的城市治理

新加坡是个城市国家，它的国家治理也就是城市治理。[②]"干净、整洁、有礼、美丽、优雅、和谐、宜居"——这是新加坡给每个到访者共同的美好、深刻的印象。新加坡位于马来半岛南端，是世界上国土面积较小的国家之一，由1个主岛和63个小岛组成，总面积683平方千米，人口420万。新加坡1965年独立，只有50多年的历史，但却迅速地从一个"脏乱差"的国家变成了一个国际公认的"花园城市"，成了当今世界上最发达的国家之一、最适宜人类居住的城市之一，形成了一套比较成熟和完善的城市治理模式和方法，在世界上树立了自己的城市品牌，提供了一个城市良好治理的模板。

（一）核心经验：科学处理好规划、建设和管理三者的关系

新加坡政府认为，规划统领城市发展的方向，是一个先决条件；建设决定城市质量水平的高低，是一个动态过程；管理决定城市的核心竞争力，是一项综合手段。新加坡以各项战略、制度和法律法规的严格执行为保障，真正做到了城市规划、建设、管理的有机衔接、协同发展。

新加坡非常重视城市规划的科学制定和认真严格执行，真正地把规划作为"发展城市的战略、建设城市的纲领、管理城市的依据"。在城市规划成功引领下通过四次经济转型，新加坡成为世界最大的集装箱码头、世界第二大钻井平台生产基地、世界第三大炼油中心、世界第四大外汇交易中心和亚洲第二大金融中心，成为发达的现代化城市国家。正是因为有一流的规划，加上对规划的有力执行，新加坡的城市发展才取得了一流的成就。

"建管分离"是城市治理的一个重要原则，新加坡建立了一套比较成熟和完善的城市管理组织模式。在新加坡，城市规划、建设、管理分别由不同的相互独立的部门承担。各部门之间除了定期的交流外，一般相互不干涉各自的职权范围，权责明确，便于城市管理规范化进行。

[①] 参见廖加固《快速城市化背景下的中国城市治理模式创新研究》（博士学位论文），武汉大学2014年，第64～66页。

[②] 参见韦如梅《城市治理中的公民参与：新加坡经验的中国借鉴》，载《湖北社会科学》2014年第8期，第51～54页。

（二）最大的特点：完全法治化的管理

新加坡城市治理最大的特点就是完全法治化的管理，这也是新加坡取得成功的最重要的经验。其有两方面特点：一是完整性。政府对城市治理的各个方面都进行全面立法，做到了"无事不立法"，使城市执法人员的每项工作都有法可依。二是操作性强。城市管理法规对规定的内容、制定办法以及惩罚措施都进行了详细而具体的规定，既避免了执法的随意性，又增加了可操作性。同时，城市管理的执法力度很大，"严"字当头。另外，还拥有一支素质精良的法纪监督稽查队伍和遍及社会各阶层的群众监控网络。

新加坡良好的城市环境很大程度上还依赖于渗透在城市管理方方面面的罚款制度。它在培养国民良好的行为，使城市管理富于经济色彩以及增加城市管理费用等方面起到了很大作用。其有三个特点：一是罚款名目繁多，几乎涉及所有公共领域；二是罚款数额大；三是执行罚款严格。

新加坡遵循着一套可操作的城市管理考评制度。其考评项目非常体系化，对每项指标都有十分具体的评分标准，这就减少了考评中的人为主观评判因素，规范了考评工作。其考评项目主要分为城市硬件设施的维护管理和城市的清洁管理两大类。

新加坡在进行城市管理的过程中十分注重对城市管理资金的经营。市镇理事会的主要经费来源是按月收取的居民的杂费，占总费用的70%~80%；而政府根据所收取杂费的一定比例进行补贴。市镇理事会对管理资金的运营合理而高效，大部分直接投入日常城市管理中，而将其余的一小部分投资商业与服务业，通过市场运作，使管理资金增值，以增加城市管理的经费。

（三）公民参与正发挥着越来越重要的作用

新加坡政府不断以各种形式对居民进行城市管理方面的宣传教育，在政府机构、学校和其他单位，都把"遵守法律、遵守公德、爱护公物、为社会做贡献、为国家增光彩"作为重要的教育内容。新加坡城市管理的主要负责机构——市镇理事会，把居民、城市管理中的承包企业、基层负责人和政府部门都看作自己的合作伙伴，与其始终保持着有效的沟通。

新加坡政府十分善于利用评比活动、全国性运动等城市管理辅助手段有针对性地解决城市治理中的问题。其通过开展这些运动，使城市管理者和普通居民对需要解决的问题有了更深入的认识，对城市管理的意义和各种相关法规也有了深入的了解。[①]

（四）实施项目驱动模式，构建智慧城市

项目驱动模式是指政府从实际需要出发，根据城市发展的目标、策略与重点，针对城市发展过程中遇到的实际生产生活各个领域中的问题发布具体项目，直接提升城市管

---

① 参见廖加固《快速城市化背景下的中国城市治理模式创新研究》（博士学位论文），武汉大学2014年，第66~68页。

理效率与公共服务水平，构建智慧城市。新加坡是一个城市国家，在有关智慧城市的战略规划与操作实施上，政府起到了主导作用，企业与公众属于合作者和参与者，在政府的引导下开展相关工作。

新加坡政府发布的项目大多是以改善民生为基础，以推动社会发展为出发点，以建立智慧城市为目标，直接解决现实发展中遇到的具体问题。一个项目的发起、推进过程本身就是对相关领域问题的研究与解决的过程。在项目实施过程中，政府集中社会资源与力量，吸引有能力的个人、企业与政府部门展开合作，各成员权责明确，实施进度可以得到实时掌握，实施效率较高。

新加坡政府利用信息技术提升公共管理、教育学习、金融服务等多个领域的运营效率，为公众提供了具有连续性、一体性的公共服务。1992年新加坡提出的"IT2000－智慧岛计划"为其全国覆盖了高速宽带多媒体网络，使新加坡在智慧城市的建设上占得先机。2006年，新加坡公布了为期10年的信息通信产业发展蓝图——"智慧国2015"计划，旨在通过基础设施、产业发展与人才培养、利用信息通信产业进行经济部门转型等多方面的战略规划，实现新加坡智慧国家的建设。在这一计划的指导下，新加坡政府针对不同领域发布了电子病历交换系统项目、智能交通系统项目、积极公民计划、电子政务2015计划等具体项目。2014年，新加坡政府发布了"智慧国家2025"10年计划，将发展重点集中在人才培养、技术创新、智慧商务和智慧社区的构建等问题上，致力于打造全球首个智慧国家。①

五、奥地利维也纳的城市治理

位于多瑙河畔的维也纳，先后是神圣罗马帝国、奥地利帝国、奥地利共和国的首都，同时是奥地利共和国9个联邦州之一，也是奥地利最大的城市和政治中心。在2016年全球最适合居住城市报告中，维也纳排名第二位。这座被誉为"音乐之都""文化之都""建筑之都"的城市，在现代化治理中体现出了非凡的魅力，正在成为"宜居城市""智慧城市""未来城市"的典范。

近年来，全球气候变暖、交通拥堵、垃圾污染、城市建筑更新等问题日益成为城市治理的主要议题。从1999年起，维也纳就一直在为环境治理而努力，先后实行了两个大型气候保护计划，至2010年，维也纳一直高居全球最宜居城市榜单前列。优渥的地理环境及气候条件，使得维也纳具有独特的优势。优美的环境，良好的治安，稳定的社会环境，便捷、高效的基础设施，这些都是宜居城市必不可少的元素，维也纳不仅将这些元素囊括其中，更在不断寻求提升。

（一）不断更新、改造、完善城市基础设施

维也纳位于多瑙河沿岸，其适宜的气候、宜居的环境很大程度上得益于多瑙河的滋养。水系统的管理一直是城市治理的重点。维也纳政府重点关注饮用水供应、废水管理

---

① 参见钱明辉、黎炜祎《国内外智慧城市实践模式的政策启示》，载《烟台大学学报（哲学社会科学版）》2016年第1期，第99～106页。

和能源供应等关键服务领域，其总投入比将与首都经济增长率保持正相关。

加大对基础设施的投入，不仅能够创造就业机会，而且能够使维也纳更加适应未来的发展方向，保证居民高品质的生活和城市生态标准。在排水系统改造方面，维也纳对供水系统的总投资每年约为5000万欧元。从2003年起其就逐步对城市排水管网进行改造更新，供水厂协调了城市庞大的供水网络恢复，全程3000千米的水管，每年更新或修复约30千米管道。其城市水道采用国际公认的六柱模型，包括网络信息系统、综合网络监测、计算机辅助评估、促进无沟槽恢复方法的措施等，同时通过与其他供应商协作，强调主干道基础设施的配套。维也纳还提高了对水流量的实时监控与协调控制能力，并与气象局紧密合作，提前预警雨水天气，调整全系统内的排水闸管控。

在管道改造方面，维也纳采用无切割管道修复替代常规开放切割方法，在修复过程中不需要挖掘大规模的沟渠，既节省施工时间，又能最大限度地减少由于道路施工造成的交通拥堵，并显著降低成本。其适应气候变化新形势，着重做好排水与防洪工作。下水道系统的问题是这座历经千年的城市所面临的难题——老旧的下水道管网排放能力不足。由于气候变化，引发的极端天气增多了，使大雨和洪水在维也纳出现得更为频繁。在新的下水道修复方案中，专家评估了维也纳所有下水道的修复现状，在6年内分析了总长2400千米的下水道。政府投资了3000万欧元打造长90米、宽45米、深7米的应急储备池和两条污水管道；还为维也纳提供了1000万欧元的额外防洪措施经费，用于改造现代化的废水基础设施和下水道网络更新。维也纳第10区和第23区将打造3个新的地下水库，可容纳1200万升雨水。

（二）解决能源问题为首都规模扩大做好充分准备

到2020年，维也纳现代电力公司对基础能源供应网络的投入达到10亿欧元。该市的公共事业网络运营商致力于确保维也纳及其他地区安全可靠的能源供应，是维也纳最可靠的能源供应商之一，其供应安全性为99.99%。该公司共计经营和维护电力电缆23000千米、煤气管道4670千米、区域供热网络1200千米、光纤电缆2000千米，用户多达160万人。到2020年前，电力、煤气和远程供热成为城市热点，能源网络的修复耗费6.5亿欧元。其中地下线的大规模现代化建设投入约2000万欧元，远程供热系统投入约4800万欧元。此外，将科研成果转化为绿色能源的技术，将为可再生能源的整合提供必要支持，而基础能源网的建设也能为可再生能源准备好续用网络。为了拓展清洁能源的使用范围，维也纳建设了现代化的沼气厂。沼气进入城市的常规天然气供应网络，可以减少约3000吨的二氧化碳排放，为减缓气候变化做出积极贡献。此外，维也纳通过经营公民太阳能发电厂也达到了相同的效果。到目前为止，这些绿色电厂中有23家已经连接到维也纳网络的一般能源供应网络。

（三）便捷的公共交通与城市混合功能建设奠基城市长远发展

首先，维也纳着力提升公共交通承载量。这个历史悠久的城市拥有四通八达的地铁和地面公交系统，以及像毛细血管一样遍布全城的步行网络。维也纳的道路改造向世界证明，传统的城市形态和路网结构，辅以精细化的"修修补补"式的城市规划，并建立适当的体系，在维持传统城市适宜步行特点的同时，也能很好地满足当代城市的交通需求。道路交通管理局管理着维也纳约 6800 条主要道路，合计 2800 千米左右，同时负责 721 项道路改造工程与 9548 项道路挖沟工程。在 2015 年维也纳市政府推出的 2025 年城市发展规划中，维也纳希望私家车出行的比例从目前的 27% 降低到 20%。与此同时，使用公共交通、自行车等环保交通工具出行的比例上升到 80%。其次，维也纳打造了功能混合的城市规划。其对每个城区都规定了功能混合的指标要求，并对每个特定的城市设计区域进一步详细规定，以避免单一功能的大面积开发对城区造成不良影响。政府对"社会保障住宅"比例进行了规定，要求在每个城市区域，包括那些最昂贵的区域，都必须配备一定的社会保障住宅。这类住宅由国家出资建造，提供给具有本国国籍的低收入人群租赁或购买。这就保证了规定覆盖的城区有足够量的居民，而且居民社会阶层组成是混合的。

（四）鲜明城市定位与主题产业繁荣城市文化

人们来到音乐之都维也纳，就是为了寻找世界音乐大师们的历史足迹和艺术回音。维也纳宫廷爱乐乐团在全世界巡演，创造着巨大的社会效应和市场价值，成为维也纳主题产业标志之一。维也纳城市的主题文化为"世界音乐"城市主题文化，音乐使这座城市散发着无穷的艺术魅力。海顿（Haydn）、莫扎特（Mozart）、贝多芬（Beethoven）、舒伯特（Schubert）、勃拉姆斯（Brahms）等名家的音乐，让人痴迷。每年维也纳的新年音乐会是这个城市最响亮的品牌。规模盛大的维也纳国际文化节，更是把全世界的大量艺术家吸引到了维也纳，音乐在这个城市造就了巨大的文化产业和丰富的人文资源。主题文化也带动了城市旅游，使维也纳一直保持着"世界音乐"城市主题文化的深厚魅力。①

第三节　国外城市治理的经验借鉴

一、增强治理意识，提高城市治理效率

随着中国经济的迅速发展，中国城市的硬件建设与发达国家城市的差距正在逐步缩小。但是，治理意识与治理理念方面的差距仍然较大。我们应该借鉴其公共治理者治理意识较强的特点，提高"治理出效益"的意识，认识到城市发展的成功基础是适宜的治理。时时处处都要具有正确的城市公共治理思想，将城市治理工作中的各个环节有机紧密地衔接起来。

我们应树立相应的公共治理理念，改变以往大包大揽的"全能政府"状态，明确倡导政府执行"掌舵"而非"划桨"的职能。政府最好少做治理事务，不做治理作业，多做监督者、倡导者和执法者。我们应改变城市治理中传统官民（即治理者与被治理者）的关系，改变城市治理只由政府一个角色承担的观念，提倡公民参与、营利部门参

---

① 参见张小庆《维也纳城市治理经验对北京的启示》，载《前线》2017 年第 8 期，第 95～97 页。

与、非营利组织参与等社会多角色参与的公民社会理念。

西方20世纪七八十年代兴起的"新公共治理"或"治理主义"对当今城市治理有着重要影响,即把传统上由政府治理或专营的公共事务、公益事业及公共产品的提供改由营利企业共同参与或实行市场化。新公共治理理论突出效率、效能与效益原则,强调治理的市场化导向,它促进了政企、政事分开。

在城市治理中,各级政府首先要明确宗旨和目标,使城市治理人员清楚地认识和领会机构的总体目标和具体任务,自觉地将组织目标体现在自己的工作中和行动上;使他们树立较强的为纳税人服务和维护公共利益的意识,寓治理于服务之中并以公共利益为重,广泛接受公民的监督,改变官本位意识。

二、运用企业理念、方法,注重公众参与、监督

城市治理是以政府为主导,由营利企业、非营利组织或非政府组织、社会公众等多元主体参与的一种模式。城市政府通过委托、授权、承包、合同等形式,把政府的职能转移给非营利组织或社会中介组织。政府在城市治理中主要发挥组织监督职能。营利部门既要承担起责任范围内的治理义务,又要参与城市服务的市场竞争和运作。包括社区和社团在内的非营利组织,要履行沟通、组织、代表公民参与城市治理决策、实施及监督的责任。

城市虽然不同于企业,它有着社会、道德等方面的责任,但是把一些科学的企业治理理念和方法,如居民导向、全面质量治理、成本效益分析、团队建设、绩效评估、横向合作等引入城市公共治理领域,注意借鉴企业高效率经营治理的成功经验,对提高政府的工作效率和效果能够产生较大的促进作用,也由此产生了"城市经营"的概念。为了更好地适应市场经济的要求,我国城市治理部门应做到机构精简、职责明确、功能清晰、市场化等的要求,真正做到政企分开。我们对于城市治理服务与公共产品的提供,例如维护保养、水气电提供,可以通过市场竞争,高效率地提供。政府城市治理从微观治理向宏观治理转变,打破了目前建管养一体化的模式,推动了城管事业向企业化转变的进程。

从其他先进城市的经验来看,如果没有城市利益相关者的积极参与,政府的决策和公众的预期必然出现差异。这种差异,会直接导致公众置身于公共事务之外,增大了治理成本而事倍功半。强化社会监督和减少城市治理中腐败的重要方面之一,就是提高全社会的参与意识。我们不仅要从舆论上引导公众参与,还要建立一个符合中国国情的合理有效的公众参与机制,调动利益相关者全过程参与城市治理。

因此,中国城市治理中要建立以居民为核心的参与体制,建立居民志愿参与非营利组织的制度,居民志愿参与城市服务的制度保证,居民与城市各类非营利组织之间沟通协调的制度保证。一方面,我们应积极建立城市公民与治理部门之间上情下达、下情上达的交流机制,推进公众听证制度在内的政务公开和治理民主化,提倡公众对城市治理从决策、实施到监督的全过程参与。另一方面,我们在参与过程中应激发公众的自我教育意识,使参与城市治理的理念深入公民内心,引导社区居民关心居住社区、街道社区以及整个城市的发展。

三、治理手段创新，运用现代治理技术

现代化城市治理还要求加强以城市治理信息系统建设为主要内容的技术支撑。在信息化的时代，城市治理强烈地依赖着大量的、及时的、准确的信息流通，信息网络的完善程度已经成为衡量城市治理现代化水平的一个主要标志。先进城市的经验也表明，先进的治理手段，特别是科技手段，是降低治理成本、提高治理效率的决定性因素。通过电子化实现治理的扁平化，可以减少治理的层级障碍。我国虽然处于城市化的初级阶段，但也给我们提供了"后发"和"跨越"的机遇和可能。在推进城市化的进程中，我们要加快引进和应用成熟的信息网络等现代技术，建立和完善城市治理信息系统、决策系统，为治理城市提供及时、准确、科学的服务，从而全面提高我国的城市治理水平。

城市治理信息系统建设的内容是广泛的，除了政府部门的治理信息系统建设之外，还应该包括城市公共服务系统和城市治理咨询系统的建设。我们应在技术上充分运用现代电子和信息技术，推广运用技术，发展治理信息网络化，以不断提高治理的透明度、公正性和有效性，科学评价治理绩效。[①]

四、完善城市治理组织机构建设

城市治理中的公民参与，以及政府与公民合作关系的构建，除了公民自身责任的激发，还需要政府的引导。这也是一些发达国家在城市公众参与实践中的共同特点之一。政府作用的突出表现之一是设立组织公民参与的一般机构或专门机构。美国公众参与的组织机构有多种，既有政府安排的，也有民间组织的各种委员会。比如，政府安排的有社区规划理事会，由市民代表组成，具有法律地位；民间组成的市民咨询委员会，还有针对专门事务的工作组、焦点团体、监督委员会等。另外，2014年伦敦的城市居民会议吸纳了160多名居民参与，当场讨论的问题涉及公共健康医疗、犯罪以及城市未来发展等。2015年的居民会议有2场，为参与的居民提供了听证和询问的机会，居民可以向市政府的民选官员和高级管理人员提出问题。政府通过专门组织机构来负责促进公民参与城市治理的实践，这一点值得我国城市政府借鉴。加强组织建设的另一个重要方面是培育社会组织及其参与能力。与发达国家城市治理中公众参与的主体相比，我国目前的公民参与主体还大多停留在个体层面，未形成有组织的参与团体。结果是，在与政府沟通交流和提出意见建议的过程中，分散的观点不太容易整合，达成共识的效果也打了折扣。所以，国外非政府组织的参与做法值得分析。[②]

五、健全法律体系，依法治市

目前我国城市治理中的问题，相当一部分是由于政策和法律没有得到有效执行。提

---

① 参见孟延春《美国城市治理的经验与启示》，载《中国特色社会主义研究》2004年第3期，第40～43页。
② 参见孙彩红《国外公民参与城市治理的案例与借鉴价值》，载《中共天津市委党校学报》2016年第1期，第65～71页。

高城市治理的综合水平,在手段上有三个方面:一是完善法律,依法治市;二是通过经济杠杆调节利益偏好;三是教育宣传。手段二、三是辅助手段,手段一才是根本手段。

虽然我们的各类法律都在不断地迅速完善,但是关于城市治理方面的法律仍然覆盖面不够、操作性不够,还需要我们在城市治理法规方面下功夫去补充和完善,使城市治理真正能够做到有法可依。为了禁止城市治理中越界、侵权的现象,严厉惩治腐败,遏制规划、建设中的"特批"行为和"领导"项目,彻底消除"以权代法""朝令夕改"等现象,我国要在完善城市治理法律体系的基础上,更加注重法律法规的执行,强化执法监督,减少执法的随意性,有法必依、执法必严,确立城市治理法规的权威性、严肃性、公平性、稳定性与长期有效性。①

六、明晰功能定位,提升城市文化创意产业发展

城市是人口的聚集,也是产业的聚集,城市的竞争和发展主要是通过产业来实现的。城市治理能力的提升必须具备有竞争力的产业作为支撑。创意产业作为未来城市经济发展的引擎,是城市产业竞争力的基础。在20世纪中叶以后,随着发达国家的城市逐步从工业型功能向服务型功能转变,其第三产业的比重不断上升。创意产业脱胎于文化产业,又从文化产业中分离出来,成为独立的产业部门,但按照三大产业的划分,创意产业应该是属于第三产业。

创意产业是从高新技术产业分离出来的高端现代服务业,具有附加值高、资源消耗少、知识密集的特点,其发展较少受土地与资源的限制;其融合性强的特点,又能将技术、商业、创造和文化融为一体,使制造业得以延伸,拓展了传统产业的发展空间。所以发展创意产业可以大幅度提高传统制造业产品的文化和知识含量,提高产品附加值,有利于推动传统产业向高增值产业升级,优化第三产业本身的内部结构,提升产业的竞争力,激发作为城市治理的城市功能活力,进而提升城市治理能力。

创意产业能带动一系列相关产业的发展,它不仅对原有的城市第三产业结构有着巨大的提升和催化作用,还促使传统的城市第三产业迅速裂变出新的产业群。它所引发的城市新机遇,吸引了越来越多的投资者,加快了城市人流、资金流、物流和信息的流动速度,大大提升了城市的集聚和扩散功能。创意产业空间集聚的特征还能促使城市空间结构布局不断趋于优化,从而改善城市内部结构,进而强化城市环境引力,提升城市治理能力。②

思 考 题

1. 简述我国城市治理实践的现实状况与特点。
2. 西方国家的城市治理经验有何特点?纽约、伦敦、东京、新加坡和维也纳的城市治理经验有哪些异同?
3. 在借鉴西方国家城市治理经验时,应注意什么?

---

① 参见孟延春《美国城市治理的经验与启示》,载《中国特色社会主义研究》2004年第3期,第40~43页。
② 参见李昕《创意产业发展与提升城市竞争力》,载《学术论坛》2010年第9期,第114~119页。

案例分析

新加坡交通治理有何妙招

在"花园城市"新加坡,很少有人违反交通法规,到过新加坡的人都对这里有序的交通秩序印象深刻。这一方面是因为新加坡法制严明,行人乱穿马路、司机不礼让行人、违规停车、驾车时打手机等行为都会受到罚款、扣分、吊销驾照等不同程度的处罚,严重的违法行为甚至会让当事人遭受鞭刑。另一方面也和新加坡路网通畅、车速较快有关,闯红灯、乱变道、逆行等违规行为非常危险,面对呼啸而来的车辆,人们通常都会按规则行事。

新加坡国土面积狭小,道路已占据其土地总量的12%,机动车总量已超过97万辆,那么,新加坡是如何做到路网通畅的?改善交通不能靠增加道路面积已成共识,控制机动车数量增长、合理疏导车流、发展公共交通才是解决之道。新加坡政府也以通过经济手段治理交通而闻名,包括实行公开竞拍车牌的拥车证制度,通过电子道路收费系统调节车流等。他山之石,可以攻玉,探求新加坡交通治理之道或许能为我们提供些许参考。

1. 这里有世界上最贵的车牌

为保证路网畅通,新加坡设计了车辆定额分配制来调控车辆增长。只有获得拥车证,才能在新加坡购买新车。

拥车证制度于1990年5月开始实行,新加坡陆路交通管理局(简称"陆交局")会根据每年淘汰车辆的数量和道路建设情况确定新发放拥车证的数量。陆交局每月会拿出一定数量的拥车证,按中小型汽车组、大型及豪华车组、电单车组、货车和巴士组、公开组五个类别进行两次公开竞拍。

拥车证竞拍全程公开透明,先由竞拍者输入自己的竞拍价,然后由电脑从高价到低价确定成功竞拍者。以4月6日结束的竞拍为例,陆交局共收到8053例竞拍申请,共有4184例竞拍成功,拥车证成交价为4.6万新加坡元(约合人民币22万元)。

新加坡汽车依赖进口,买车还需要缴纳进口关税,再加上注册费、保险费等其他费用,在新加坡拥有一辆车所有缴纳的相关税费及拥车证费用甚至可能超过车价。然而,高价竞拍获得拥车证并非一劳永逸,该证的有效期一般是10年。若没有更新拥车证,这辆车就会被自动撤销注册,也就不能上路了。

通过拥车证制度,新加坡的汽车数量得到了有效控制。据该国陆交局数据显示:2009年以前,新加坡每年汽车数量的增长率约为3%;2009年开始,这一数据降至1.5%;2012年8月以后,仅为约1%;2013年2月至2015年1月,已低至约0.5%。

此外,新加坡还有一种"红牌车",这是控制高峰时段汽车数量的一项举措。"红牌车"即非繁忙时段用车,其车牌价格比普通车牌便宜。这种车只有在工作日晚7点至早7点之间,周六下午3点后及周日和公共假期才能上路。遇到急事需要在禁行时间内出行,车主也可花费20新加坡元购买临时通行证,"红牌车"受到用车频率不高的人士的青睐。

2. 电子道路收费系统实时收取拥堵费

除了通过拥车证制度控制汽车数量,新加坡还从疏导车流量方面入手,设计了ERP

系统（电子道路收费系统），以缓解高峰时段闹市区道路拥堵的状况。

新加坡是全球第一个采用ERP系统的国家，该系统于1998年投入使用，由电子收费闸门、带现金卡的车载单元和中央控制系统三部分构成，电子收费闸门遍布新加坡各大高速公路和主干道。

当安装了带现金卡的车载单元的车辆经过电子闸门时，闸门上的传感器收到感应信号，车载单元发出"哔"声，卡内金额自动扣除。只要现金卡内有足够的储值，车主无须停车，缴费自动完成。如果卡内金额不足或车辆经过闸门时卡没有插好，车辆信息会被记录下来，罚单随后会寄到车主手中。

ERP系统的收费在0.5新加坡元至5新加坡元之间不等，这是根据不同车型、不同日期、不同时段及道路的实时状况而调整的。这也是为什么在新加坡打车从A地到B地与从B地到A地的费用会有较大差异的原因。陆交局每3个月都会对电子道路收费系统进行评估，适时调整收费。每年6月和12月学校放假期间，道路收费价格会相应下调。

数据显示，ERP系统使新加坡市中心车流量减少了大约13%，高峰时段平均车速提高了20%。目前，陆交局通过招标开发了新一代无闸门电子道路收费系统（ERP 2系统），新系统将采用全球导航卫星系统监测车辆位置，可根据个别车辆在拥堵路段行驶的实际路程向车主收费，以使收费更加科学合理。

3. 改善公共交通，提倡减少用车

陆交局数据显示，新加坡私家车每年平均行驶里程自2007年起逐年下降，2013年首次跌破1.8万千米的纪录。较高的驾车成本是推动人们选择性用车的重要动力。同时，新加坡近年来也大力发展公共交通，提倡减少用车的理念。

2012年以来，新加坡政府在改善公共交通方面动作频频，推出了11亿新加坡元的改善巴士服务计划，出资添购车辆、扩充巴士路线，并积极拓展地铁网络。据新加坡政府公布的公共交通发展规划纲要，地铁网络到2030年将扩大到360千米，地铁站步行10分钟范围涵盖八成居民家庭，出行20千米以内耗时少于1小时的比例达到85%。该纲要当时预计，到2020年，居民高峰时段通过公交出行的比例将提高到70%，2030年将提高到75%。

新加坡总理李显龙于2015年12月在地铁市区线第二阶段通车仪式上指出，政府为改善公共交通系统实施了多项举措，包括增购地铁列车和巴士，建造更多有盖走道、公园连道和自行车道，使公众出行更加便利。最终目标是把新加坡打造成一个安全又节能环保，而且用车量少的城市。

——节选自辛宇《新加坡交通治理有何妙招》，载《文汇报》2016年5月19日。

案例思考题

1. 请你概括新加坡城市交通治理的经验。
2. 谈谈你对中国城市交通的看法。
3. 新加坡城市交通治理经验对我国城市交通治理有何借鉴意义？

第十章 中国城市治理的未来走向

研究城市治理的未来走向是城市发展的"舵手",决定着城市发展的方向和治理。本章主要探讨城市治理的法治化、专业化、协同化、智慧化和国际化走向。通过本章的学习,可使我们对中国城市治理的发展方向有更清楚的认识。

第一节 城市治理法治化

城市治理法治化,即城市政府运用法治思维和法治方式解决"城市病",以确保规则的制定与执行、发展的实现和服务的提供,实现尊重私权与制约公权的目标。作为帮助城市硬件发挥作用的软件,城市治理法治化有助于增强城市的吸引力、凝聚力、竞争力和影响力,实现人民群众对美好生活的向往。法治精神的要义就是"良法善治","良法善治"是法治的最本质特征。它包括了正义、公平、民主、自由、人权、秩序、和谐、安全等,这些因素成为评价法律是否为"良法"的重要尺度,成为创制良法的价值追求,也成为实现良法善治的伦理导向。

对"良法"的理解和判断是一个见仁见智的问题,但它通常应具备以下三个要素:一是制定完备,即法律应当是类别齐全、系统规范、大体涵盖社会生活的主要方面,且各项制度相互之间保持大体协调的制度体系;二是法律应当有效规范社会生活,并在制定过程中吸纳大多数社会成员的参与,进而符合社会和公民的需要,符合社会一般公平、正义的观念;三是法律应当保持内在的一致性,立法者应当不断通过修改、补充等方法来使法律符合社会的需求与时代的发展。"善治"就是要把制定良好法律的想法付诸实施,公正、合理、及时、有效地用于治国理政,通过宪法法律的"统治"实现"良法"的价值追求。因此,"善治"又主要是制度之治、规则之治、法律之治,而绝不是"人治"。一般语境下的"善治",就治理主体而言,善治是善者治理;就治理目的而言,善治是善意之治;就治理方式而言,善治是善于之治;就治理结果而言,善治是善态之治。

城市治理法治的关键也应该且必须是良法善治,城市治理良法善治的内涵存在于现代法治精神所倡导的共同价值追求之中。

城市治理的"良法"是由一整套法律法规、政府规章以及规范性文件所组成的规则体系,但这个规则体系是否是"良法",应该有一个体现法治价值理念的尺度,具体而言,有以下五个方面:一是城市治理法治的制度设计是否能够体现民主性、合法性和正当性;二是城市治理法治的制度设计是否能够体现平等性、公正性和公开性;三是城市治理法治的制度设计是否能够体现包容性、开放性和吸纳性;四是城市治理法治的制度设计是否能够体现监督性、保障性和责任性;五是城市治理法治的制度设计是否能够体现系统性、完整性和操作性。

城市治理的"善治"是在能体现法治理念和法治精神的规则约束下的治理行为过程,"善治"之善体现为:城市治理是"良法"之治,城市治理是民本之治,城市治理是民主之治,城市治理是善意之治。"良法"是"善治"的首要前提条件,没有"良法"也就不存在"善治",很可能成了恶法恶治;但有了"良法"并不必然会有"善治","良法"靠人来制定,"善治"也要靠人来践行,历史上"良法"恶治的事例也时有发生,恶人之于"良法"犹如歪嘴和尚念经,经文再好也难修成正果。因此,"善治"是"良法"之治、民本之治、民主之治、善意之治,"良法"之治是规则之治,民本之治是民生之治,民主之治是人民之治,善意之治是善者之治。

如果"良法"有一个价值尺度的话,那么"善治"也应该有一个价值标准,这是对城市治理者是否真正践行了人民城市人民治理的人民主体性理念的一个考量,主要有以下五个方面:一是城市治理者是否能够具有体察民情、体验民生和体恤民隐的民本之治;二是城市治理者是否能够具有尊重民权、不违民心和善用民智的民主之治;三是城市治理者是否能够具有公正执法、惩恶扬善和敢于担当的刚正之治;四是城市治理者是否能够具有爱民、亲民和厚民的宽仁之治;五是城市治理者是否能够具有宽容大度、开放吸纳和倾听民意的包容之治。总之,在法治的视角下来看城市治理的"善治",应该包含治理的合法性、正当性、民主性、透明性、责任性等几大要素。

总而言之,城市治理的"良法善治"应该成为政府与公众对城市公共事务进行共治的新型治理模式,通过还政于民、还权于民,发挥人民主体性作用,实现公共利益最大化的根本要求。城市治理从"良法"到"善治"的过程实际上应该是一个赋权于民的过程,指既赋予人民治理城市立良法之权,又赋予人民治理城市的参与之权,还赋予人民治理城市的监督之权,同时也赋予人民治理城市的评价之权。[①]

第二节　城市治理专业化

我国城市治理方法正在向社会化的专业主义阶段转型。这个转型不仅是国家对基层治理的要求,也是当代中国社会发育的客观需要。社会建设、社会治理的专业主义,有着与官僚主义、行政化方法不同的目标、方法和基础。它立足于社会工作专业知识和专业技术方法,以城市场域的多种组织和社会资源为基础,采取以社会技术为主的治理机制,以实现多方主体平等合作的直接目标。作为社会建设的单位,要适应多元化社会背景,就要改革政治主义官僚主义精神,走专业主义路线。

城市治理的专业主义路线有四个要素:一是确立专业理念,包括专业价值观、专业目标、专业伦理,要求放弃治理的粗放经营观念,挖掘居民的真实需要并经过细致的过程转换为决策,实现城市治理的精细化。二是培养专业人才,城市治理工作者应当是经过专业训练、具有从业资格和专业技能经验的人,而非普通民众。这需要建立从业资格、职称评价、职业教育等制度。三是传播和创新专业知识,城市治理工作者需要向居民传授管理工作和管理治理的先进理念、科学知识,使之本土化,形成可复制的地方经

---

① 参见朱未易《城市法治的要义与结构分析》,载《法制与社会发展》2014年第6期,第60~66页。

验。四是研发和推广本土化的城市工作和城市治理技术，包括参与式的城市问题诊断技术、参与式的城市需求调查技术、参与式的居民会议技术、参与式的城市活动策划技术、参与式的城市资源开发技术、参与式的城市公益项目策划技术、参与式的项目督导技术、参与式的项目绩效评估技术、参与式的城市冲突管理技术等。

综合而论，城市治理的专业主义路线或专业化道路，就是以专业理念和专业知识为基础，依靠专业人才队伍，运用专业技能，开展城市治理和服务的运行样式。专业主义是保证现代城市基层治理有效性的基础。

专业化的显著特点是技能的习得性、职业的不可替代性。基层治理的专业化，就意味着对从业者开展有计划的、系统的训练。专业化建设把大量的城市干部由"城市管家""小巷总理"培养成了"城市专家""社会活动家"，为开展城市治理和城市民主提供了稳定的、结构化的技术支撑，这是实行专业化的核心环节。复杂社会是需要专家的社会。专家在城市治理中的角色是，结合治理实践，提炼经验、创新知识，从而不断推动治理创新。"我们需要的是这样的专家，他们从基础知识开始进行系统学习，亲身实践，对新事物反复消化并不断积累经验；经过持续的训练，他们能够把自己所学到的知识提供给别人。"[1] 培养本土城市专家的深远意义在于，把偶尔为之的策略性民主活动，变成常态化、制度化、规范化的协商，持续地对居民进行民主训练和赋权增能，使民主协商、民主自治成为居民日常生活技能的一部分，并使民主规则变成居民内心法则和外在生活习惯，从而使居民自治理念植根于城市居民心中。[2]

第三节　城市治理协同化

改革开放以来，中国社会结构和运行机制便从总体性的社会转变为一个多元化的社会，社会结构的剧烈变动要求创新治理机制以适应变化了的社会环境。据此，中央明确了城市治理创新应该遵循"坚持系统治理，加强党委领导，发挥政府主导作用，鼓励和支持社会各方面参与，实现政府治理和社会自我调节、居民自治良性互动"的原则，这一顶层设计以其特有的方式体现了我国政府主导型现代化发展模式的逻辑特征，但同时也要求整合各种社会资源，充分发挥政府、现代社会组织及公众等城市治理主体的优势和作用，以形成城市治理的整体合力。

因此，基于我国社会变迁的现实考量，协同化治理绝不是否定或质疑政府在城市治理中的核心主体地位，而是要求政府积极回应现代城市治理的大趋势而主动变革，从而推进城市治理能力的现代化，为转型期社会的和谐有序提供良好的治理环境。现代社会组织则应该主动嵌入现有的城市政治架构中，不断优化内部组织结构和完善自律机制，积极发展与政府的合作伙伴关系，有效承接政府改革过程中剥离出的城市治理和公共服

---

[1] ［英］安东尼·吉登斯：《民族-国家与暴力》，胡宗泽等译，生活·读书·新知三联书店1998年版，第373页。

[2] 参见陈伟东、吴恒同《论城市社区治理的专业化道路》，载《华中师范大学学报（人文社会科学版）》2015年第5期，第21～28页。

务职能。此外，在协同化治理中，政府担当着统筹者、协调者、仲裁者等多重角色，应在畅通参与渠道、规范集体行为、制定合作规则、培育多元主体、搭建信息平台等方面发挥积极功能。因此，协同化治理不仅深度契合了我国城市治理创新的总体思路和发展方向，也是中国城市政治环境和话语体系的产物。

协同化治理正是这样一种民主参与和协商共治的城市治理机制，一方面，政府以更为宽容和开放的态度积极拓宽社会参与渠道，保障现代社会组织、公众能够有效、有序地参与到城市治理中去；另一方面，多元主体在彼此平等和相互独立的基础上就共同关心的问题和公共事务进行对话、沟通与协商，达成一致意见并执行，形成国家与社会力量关联互动的城市治理网络，最终实现由权力支配社会转为国家权力与社会权利的良性互动。总之，协同化治理将有力推动政府职能的转变和治理成本的降低，而多元主体的协同合作则创造了重要的政治资源，即民主和信任。正是从这个意义上讲，协同化治理是推动中国特色社会主义政治发展的有效途径。

总之，无论是从现实需要的角度来看，还是从未来发展的角度来看，协同化治理的提出都极大地拓展了我国城市治理的研究视野，其不仅为摆脱碎片化治理提供了可资借鉴的选择，更为推进国家治理体系和治理能力现代化提供了新的理论工具。①

第四节　城市治理智慧化

近年来，我国智慧城市建设相当迅速。智慧北京、智慧杭州、云上贵州、智慧广州等已家喻户晓。从2013年1月住房和城乡建设部（以下简称"住建部"）公布首批90个国家智能试点城市，到同年8月新增103个试点城市，再到2015年4月新增84个试点城市，又到2015年11月仅国家级智能试点城市就已经达到277个。城市治理智慧化得益于信息、通信和计算机技术的进步。但是，计算机的出现不仅是一场技术革命，也是一场社会革命。当今，互联网已经成为人们日常生活中不可或缺的一部分，建立在互联网技术上的物联网、云计算、大数据等正在深刻地改变着城市居民的生活、工作和思维方式。同时，计算机技术的发展也使城市管理变得更加智能。随着我国逐步进入经济新常态阶段，智慧治理成为我国城市治理的趋势。

1. **智慧治理的应用领域越来越广**

商业领域是智慧化应用最早、最为完善的领域，互联网与商品买卖的结合，开启了中国互联网商业发展的新时代。同时，商业模式上的智慧化有助于政府把握国内的宏观经济形势。近年来，云计算、大数据等智慧治理技术开始被应用于城市治理，用来解决城市和社区治理的难题。诸如交通、能源、银行、港口、机场、基础设施、水处理、医疗健康、学校、监狱、停车场、城管等领域的智能化，都是"智慧治理将信息技术与政府职能、社会治理进行有机整合的结果"。

2. **智慧治理的精准化服务有效地解决了多元化、个性化需求难以满足的问题**

智慧治理技术的最大优势就是高效便捷地传递信息，解决社会中由于信息不对称而

---

① 参见胡海、殷焕举《协同化治理：社会治理创新的现实选择》，载《学术界》2015年第9期，第148～155页。

导致的个性化需求无法得到满足的问题。经济新常态下，基层社会治理的多元化、个性化问题将越来越突出，如何提供符合居民个性化需求的服务成为基层政府面临的新问题。在极低或零边际成本的条件下，智慧治理能够整合社会多个部门的信息、知识、资源与技术等，将服务需求与服务供给智慧对接，提供精准化服务。

3. 智慧治理成为提高政府效能的有效工具

近年来，智慧治理被广泛应用主要得益于它能够有效地帮助政府解决棘手的社会问题。从技术的角度看，智慧治理能够高效地收集、处理经济发展、社会管理和公共服务中的信息、数据，用于政府科学地决策和高效地执行政策。智慧治理的广泛应用不仅能够解决长期以来基层政府能力不足、效率不高的难题，而且还要求重组基层政府内部以及市、区、街多层政府的职责与权限，以达到政府精简高效运转的目的。

4. 智慧治理成为跨界跨部门合作治理的载体

智慧治理不仅有助于提高基层政府的效能，还能够推动政府之外的多元社会主体开展智慧合作。贝塔甘（Btgan）认为，智慧治理就是跨部门、跨社区的合作，它真正地使服务以人为中心。但是，仅仅依靠政府的资源是不可能完全满足居民个性化、多元化的社会服务需求的，由政府部门包办公共服务也显得不合时宜。而智慧治理无疑能将政府的角色顺利地从"划桨"向"掌舵"转型。政府通过信息技术构建数据共享平台，整合社会多元服务主体，汇集社会组织、企业、志愿者等多元服务主体的资源，推动跨界、跨部门合作，实现政府角色"从供给者、控制者向召集者和促进者的转变"。

5. 智慧治理能够大幅度降低社会治理成本

由治理的碎片化导致治理成本的激增是基层面临的突出问题。随着经济新常态的来临，基层政府将无力继续承担持续增加的治理成本。在技术上，智慧治理降低成本是可能的。它能够"通过社交媒体、租赁商、合作组织以极低或零成本的模式分享产品和服务"，使我们步入零边际成本的社会。智慧治理能够通过大数据技术，挖掘城市治理中深层次的因果关联问题，主动发现解决城市社会治理难题的思路，通过整合政府、社会组织、企业以及志愿者等多元治理主体的资源，精准地从源头解决问题，大大降低社会治理的成本。

然而，智慧治理强化了城市经济发展的路径依赖，造成了更严重的两极分化，加深了社会的隔阂，增加了个人隐私和公共部门信息泄露的风险，加剧了社会治理的碎片化问题，当然，这些问题并不能仅仅归咎于技术问题，而是技术的官僚化，以及建立在信息和通信技术基础上的计算机官僚主义为城市设定的新的道德秩序。智慧治理遭遇的种种困境并不是不能克服，智慧治理仅仅强调技术管理主义是不够的，必须用人本主义、智慧心智和新的想象力弥补技术的缺陷，开发更安全的技术，让公民参与到智慧治理中，深化大部门体制改革，实行整体性智慧治理，培育社会企业家，从而让社会机制在城市智慧治理中发挥基础性作用。虽然，在经济新常态下智慧治理模式被匆匆启动，但是它远比研究者和实践者所设想的要复杂，未来的智慧治理应该从更广阔的视野开展跨学科的实证研究和比较研究，探究科学与民主、技术与治理、技术与政治、技术与共同体之间的关系。①

第五节 城市治理国际化

经过改革开放以来几十年的建设和发展,中国的城市治理水平有了很大的进步,许多大中型城市的治理达到了相当高的水平:公共设施完备、社会秩序稳定、百姓安居乐业、创新活力强劲、城市运营有序、城际互动顺畅。但是,在市场化、全球化、网络化和智能化深度融合的今天,世界各国的前沿城市都在悄悄地发生革命性变化,中国的城市建设和治理不能满足于现状,应该及时赶上这种变化,迎接新的城市革命。这一轮革命性变化,取向就是从现代的国内城市向未来的国际性城市发展,这种变化之深刻不亚于人类城市文明发展从古代城市向现代城市转型。古代城市向现代城市革命性转型的历史贡献就是:为人的自由与独立提供了决定性空间,从而激发出人的无限创造力和现代社会前所未有的巨大进步与发展。今天,一国内部的现代城市向未来的国际城市转型和发展,会使城市本身获得相对的自主和独立,拥有超越一国范畴的发展空间,成为全球发展中的先锋力量,带动着所在国家的发展,推动着人类文明的进步。这种新的城市革命呈现出了以下两种发展趋势:

第一,从地域性向全球性发展。这种变化和发展是全球化和网络化带来的。今天的一个地区、一个国家的城市,可以有鲜明的自我特色,但其客观的存在却随着市场、生产和人的交往的全球化而趋向国际化。与此同时,在城市日益成为人类交往和互动的主要单位和空间的今天,任何地域性的城市如果要真正成为国际化大都市,其显著标志不应只是高楼大厦,而是其在全球城市体系中的地位与功能。但是,全球性的发展不是对其传统地域性的否定,只有拥有鲜明地域性的城市,才可能在全球体系中拥有自己的地位;同时,只有在全球性的舞台上发挥独特的作用,其地域性才能得到充分的体现,才能形成自己的优势。

第二,从割据性向联通性发展。传统的城市都天然地具有自我割据性,所以,每个城市都有自己的"城门",都有自己的城市"钥匙",但在全球化、网络化使得城市之间人口、资源、信息的流动越来越频繁的情况下,城市天生具有的割据性便成了城市发展的障碍。所以,今天的城市发展都强调其联通性,不仅要在交通上联通,还要在公共服务上联通;不仅要在治理上联通,还要在发展上联通。基于这种联通性,过去那种以中心城市辐射周边的城市网络模式,将转变为互为腹地、合作联动、共同发展的联动性城市网络体系,不论城市大小,都将发挥各自优势,形成互补共进的局面。

随着"一带一路"倡议的推进,中国城市在国际舞台上将扮演越来越重要的角色。可以预见,更加频繁的国际化人口流动以及城市间的文化交流将为中国城市注入越来越丰富的文化内涵,同时,也将对城市文化包容性带来一定的挑战。我们要使多样性的文化能够和谐共存而非互相冲突,不能只是被动适应,而应在制度、政策、教育及产业发

---

① 参见张丙宣、周涛《智慧能否带来治理——对新常态下智慧城市建设热的冷思考》,载《武汉大学学报(哲学社会科学版)》2016年第1期,第21~31页。

展方面主动引导、主动适应。中华文化自身的包容性特质使得中国城市有着发展包容性文化的天然优势,在新的时代背景下,将历史积淀、人文特质与现代发展注入城市文化中,形成中国城市新的文化面貌,同时以海纳百川的姿态迎接世界,以包容性城市治理应对国际化挑战,是中国未来城市转型的题中应有之义。①

思 考 题

1. 谈谈你对城市治理未来走向的看法。
2. 如何理解包容性城市治理转型之路?

案例分析

城市国际化:杭州阔步走向世界

城市国际化,目的是使一个城市产生高度国际关联效应,参与国际经济循环,深化国际文化交流,在商品、资本、技术、人才、信息及文化等方面进行跨国界的往来交融,从而在全球城市网络体系中,提升其节点功能和地位,由此不断扩大世界影响力,最终成长为具有强大辐射力的国际化城市。

建设现代化、国际化、美丽又先进的城市,成了今日杭州的必然选择。杭州加快推进城市国际化,是基于自身实际的一次重新定位:从长三角地区打造世界级城市群战略定位,到浙江省对杭州打造世界名城的战略要求,都在要求杭州必须以更加开放的姿态构建国际新坐标、勾勒"天堂"新景象。

这是不断持续深入的一项重要举措。2008 年,"城市国际化"战略被列为杭州城市发展"六大战略"之一;2012 年,杭州提出将城市国际化作为推动发展的两大主抓手之一;2015 年 5 月,《杭州市加快推进城市国际化行动纲要(2015—2017 年)》正式公布。从国际化战略的顶层设计,到路径明确,再到指标量化,加快推进杭州迈入国际化城市行列的进程,已从破题开局一步步走向科学推进。

接下来的 3 年里,杭州将重点推进包括国际会展在内的 25 个重大建设项目,以更宽广的国际视野、更加开放的姿态主动融入全球化,也让国际化融入这座城市。其通过对交通、场馆、医疗、教育、环境、创业等方面的提升,以城市国际化带动城市现代化,以国际高标准促使基础设施和人居环境加快发展,从而让生活在这座城市的老百姓得到实实在在的便利和实惠。到 2017 年,杭州会基本建立适应城市国际化的组织框架和制度体系,城市国际化水平得到显著提高,为迈入国际化城市行列奠定扎实基础。

一个国际化的城市,需要现代化的基础设施。这是全面提升城市承载能力和服务功能的关键,也是城市发展必不可少的"硬件"基础。在这方面,杭州近年来的变化显而易见,但基础设施建设还有所欠缺。作为我国内地第四大航空口岸,杭州的国际航线却不到广州的 1/3,轨道交通尚未真正成网。与此同时,大型国际会展场馆、大型国际酒店等服务设施的不足,也在阻碍杭州成为国际会议目的地。

---

① 参见李烁、曹现强《以包容性城市治理推动城市转型发展》,载《行政论坛》2018 年第 4 期,第 76~84 页。

为了加快推进空港国际化，杭州将推进萧山国际机场的航空口岸国际化，加快开辟欧美重点城市国际航线，加密亚洲主要城市的航班频率，不断完善东亚、东南亚航线，加快与世界中心城市的连接，研究增设欧美亚太重要城市国际物流专线。力争到2017年，国际航线达到35条，国际旅客吞吐量（不含港澳台）突破200万人次。

杭州正在加快建设都市经济圈轨道网络，以实现建成1小时交通圈的目标；2017年前开通运营杭州市城市轨道交通1、2、4号线，共计81千米；加快建设富阳线、临安线等市域轨道交通线路。这些将大大缩短城市的空间距离和心理距离，提升杭州在长三角城市群中的交通枢纽功能。

杭州也在加快国际场馆设施建设，夯实商务会展旅游设施，增强城市的"承载力"，形成以大型专业化、国际化会展设施为支撑的会展场馆酒店设施体系。令人欣喜的是，整体规划建设面积84万平方米的杭州国际博览中心预计2016年可建成投入使用。其可使用的展览面积将达到15万平方米，会议中心2.9万平方米，能够满足如G20（二十国集团）、达沃斯、APEC（亚太经济合作组织）等国际会议的要求。同时，配套的软件设施也在同步建设中。目前，杭州拥有星级宾馆252家，其中五星级酒店14家，仅次于北京、上海，位居第三。

城市国际化，教育要先行。这需要扩大教育国际交流合作，完善教育公共服务体系。杭州目前有杭州国际学校、杭州日本人学校等国际学校，还将新增幼儿至高中阶段的外籍人员子女学校2所；知名民营企业引进国外优质教育资源，共建职业技术院校1所以上；合资合作国际性大学1所以上。百校结对、海外教师培训基地建设、中外合作办学、教育国际化示范学校建设……杭州正着力实施一批重点项目，以加速推进教育国际化进程。

城市国际化，先进的医疗体系不可或缺。杭州正在建立与国际医疗保险机构费用结算、医疗服务相接轨的医疗服务体系；在省、市级医院争取更多的国际医疗保险定点资格，并开展国际急救体系建设；市属或区属医疗机构与新引进的优质国际医疗机构，合作举办国际化综合性医院1所以上。推进国际化医疗服务，杭州正在路上。

宾至如归，国际化的城市应该让外籍人士有"家"的感觉。杭州也在抓紧实施国际化标识改造工程，在交通枢纽、道路系统、主要景区、主生活区、公共设施及重点单位等地方设立多语种图文标识以及外语语音服务系统，实现重要场所国际化标识全覆盖。2017年，公共服务人员英语培训普及率达到80%以上。杭州正在建设国际化社区，不断完善社区周边医疗、教育、生活等配套设施，创建国际宜居环境，从而让外籍人士平等地享有社区资源，推动社区居民共处、共享、共融。2017年，外籍常住人口将达到2万人以上。

国际化的杭州，文化是最重要的品牌之一。我们应该让杭州文化走向世界，让世界文化拥抱杭州。世界的也可以成为民族的，富有包容性的民族文化才能长盛不衰——弘扬传统、吸纳现代，坚持民族的，拥抱世界的，杭州文化将恒久而弥新。

推动世界这部水车运转的水浪，往往发源于人迹罕至的地方。在每一个源头，都需要默默的努力，并一步步踏实地前行。世界大门已经打开，通向国际化的道路，正在考验着一座城市经济、文化、生态、社会治理等各方面的能力。只要杭州以一种主动的、开放的姿态,阔步走向世界、激情拥抱世界、大气融入世界,就一定能够在世界舞台上变得更加绚丽璀璨!

——节选自吴山平《城市国际化:杭州阔步走向世界》,载《杭州日报》2015年7月3日。

案例思考题
1. 根据上述材料,请你简述杭州是如何推进城市走向国际化的。
2. 运用所学知识,请你对推进我国城市治理经验走向国际化提出你的看法。

参考文献

一、专著类

[1] 王志锋，蔡方. 现代城市管理概论［M］. 北京：清华大学出版社，2008.

[2] 北京市哲学社会科学规划办公室. 北京市哲学社会科学规划项目优秀成果选编：第二辑［M］. 北京：首都师范大学出版社，2013.

[3] 俞可平. 治理与善治［M］. 北京：社会科学文献出版社，2000.

[4] ROSS S G, WIKSTROM N. Metropolitan government and governance：theoretical perspectives, empirical analysis, and the future［M］. NewYork: Oxford University Press, 2000.

[5] 王颖. 城市社会学［M］. 上海：上海三联书店，2005.

[6] 孔茨. 管理学［M］. 黄洁纲，等译. 贵阳：贵州人民出版社，1982.

[7] 金东日. 现代组织理论与管理［M］. 天津：天津大学出版社，2003.

[8] 于显洋. 组织社会学［M］. 北京：中国人民大学出版社，2001.

[9] 曼纳·彼得·范戴克. 新兴经济中的城市管理［M］. 姚永玲，译. 北京：中国人民大学出版社，2006.

[10] 孙柏瑛. 当代地方治理：面向21世纪的挑战［M］. 北京：中国人民大学出版社，2004.

[11] 文森特·奥斯特罗姆. 美国公共行政的思想危机［M］. 毛寿龙，译. 上海：上海三联书店，1999.

[12] 罗伯特·普特南. 使民主运转起来［M］. 王列，赖海榕，译. 南昌：江西人民出版社，2001.

[13] 迈克尔·麦金尼斯. 多中心体制与地方公共经济［M］. 毛寿龙，译. 上海：上海三联书店，2000.

[14] 马克斯·韦伯. 社会学的基本概念［M］. 顾忠华，译. 桂林：广西师范大学出版社，2005.

[15] 魏娜. 社区管理原理与案例［M］. 北京：中国人民大学出版社，2013.

[16] 戴维·赫尔德，安东尼·麦克格鲁，戴维·戈尔德布莱特，等. 全球大变革：全球化时代的政治、经济、文化［M］. 杨雪冬，周红云，陈家刚，等译. 北京：社会科学文献出版社，2001.

[17] 朱衍强，郑方辉. 公共项目绩效评［M］. 北京：中国经济出版社，2009.

[18] 安德鲁·海伍德. 政治学核心概念［M］. 吴勇，译. 天津：天津人民出版社，2008.

[19] 何增科. 公民社会与民主治理［M］. 北京：中央编译出版社，2007.

[20] 斯蒂芬·戈德史密斯，威廉·D. 埃格斯. 网络化治理：公共部门的新形态

[M]. 孙迎春, 译. 北京：北京大学出版社, 2008.
[21] 陈振明. 公共管理学 [M]. 北京：中国人民大学出版社, 2005.
[22] SALAMON L M. Tools of government: a guide to the new governance [M]. New York: Oxford University Press, 2002.
[23] 欧文·休斯. 公共管理导论 [M]. 张成福, 等译. 北京：中国人民大学出版社, 2001.
[24] 迈克尔·豪利特, M. 拉米什. 公共政策研究：政策循环与政策子系统 [M]. 庞诗, 等译. 北京：生活·读书·新知三联书店, 2006.
[25] 珍妮特·V. 登哈特, 罗伯特·B. 登哈特. 新公共服务：服务，而不是掌舵 [M]. 丁煌, 译. 北京：中国人民大学出版社, 2010.
[26] 埃莉诺·奥斯特罗姆, 拉里·施罗德, 苏珊·温. 制度激励与可持续发展 [M]. 陈幽泓, 谢明, 任睿, 译. 上海：上海三联书店, 2000.
[27] 毛寿龙, 李梅. 公共行政学概论 [M]. 北京：中共中央党校出版社, 2005.
[28] 艾伦·哈丁, 泰尔加·布劳克兰德. 城市理论：对21世纪权力、城市和城市主义的批判性介绍 [M]. 王岩, 译. 北京：社会科学文献出版社, 2016.
[29] 乔尔·科特金. 全球城市史 [M]. 王旭, 等译. 北京：社会科学文献出版社, 2014.
[30] 约翰·伦尼·肖特. 城市秩序：城市、文化与权力导论 [M]. 郑娟, 梁捷, 译. 上海：上海人民出版社, 2015.
[31] 约翰·J. 马休尼斯, 文孙特·N. 帕里罗. 城市社会学：城市与城市生活 [M]. 姚伟, 王佳, 等译. 北京：中国人民大学出版社, 2016.
[32] 冯云廷. 城市管理学 [M]. 北京：清华大学出版社, 2014.
[33] 雷仲敏, 徐倩, 董华. 城市经济管理部门绩效评价探索 [M]. 北京：中国言实出版社, 2007.
[34] 俞可平. 中国公民社会的兴起与治理的变迁 [M]. 北京：社会科学文献出版社, 2000.
[35] 苏力. 规制与发展：第三部门的法律环境 [M]. 杭州：浙江人民出版社, 1999.

二、期刊类

[1] 王佃利. 城市管理转型与城市治理分析框架 [J]. 中国行政管理, 2006 (12).
[2] 曹海军, 霍伟桦. 城市治理理论的范式转换及其对中国的启示 [J]. 中国行政管理, 2013 (7).
[3] 韩震. 现代城市治理应有的价值取向 [J]. 中国高校社会科学, 2015 (2).
[4] 蒋晓伟, 饶龙飞. 城市治理法治化：原则与路径 [J]. 甘肃社会科学, 2014 (4).
[5] 陶希东. 中国特大城市社会治理模式及机制重建策略 [J]. 社会科学, 2010 (11).
[6] 耿静. 我国城市治理能力现代化的问题和走向 [J]. 天水行政学院学报, 2014 (4).

［7］计永超，焦德武. 城市治理现代化：理念、价值与路径构想［J］. 江淮论坛，2015（6）.

［8］钱振明，钱玉英. 善治城市：中国城市治理转型的目标与路径分析［J］. 江海学刊，2006（3）.

［9］奈瑞·伍茨. 全球经济治理：强化多边制度［J］. 外交评论，2008（2）.

［10］曲博. 金融危机背景下的中国与全球经济治理［J］. 外交评论，2010（6）.

［11］周宇. 全球经济治理与中国的参与战略［J］. 世界经济研究，2011（11）.

［12］裴长洪. 全球经济治理、公共品与中国扩大开放［J］. 经济研究，2014（3）.

［13］刘春山，江之源. 论经济法与国家经济治理［J］. 社会科学战线，2019（6）.

［14］广东国际战略研究院课题组. 中国参与全球经济治理的战略：未来10～15年［J］. 改革，2014（5）.

［15］乌家培. 发展网络经济，改进经济治理［J］. 经济学动态，2001（7）.

［16］薛彦平. 德国经济治理的回顾与前瞻：社会市场经济模式的影响［J］. 当代世界，2014（10）.

［17］朱尔茜. 经济治理的理论内涵及实施路径［J］. 海南大学学报（人文社会科学版），2016（2）.

［18］李志军. 技术转移中的政府作用［J］. 中国科技财富，2011（17）.

［19］蒋乐仪. 美国社会管理的"三只手"及对我国的启示［J］. 学术研究，2009（1）.

［20］韩学广. 从创新经济治理看政府职能转变与创新［J］. 科技进步与对策，2013（22）.

［21］庞晓波，刘延昌，黄卫挺. 经济治理理论与中国经济发展［J］. 经济纵横，2010（5）.

［22］袁忠海. 新常态下我国政府经济治理的方向和策略分析［J］. 改革与战略，2015（4）.

［23］韩学广. 从创新经济治理看政府职能转变与创新［J］. 科技进步与对策，2013（22）.

［24］赵涟漪，宋振玲. 现代社会治理的特点及我国社会治理中存在的问题［J］. 沈阳干部学刊，2014（4）.

［25］陈剩勇，于兰兰. 网络化治理：一种新的公共治理模式［J］. 政治学研究，2012（2）.

［26］夏志强，谭毅. 城市治理体系和治理能力建设的基本逻辑［J］. 上海行政学院学报，2017（5）.

［27］高健. 城市基础设施的政府与非政府共同供给［J］. 城市问题，2011（7）.

［28］赵跃昕. 加强城市公共安全管理的重要意义和对策［J］. 法学杂志，2011（S1）.

［29］周学馨，黄小梅. 新型城镇化进程中城市社区治理研究［J］. 探索，2014（2）.

［30］文军，刘雨婷. 40年来中国社会治理研究回顾与实践展望［J］. 济南大学学报（社会科学版），2019（3）.

［31］刘建平，杨磊. 中国快速城镇化的风险与城市治理转型［J］. 中国行政管理，2014（4）.

[32] 李友梅. 中国社会治理的新内涵与新作为 [J]. 社会学研究, 2017 (6).

[33] 陈文, 孔德勇. 我国城市治理改革趋向 [J]. 开放导报, 2015 (3).

[34] 钱振明. 基于可持续发展的中国城市治理体系: 理论阐释与行动分析 [J]. 城市发展研究, 2008 (3).

[35] 肖金明. 城市治理的法治维度 [J]. 中国行政管理, 2008 (10).

[36] 王金南, 刘倩, 齐霁, 等. 加快建立生态环境损害赔偿制度体系 [J]. 环境保护, 2016 (2).

[37] 曹国志, 於方, 秦昌波, 等. 我国生态环境安全形势与治理策略研究 [J]. 环境保护, 2019 (8).

[38] 徐顽强, 王文彬, 王倩. 主体理性与新时代城市治理: 一个分析框架 [J]. 学习与实践, 2019 (2).

[39] 李宪奇. 中国城市治理评价模型的建构与应用 [J]. 江淮论坛, 2015 (6).

[40] 程新章, 孙晓霓. GPNs 视角下中国特色城镇化政策体系构建研究 [J]. 财贸研究, 2014 (5).

[41] 王华. 治理中的伙伴关系: 政府与非政府组织间的合作 [J]. 云南社会科学, 2003 (3).

[42] 陶希东, 赵鸿婕. 经济全球化与中国政府治理理念的创新 [J]. 商业研究, 2004 (14).

[43] 南姆·卡库布. 无等级的合作: 公共部门与非营利部门合作伙伴关系 [J]. 周洁, 译. 国家行政学院学报, 2004 (1).

[44] 和军, 戴锦. 公私合作伙伴关系（PPP）研究的新进展 [J]. 福建论坛（人文社会科学版）, 2015 (5).

[45] 英厄马尔·埃兰德. 伙伴制与城市治理 [J]. 国际社会科学杂志（中文版）. 2003 (2).

[46] 德班拉那·萨郎基. 基础设施发展: 印度的公私伙伴制 [J]. 国际社会科学杂志（中文版）, 2003 (3).

[47] 陶希东. 公私合作伙伴: 城市治理的新模式 [J]. 城市发展研究, 2005 (5).

[48] 王志刚. 多中心治理理论的起源、发展与演变 [J]. 东南大学学报（哲学社会科学版）, 2009 (S2).

[49] 于水. 多中心治理与现实应用 [J]. 江海学刊, 2005 (5).

[50] 秦上人, 郁建兴. 从网格化管理到网络化治理: 走向基层社会治理的新形态 [J]. 南京社会科学, 2017 (1).

[51] 郑士源, 徐辉, 王浣尘. 网格及网格化管理综述 [J]. 系统工程, 2005 (3).

[52] 李鹏. 我国城市网格化管理研究的拓展 [J]. 城市发展研究, 2011 (2).

[53] 黄晓春. 技术治理的运作机制研究: 以上海市 L 街道一门式电子政务中心为案例 [J]. 社会, 2010 (4).

[54] 田毅鹏. 城市社会管理网格化模式的定位及其未来 [J]. 学习与探索, 2012 (2).

［55］牛桂敏．城市网格化管理模式的创新与发展：以天津为例［J］．城市，2015（7）．

［56］韩志明．城市治理的清晰化及其限制：以网格化管理为中心的分析［J］．探索与争鸣，2017（9）．

［57］胡重明．再组织化与中国社会管理创新：以浙江舟山"网格化管理、组团式服务"为例［J］．公共管理学报，2013（1）．

［58］汪习根，钱侃侃．网格化管理背景下的制度创新研究：以全国社会管理创新试点城市宜昌为样本［J］．湖北社会科学，2010（3）．

［59］李新平．被低估的网格化管理［J］．中国经济和信息化，2010（6）．

［60］王乐夫．中国基层纵横含义与基层管理制度类型浅析［J］．中山大学学报（社会科学版），2002（1）．

［61］张再生，张红．基层社会管理创新：模式、路径与对策［J］．理论探讨，2013（6）．

［62］孙柏瑛，于扬铭．网格化管理模式再审视［J］．南京社会科学，2015（4）．

［63］孙建军，汪凌云，丁友良．从"管制"到"服务"：基层社会管理模式转型［J］．中共浙江省委党校学报，2010（1）．

［64］田依林．基于网格化管理的突发事件应急资源管理研究［J］．科技管理研究，2010（8）．

［65］石纯，魏廉虤，王霞波．差异性区域网格化环境管理初探［J］．中国人口·资源与环境，2007（2）．

［66］孙健．网络化治理：公共事务管理的新模式［J］．学术界，2011（2）．

［67］张长立．合作主义视域中的城市多元主体治理解读［J］．南京社会科学，2013（11）．

［68］黄鹰，安然．城市治理主体的职责定位［J］．开放导报，2015（3）．

［69］张超．城市管理主体多元化模式探讨［J］．学海，2006（6）．

［70］陈振明，薛澜．中国公共管理理论研究的重点领域和主题［J］．中国社会科学，2007（3）．

［71］马海韵．新型城镇化视角下地方城市治理工具创新研究：以南京江北新区为例［J］．行政论坛，2017（6）．

［72］谢媛．当代西方国家城市治理研究［J］．上海经济研究，2010（4）．

［73］黎智洪．大数据背景下地方政府治理工具创新与选择［J］．湖南大学学报（社会科学版），2018（5）．

［74］顾辉．综合评价法在城市治理评估指标体系中的应用［J］．江淮论坛，2015（6）．

［75］陈鹏．城市治理困境的生成与消解：基于城市空间的视角［J］．安徽师范大学学报（人文社会科学版），2018（4）．

［76］容志．推动城市治理重心下移：历史逻辑、辩证关系与实施路径［J］．上海行政学院学报，2018（4）．

［77］邸晓星. 社会协同治理的法治意涵探析［J］. 山西大学学报（哲学社会科学版），2017（6）.

［78］燕继荣. 中国社会治理的理论探索与实践创新［J］. 教学与研究，2017（9）.

［79］陈晓运. 技术治理：中国城市基层社会治理的新路向［J］. 国家行政学院学报，2018（6）.

［80］刘玲. 大纽约城市经济发展对我国大都市经济规划的启示［J］. 经济问题，2013（6）.

［81］陈志成，王锐. 大数据提升城市治理能力的国际经验及其启示［J］. 电子政务，2017（6）.

［82］孙彩红. 国外公民参与城市治理的案例与借鉴价值［J］. 中共天津市委党校学报，2016（1）.

［83］黄嘉瑜. 伦敦：功能布局合理综合交通便捷［J］. 前线，2017（1）.

［84］北京构建世界城市的政府治理研究课题组. 北京构建世界城市的政府治理研究［J］. 法学杂志，2012（9）.

［85］蒋敏娟. 城市群协同治理的国际经验比较：以体制机制为视角［J］. 国外社会科学，2017（6）.

［86］韦如梅. 城市治理中的公民参与：新加坡经验的中国借鉴［J］. 湖北社会科学，2014（8）.

［87］钱明辉，黎炜祎. 国内外智慧城市实践模式的政策启示［J］. 烟台大学学报（哲学社会科学版），2016（1）.

［88］孟延春. 美国城市治理的经验与启示［J］. 中国特色社会主义研究，2004（3）.

［89］李昕. 创意产业发展与提升城市竞争力［J］. 学术论坛，2010（9）.

［90］朱未易. 城市法治的要义与结构分析［J］. 法制与社会发展，2014（6）.

［91］陈伟东，吴恒同. 论城市社区治理的专业化道路［J］. 华中师范大学学报（人文社会科学版），2015（5）.

［92］胡海，殷焕举. 协同化治理：社会治理创新的现实选择［J］. 学术界，2015（9）.

［93］张丙宣，周涛. 智慧能否带来治理：对新常态下智慧城市建设热的冷思考［J］. 武汉大学学报（哲学社会科学版），2016（1）.

［94］李烁，曹现强. 以包容性城市治理推动城市转型发展［J］. 行政论坛，2018（4）.

［95］竺乾威. 公共服务的流程再造：从"无缝隙政府"到"网格化管理"［J］. 公共行政评论，2012（2）.

［96］姚引良，刘波，汪应洛. 网络治理理论在地方政府公共管理实践中的运用及其对行政体制改革的启示［J］. 人文杂志，2010（1）.

［97］田星亮. 网络化治理：从理论基础到实践价值［J］. 兰州学刊，2012（8）.

［98］何植民，齐明山. 网络化治理：公共管理现代发展的新趋势［J］. 甘肃理论学刊，2009（3）.

［99］ 丁水木. 论街道社区和社区行政［J］. 社会学研究，1997（5）.

［100］ 王丹，熊晓琳. 以绿色发展理念推进生态文明建设［J］. 红旗文稿，2017（1）.

［101］ 黄要知. 低碳经济发展背景下政府治理行为转型研究［J］. 湖南科技大学学报（社会科学版），2016（4）.

［102］ 顾辉. 综合评价法在城市治理评估指标体系中的应用［J］. 江淮论坛，2015（6）.

［103］ 叶林. 新区域主义的兴起与发展：一个综述［J］. 公共行政评论，2010（3）.

［104］ 姜晓萍，董家鸣. 城市社会治理的三维理论认知：底色、特色与亮色［J］. 中国行政管理，2019（5）.

［105］ 闫丙金. 新农村建设中乡镇政府绩效体系框架［J］. 中国行政管理，2009（12）.

［106］ 陈明明. 比较现代化·市民社会·新制度主义：关于20世纪80、90年代中国政治研究的三个理论视角［J］. 战略与管理，2001（4）.

［107］ 于水. 多中心治理与现实应用［J］. 江海学刊，2005（5）.

［108］ 杨海涛，李德志. 我国城市社区网格化管理研究［J］. 吉林广播电视大学学报，2014（5）.

［109］ 孙建军，汪凌云，丁友良. 从"管制"到"服务"：基层社会管理模式转型：基于舟山市"网格化管理、组团式服务"实践的分析［J］. 中共浙江省委党校学报，2010（1）.

［110］ 杨代福. 我国城市社区网格化管理创新扩散现状与机理分析［J］. 青海社会科学，2013（6）.

［111］ 张小庆. 维也纳城市治理经验对北京的启示［J］. 前线，2017（8）.

［112］ LEFÈVRE C. Metropolitan government and governance in western countries：a critical Review［J］. International journal of urban and regional research，1998（1）.

［113］ PARKS R B, OAKERSON R J. Metropolitan organization and governance：a local public economy approach［J］. Urban affairs quarterly，2000（1）.

［114］ FREY B S, EICHENBERGER R. Metropolitan governance for the future：functional overlapping competing jurisdictions（FOCJ）［J］. Swiss political science review，2001（1）.

［115］ FRISKEN F, NORRIS D F. Regionalism reconsidered［J］. Journal of urban affairs，2001（5）.

［116］ NORRIS D F. Whither metropolitan governance?［J］. Urban affairs review，2001（4）.

［117］ SAVITCH H V, VOGEL R K. Paths to new regionalism［J］. State and local government review，2000（3）.

［118］ HAMILTON D K. Developing regional regimes：a comparison of two metropolitan areas［J］. Journal of urban affairs，2004（4）.

三、其他类别

[1] 陈友青. 从城市管理到城市治理[D]. 厦门:厦门大学,2002.

[2] 张扬. 公共管理视域下城市文化治理问题研究[D]. 石家庄:河北师范大学,2016.

[3] 于媛. 生态文明建设中的城市环境治理研究[D]. 吉林:吉林建筑大学,2015.

[4] 雷霆. 层级目标体系分析与打击目标行动生成研究[D]. 长沙:国防科学技术大学,2015.

[5] 王伟. 基于社会效益最大化的城市治理绩效研究[D]. 天津:天津大学,2009.

[6] 王京传. 旅游目的地治理中的公众参与机制研究[D]. 天津:南开大学,2013.

[7] 马琼丽. 当代中国行政中的公众参与研究[D]. 昆明:云南大学,2013.

[8] 廖加固. 快速城市化背景下的中国城市治理模式创新研究[D]. 武汉:武汉大学,2014.

[9] 贺建锋. 多中心视角下的城市治理模式研究[D]. 西安:西北大学,2006.

[10] 董濮. 和谐社会构建中城市文化建设研究[D]. 哈尔滨:东北林业大学,2010.

[11] 蔺雪峰. 生态城市治理机制研究[D]. 天津:天津大学,2011.

[12] 高巍. 完善我国体育产业政策体系研究[D]. 长春:东北师范大学,2014.

[13] 卫梦婉. 北京城市治理能力评价与提升研究[D]. 北京:首都经济贸易大学,2017.

[14] 方世南. 生态安全是国家安全体系重要基石[N]. 中国社会科学报,2018-08-09.

[15] 郝铁川. 从"统治"到"治理":一种新的社会管理理论评价[N]. 文汇报,2002-06-07.

[16] 韩浩,等. 多地"网格化"社区,掀社会管理新变革[N]. 南方周末,2011-08-28.